第二辑

国际儒学研究通讯

主　编　滕文生
执行主编　张西平　任大援　田辰山

三联书店

图书在版编目（CIP）数据

国际儒学研究通讯. 第二辑／滕文生主编. —北京：生活 · 读书 · 新知三联书店，2016. 12
ISBN 978－7－108－05688－7

Ⅰ. ①国… Ⅱ. ①滕… Ⅲ. ①儒学－文集 Ⅳ. ① B222.05-53

中国版本图书馆 CIP 数据核字（2016）第 089476 号

特约编辑 赵庆丰
责任编辑 朱利国
装帧设计 薛 宇
责任印制 宋 家
出版发行 生活 · 讀書 · 新知 三联书店
（北京市东城区美术馆东街 22 号 100010）
网 址 www.sdxjpc.com
经 销 新华书店
印 刷 北京市松源印刷有限公司
版 次 2016 年 12 月北京第 1 版
2016 年 12 月北京第 1 次印刷
开 本 635 毫米 × 965 毫米 1/16 印张 17.75
字 数 240 千字
印 数 0,001－3,000 册
定 价 48.00 元
（印装查询：01064002715；邮购查询：01084010542）

本期供稿通讯员名录

巴德胜（Bart Dessein）	比利时根特大学
阮俊强（Nguyen Tuan Cuong）	越南河内国家大学人文与社会科学大学
史华罗（Paolo Santangelo）	意大利罗马大学
郑文泉（Tee Boon Chuan）	马来西亚拉曼大学

目录

国际儒学联合会工作通报

关于历史上亚欧、中欧文明的交流历程与相互影响和儒学的特性、价值与前途：
在“国际儒学论坛——威尼斯学术会议”上的书面发言
国际儒学联合会会长　滕文生 / 3

国别研究

意大利儒学研究
［意大利］史华罗（Paolo Santangelo）著　刘　婷　译 / 35
1877年前马来西亚儒家学术史
［马来西亚］郑文泉 / 81

学者访谈

人权论域中的《孟子》诠释——格雷戈尔·保罗教授访谈录
韩振华 / 115

青年学者论坛

东来之德先生——浅探儒学在18世纪的欧洲
胡文婷 / 133
曾是洛阳花下客，野芳虽晚不须嗟——从雅斯贝尔斯临界境遇看中国古代贬谪文学
周　津 / 145
试论儒家思想爱满天下的情怀
陈　胜　周子渲 / 159

典籍译介研究

森舸澜《论语》阐释中“无为”思想的德性伦理解读
刘亚迪 / 171

新书评论

俄罗斯《中国精神文化大典》的缘起
刘亚丁 / 185

学术会议综述

理雅各的香港岁月——纪念理雅各200周年诞辰国际学术研讨会（香港）综述
杨慧玲 / 209
中国经典西译的巨匠——纪念理雅各200周年诞辰国际学术研讨会（北京）综述
高　莎　顾　钧 / 213

学术动态

比利时根特大学博士论文答辩——“现代性的视野：在历史与思想中观察新儒家哲学”
［比利时］巴德胜（Bart Dessein）/ 221

国外中国传统文化研究前沿目录

2014年越南重要学术报刊发表的有关儒学研究文章目录
［越南］黎芳惟　阮俊强 / 225
1986年越南改革开放以来在越南出版的儒学综观研究重要著作目录
［越南］阮俊强 / 229
BAS数据库德语儒学相关研究论著目录（2010—2013年）
张雪洋 / 238
意大利儒学研究相关论著目录（2000年至今）
王弥顺心 / 265

《国际儒学研究通讯》征稿启事 / 273
《国际儒学研究通讯》撰稿体例 / 275

Contents

Communication and Mutual Infulence between Asia and Europe and Between China and Europe in History, and Confucian Characteristics, Values and Prospects Teng Wensheng

National Research

Confucius in Italy Paolo Santangelo, Trans. Liu Ting

History of Confucian Studies in Malaysia before 1877 Tee Boon Chuan

The faith of Guan Gong in Vietnam Nguyen Ngoc Tho

Interviews

Interpretation of Mengzi in the Perspective of Human Right: An Interview with Prof. Gregor Paul Han Zhenhua

Young Scholar Forum

Democracy from China——A Brief Study on Confucianism in Europe during the 18th Century Hu Wenting

Every cloud has a silver lining——Commenting to the relegation literature in ancient Chinese literature with the view on the critical situation by Karl Jaspers Jin Chow

Try to explain the Confucianism feelings of love over the world Chen Sheng, Zhou Zixuan

The Overseas Translation of Chinese Classics

The interpretation of "wu-wei" in Confucius Analects with selections from traditional commentaries from the perspective of virtue ethics Liu Yadi

Reviews

On the Origin of The Encyclopedia of Spiritual Culture of China Liu Yading

Conference Reports

Briefing on "James Legge's Life and Works in Hong Kong: A Celebration of the Bicentennial of his Birth" Yang Huiling

Conference Summary of "James Legge and His Translations of Chinese Classics" Gao Sha, Gu Jun

Academic Development

Doctoral Dissertation Examination of Ghent University: The Horizon of Modernity. Observations on New Confucian Philosophy in History and Thought Bart Dessein

Bibliography of the Frontier of Research in Traditional Chinese Culture

A Selected List if Research Articles of Confucian Studies published in Several Vietnamese Significant Academic Journals in 2014 Le Phuong Duy, Nguyen Tuan Cuong

A Selected Bibliography of General Research Books of Confucianism Published in Vietnam from 1986 to 2014 Nguyen Tuan Cuong

Catalogue of BAS-Database for Confucianism in German (2010–2013) Zhang Xuey

Bibliography of Confucian Studies in Italy (Since 2000) MishunxinWang

国际儒学联合会工作通报

【编者按】2015年9月19日，由国际儒学联合会、北京外国语大学联合意大利威尼斯国际大学、威尼斯大学共同主办的“国际儒学论坛——威尼斯学术会议”在威尼斯国际大学举行。国际儒学联合会会长滕文生、顾问桂晓风、副会长张西平、副理事长卢德之、副理事长王大千、秘书长牛喜平，威尼斯国际大学校长乌伯托·瓦图尼、副校长李集雅、亚非学院院长保罗·卡瓦蒂，及来自中国、意大利、德国、法国、斯洛文尼亚、新西兰、美国、印度、新加坡等国家的近30位学者参加了会议。会议的主题为“儒学与欧洲文化的对话——全球化时代儒学走向繁荣还是衰落”。滕文生会长在开幕式上发表了题目为《关于历史上亚欧、中欧文明的交流历程与相互影响和儒学的特性、价值与前途》的主旨演讲。在演讲中，他对两千多年来亚欧、中欧文明的交流特别是思想文化交流的大体历程作了回顾和分析，并在此基础上概括了正确认识世界各种文明所具有的历史地位、作用及其相互关系，推动世界不同文明交流互鉴所应遵循的原则。滕会长还紧紧围绕这次会议的主题，就儒学的当代价值和本质特性作了分析和阐述，并进而提出了学习、研究、应用儒学文化需要坚持的若干原则。现印发讲话中文全文，供参阅。

关于历史上亚欧、中欧文明的交流历程与相互影响和儒学的特性、价值与前途

在“国际儒学论坛——威尼斯学术会议”上的书面发言

国际儒学联合会会长　滕文生

（2015年9月19日）

尊敬的各位学者

女士们、先生们：

这次在意大利威尼斯举办的国际儒学论坛的学术会议，以“儒学文化与欧洲文化的对话——全球化时代儒学走向衰落还是繁荣”为主题，体现了大家关注中欧文化关系、关注儒学文化发展前途的人文情怀，是一个很有意义的题目。相信它的举办，对于推动中欧和东西方等不同文明的相互交流与互学互鉴，将会是很有益处的。

下面，我想借此机会就四个方面的问题谈一些个人看法，作为一个学术探讨性的书面发言，就教于各位专家学者。

一、关于在亚洲文明与欧洲文明的形成和发展过程中中国与意大利各自做出的贡献

儒学文化产生于中国，是中国文明形成和发展的主要源泉。它很早就传播到东亚和亚洲其他地区，后来又传播到欧洲和世界其他地区，从

而成为世界文化的一个重要源流。中国是世界四大文明古国之一，中国文明绵延数千年而从未中断，不仅为亚洲文明也为世界文明的进步做出了重大贡献。英国学者庄士敦在20世纪30年代曾这样指出："儒家思想完全有资格被称为中华民族的'伟大传统'"，"儒学是使中华民族生生不息，并使中国成为当今世界上历史最悠久的国度之一的最主要因素"。

儒学文化，早在公元前后的三四百年里，就由中国传到了朝鲜半岛、日本和越南北部地区，逐渐形成了东亚儒学文化圈。正如日本学者西岛定生在《东亚世界的形成》一文中所说的："东亚世界是以中国文明的发生和发展为基础而形成的，随着中国文明的开发，在那里形成以中国文明为核心而自我完成的文化圈。"在后来的千百年里，在与东南亚文明、南亚文明、西亚文明和中亚文明的相互交流中，以及在共同为致力于整个亚洲文明、东方文明的形成和发展中，以儒学为主导的中国历史文明都发挥了不可磨灭的作用。

如果说中国是作为亚洲文明的一个重要发源地，对亚洲文明的形成和发展做出了独特的贡献，那么意大利则是作为欧洲文明的一个重要发源地，对欧洲文明的形成和发展也做出了特有贡献。这可以以罗马帝国和文艺复兴为例来做一简要说明。

罗马帝国是源于意大利而不断发展起来的地跨欧亚非的古代帝国，它对欧洲文明史有两大重要贡献。一是拉丁文，它成为欧洲语言之母。在罗马帝国解体后，欧洲各国就是在拉丁语的基础上发展出了各自的民族语言。二是罗马法，它对于后来欧洲国家乃至世界其他国家法律的制定都发挥了指导和借鉴作用。正是在继承罗马法的基础上，才逐渐形成了当今世界两大法系之一的大陆法系，因此人们又把它称为罗马法系。

文艺复兴是14世纪开始在欧洲兴起的思想文化运动，它推动了欧洲思想、科学和文化艺术的蓬勃发展。文艺复兴发端于意大利，以后扩展到欧洲各国，到16世纪达到鼎盛。所谓“文艺复兴”，原意是“希腊、罗马古典文化的再生”，但并不是简单的回复，而是适应当时欧洲新兴资产阶级的政治经济要求，适应他们在思想文化领域反对封建统治的需要，以继承希腊、罗马古典文化为旗帜和号召，发起的一场伟大的思想文化解放运动。文艺复兴的代表人物认为，在持续一千年的中世纪神学的统治下，欧洲各地区长期处于分裂和衰乱状态，人性和人文受到严重摧残。他们要求打破神学对人的思想禁锢，破除宗教的专横统治和封建等级制度，主张以“人权”反对“神权”，提倡个性解放和平等自由，提倡学习和掌握科学技术知识。这就为欧洲的资产阶级革命和工业革命开辟了道路，准备了思想、政治、文化和群众条件。因此，文艺复兴运动成为欧洲结束黑暗的中世纪、开启欧洲国家近现代历史序幕的重要标志，而且也是世界从封建社会的古代文明开始向资本主义社会的近现代文明转变的重要标志。

这场思想文化解放运动首先发源于意大利北部的佛罗伦萨，但丁、乔托、彼得拉克、薄伽丘、布鲁内莱斯基、吉贝尔蒂等文化名人成为其最初的杰出代表。后来在意大利又涌现了马基雅维利、达·芬奇、拉斐尔、米开朗基罗、帕莱斯特里拉等文化骄子，成为又一批领率文艺复兴运动的先驱人物。

随着这一运动向欧洲其他地区发展，又陆续在英国、德国、法国、西班牙等地涌现出了托马斯·莫尔、马丁·路德、拉伯雷、拉索、蒙田、塞万提斯、莎士比亚等文化巨匠，可谓大师辈出、群星灿烂。正如恩格斯所指出的：文艺复兴“是一次人类经历过的最伟大的、进步的变革，是一个需要巨人而且产生了巨人——在思维能力、热情和性格方面，在多才多艺和学识渊博方面的巨人的时代”。在这些巨人中，但丁、达·芬奇、莎士比亚是最杰出的代表人物。正因为文艺复兴运动发端于意大利，在运动中领袖群伦的人物又最多，因此从这个意义上人们常说：意大利是欧洲近代的长子。

从以上所述中，可以清楚地看出意大利在罗马帝国时期和文艺复兴运动中所具有的历史地位，也清楚地说明了意大利在欧洲文明的形成和发展进程中所作出的重要建树。

二、关于历史上亚欧文明和中欧文明相互交流、互学互鉴的大体进程及其相互影响

在两千多年来亚洲文明与欧洲文明的相互交流中，亚洲和欧洲的所有国家都发挥了重要作用，都做出了各自的贡献，而中国与意大利的作用更为突出。究其原因，在亚欧两大文明的交流互鉴中，除了商人，宗教人士、学者是承担交流任务的又一重要力量。从意大利来说，它是罗马教廷所在地，因而派往亚洲和东方的宗教人士、学者中意大利人居多，这是一个重要因素；中国之所以成为亚欧文明交流的一支重要力量，则是与它在古代时期经济文化就比较发达并开辟了“丝绸之路”这一东西方交流的主要通道密切相关的。

可以判断，从远古时代起，亚欧两大文明的联系与交流，就以这样那样的渠道和形式开始了。毫无疑义，两大文明的交流首先是通过商贸活动而进行的物质文化交流。可惜史籍中关于这方面的具体文字记载不多。

相比而言，亚欧两大文明在精神文化上的交流则是有大量史料记载的。按照中国的历史纪年和分期，亚欧文明在思想文化上的交流历程，我以为大体上可分为两大阶段。从中国的先秦经秦汉、唐宋到元朝为第一大阶段。

在这一千多年中，西亚、中亚、南亚文明与欧洲文明之间，在思想文化上的相互直接联系与交流，早已开始并日渐频繁起来，但这种直接联系与交流并不全是平等、和谐地进行的，有时是通过相互冲突和战争而被动进行的，如希波战争、亚历山大东征等就是如此。

在这一千多年中，中国和东亚文明与意大利和欧洲文明之间在思想文化上的联系与交流，则大都是通过中亚、南亚、西亚而间接进行的，直接的接触和交流还很少。

在中国西汉时期的公元前138年至前126年和公元前119年至前115年，汉武帝曾两次派张骞出使西域，但最远只是到了今天的中亚地区，并未与当时欧洲的希腊文化发生直接接触。到了中国的东汉时期，班超曾于公元73年至102年，出使西域30年，但也主要是活动于今天中国的新疆地区。他虽然曾派副使甘英于公元97年访寻大秦即罗马帝国，然而到了地中海东岸，则被安息人借口海上风大加以劝阻，所以未能抵达地中海北岸的欧洲地区。东汉末年的166年，大秦国王派出使节取道东南亚的日南（今越南中部地区）抵达中国，这应是罗马帝国皇帝安东尼诺执政之时。这在中国的《后汉书》中有记载，但在拉丁文献中则无记载，有学者认为可能是西亚商人冒充使节为之。到了中国唐朝时期的751年，唐帝国曾与阿拉伯帝国在中亚的怛罗斯发生过一次交战，唐军大败，不少人被俘。被俘者中有一个叫杜环的学者，曾跟随阿拉伯人到过西亚、北非等地，后经海上丝绸之路于762年回到中国。他根据这次游历写了一本名为《经行记》的书，但他也未能到达西班牙、葡萄牙、意大利等欧洲国家。到了中国南宋时期的1255年，一位在福建泉州任过官职的名叫赵汝适的学者，写了题为《诸蕃志》一书，他本人并未到过欧洲，而是根据来中国泉州等地做生意的意大利或西亚商人的介绍而撰写的。书中对名叫“斯加里野”岛的情况作了具体描述，并说该岛“位于芦眉国附近”。“斯加里野”岛即是今天意大利的西西里岛，“芦眉”即是罗马。这是中国史籍中对意大利等欧洲国家比较早的一篇记述。

总起来说，在中国元朝以前的一千多年中，中国、东亚与意大利、欧洲之间在思想文化方面，还尚未进入直接交流的阶段。虽然各自对对方早有所闻，对对方的物质产品早已为用，并且对对方深为向往，但这种闻知毕竟属于耳闻之知而非眼见之实，各自对对方的认识还处在朦胧而又神秘的状态中。中国的史籍里曾长期将罗马帝国所在的欧洲地区称为“大秦”或者“骊靬”“黎轩”或者“拂菻”“苐郎”等；在欧洲的史籍里则曾长期将中国称为“赛里斯”即产丝之国。尽管彼此都想尽早探寻和真切地了解对方，但长时期内仍处在尚未真正发现和认识对方的阶段。不过，既然双方间接闻知对方的序幕已经拉开，那么离直接发现和认识对方也就为时不远了。而这一时刻到了中国元朝终于到来了。从中国元朝起，经过明朝和清朝，亚欧、中欧两大文明在思想文化上的交流就进入了第二大阶段。

在这第二大阶段中，又经历了中国的元朝、明末清初和清朝后期三次高潮。从中国元朝到清朝即13世纪中叶到20世纪之初的近七百年中，亚欧两大洲的各国各地区之间，不仅物质文化的交流全面展开和迅速发展，思想文化方面也进入了直接、经常和全面的交流阶段。从中国与欧洲之间的思想文化交流中，就可以清楚地看到亚欧两大文明的交流互鉴在这近七百年中迅速展开和推进的具体历程与情景。

（一）关于在中国元朝建立前夕和元朝建立以后中国与欧洲进行思想文化交流的情况

中国元朝建立于1271年。在它建立前夕，当时的亚洲与欧洲发生了两大事件：一是欧洲的罗马教廷及有关国家的君王对西亚的阿拉伯伊斯兰国家进行了第六次十字军东征；二是东亚兴起的蒙古帝国发动了远征欧洲的对外扩张战争。为了了解蒙古帝国的政治情况、军事实力、文化习俗和西征的意图，同时也为了配合十字军东征，进一步了解亚洲的情况以为他们向东方扩张服务，在罗马教廷的主导下，意大利和欧洲其他一些国家派出了一批方济各会士以及一些熟悉东方情况的商人前往西亚与东亚。蒙古帝国的大汗们和随后建立的中国元朝的君王们，亲自接见这些从西方来的传教士和商人，通过他们了解罗马教廷和欧洲国家的情况，而且还常常将这些传教士、商人作为自己的使者派回去，通过他们宣扬自己的国威和传达愿与欧洲进行交往的愿望。

在前往东亚的欧洲传教士中，有1245和1253年先后前往蒙古帝国的方济各会士柏朗嘉宾、卢布鲁克，先后前往中国元朝的方济各会士有孟高维诺、鄂多立克、安德烈、和德里、马黎诺里等。在这些传教士中，除了卢布鲁克是弗兰德人其余都是意大利人。在前往中国元朝的商人中有达萨维尼奥内、德·维寥内、马可·波罗及其父亲和叔叔，以及卢卡隆哥、杜多、乔瓦尼·洛雷丹、弗兰切斯基诺·洛雷丹，等等。他们都是意大利人。他们当中不少人都留下了介绍蒙古帝国，特别是中国历史和现实情况的著述。例如，柏朗嘉宾的《蒙古历史》、卢布鲁克的《东方游记》、马可·波罗的《马可·波罗游记》，以及马黎诺里所写的包括他在中国元朝所见所闻的《波西米亚史》、鄂多立克的《东游录》，等等。就在这些欧洲传教士和商人东来之时，出身于维吾尔族家庭的一个名叫列班·扫马的中国宗教人士，作为中国元朝的使者于1278年从元大都（今北京）出发，经过西亚前往欧洲，先后见到了罗马教皇、法国和英国国王，回国后撰写了记述他在欧洲游历情况的《旅行记》一书。

在这里，我要特别谈一下马可·波罗及其记述他在中国经历与见闻的《马可·波罗游记》。马可·波罗的父亲尼柯罗和叔叔马菲奥，都是从事东西方贸易的威尼斯商人。他们兄弟二人曾于1265年前后在蒙古帝国见到了后来成为中国元朝开国皇帝的忽必烈，忽必烈又派他们回意大利与罗马教廷进行联络。1271年马可·波罗随父亲和叔叔陪同罗马教皇的使节前往远东，于1275年抵达元上都。其后，马可·波罗受到忽必烈的任用，游历了中国不少地方。1292年他离开中国返回意大利，留下了著名的《马可·波罗游记》。从此，欧洲人可以从这本游记中比较清晰地了解到，原来他们所闻知的远在东方的“赛里斯”国，是一个拥有几千年悠久历史的文明古国。有些学者认为，《马可·波罗游记》对中国的历史文化和当时经济社会情况的介绍，“打开了欧洲和西方认识中国的一扇窗”，使欧洲人扩大了视野，丰富了地理知识，进而产生了亲身探寻中国和东方的巨大热情，于是一大批欧洲的航海家、旅行家、探险家纷纷走向东方。

总之，在中国元朝时期，通过来到东方的欧洲传教士和商人，将欧洲的历史文化介绍到中国，同时又将中国的历史文化传播到欧洲，从而开启了中国与欧洲直接接触和彼此认识对方的新阶段，使中欧思想文化的交流出现了第一次高潮。而意大利人在其中的贡献是很大的。

（二）关于在中国的明末清初中国与欧洲进行思想文化交流的情况

中国的明末清初，横跨16世纪中叶至18世纪中叶的两百年。此时的欧洲已经历了文艺复兴、地理大发现和马丁·路德的宗教改革，它们标志着欧洲进入了发展资本主义的新的历史时期。欧洲资本主义的产生和发展，必然要求对外拓展商品市场和资本主义工业所需要的原料产地。而地理大发现中新航路的开辟以及当时欧洲科学技术特别是航海技术的巨大进步，为欧洲的海外发展与扩张提供了物质技术条件。为此，罗马教廷和欧洲一些主要国家的当政者们，首先把目光投向了东方人口众多、资源丰富、历史悠久的中国和印度等亚洲国家。这样的经济政治背景，促成了东西方特别是中国与欧洲之间思想文化交流的第二次高潮的到来。

承担这次思想文化交流任务的主要力量，仍然是双方特别是欧洲的宗教人士、商人、学者，还有一些官员、使节。不过，这时的宗教人士已由过去以方济各会士为主变换为以耶稣会士为主，其中意大利的耶稣会士最多。罗明坚、利玛窦、范礼安、龙华民、郭居静、熊三拔、艾儒略、罗雅谷、潘国光、利类思、卫匡国、殷铎泽、闵明我、马国贤、聂柏多、李方西等，都是意大利的耶稣会士。他们是欧洲最早一批比较系统地学习中国语言与文化的，他们在中欧之间率先建起了一座思想、科学、文化交流的桥梁。在意大利人之后前往中国的是一批法国耶稣会士。他们中有法国国王路易十四直接派遣的洪若翰、白晋、张诚、刘应、李明、塔商尔等6人，此外还有马约瑟、蒋友仁、金尼阁、杜赫德、梁弘仁、宋君荣、冯秉正、雷孝思、傅圣译、卜日生、吴君等。所以，在中国明末清初这次中欧思想文化交流中，法国来华的耶稣会士也扮演了重要角色。除了意大利、法国，前来中国的还有欧洲其他国家的耶稣会士，如德国的汤若望、邓玉涵、戴进贤、苏纳，比利时的南怀仁、柏应理、卫方济，英国的艾约瑟，奥地利的白乃心，西班牙的庞迪我，葡萄牙的安文思，等等。其中，利玛窦是中欧思想文化交流的一位重要开拓者。他研习中国语言和历史文化，并将基督教思想与儒家思想相融合。意大利著名汉学家兰普蒂曾说："能够称得上是中国学家的第一个西方人就是耶稣会士利玛窦，他是中国人值得把他的传记记入明朝史册的唯一的欧洲人。"

这些欧洲的耶稣会士来到中国和东方的目的，是传播基督教，而传教又意在了解情况、发展教徒，最终是为欧洲国家向外发展与扩张服务的。这一点是不应有异议的。但是，要在中国传教，既要了解中国，又要让中国了解欧洲。为此他们进行了大量的与文化和科技有关的工作。他们中不乏天文学家、数学家、地理学家、哲学家、水利学家、画家、音乐家等学有专长的人才。他们有能力从事各种文化及科学技术工作。他们主要进行了以下一些活动。

第一，与中国社会上下从封建朝廷的帝王、官员到学者、宗教人士及其他人群，建立联系，相互结纳。

第二，学习中国的语言文字，了解中国的历史文化、民族传统、风物民情及社会现实情况。

第三，向中国人介绍和传播"西学"。所谓"西学"，就是包括欧洲的历史、思想、文化、科学技术和民俗民情等方面的知识与学问。在介绍和传播"西学"中，他们做了这样几方面的工作：一是在中国有关学者协助下，将欧洲的历史文化典籍译成中文，在中国出版。例如，他们相继翻译出版了欧几里得的《几何原理》，古希腊的典籍《勾股义》《测量法义》《同文算指》《寰容较义》等。二是用中文撰写介绍欧洲历史、思想、文化、科学技术等方面的学术著述。例如，他们相继撰写了天文历法方面的《古今交食考》《测食说》《恒星出没》，军事方面的《火攻契要》《神威图说》，综合知识方面的《西方纪要》等等；意大利的耶稣会士艾儒略，他一个人撰写的介绍西学的著述就有23本之多，其中《职方纪要》《西学凡》《西学答问》三本书，涉及西方的哲学、艺术、地理、宗教、社会制度等方面的知识。三是给中国的帝王、官员、学者、宗教人士讲授“西学”知识：例如，法国的耶稣会士白晋、张诚等，就为中国的康熙皇帝讲授过西方的几何、哲学、医药学等；同时他们还为法国国王路易十四和康熙皇帝架起了一座思想文化沟通之桥——白晋曾经将他在中国的见闻写成近十万字的报告呈递给路易十四。四是将欧洲最新的科技知识与成果传授并应用于中国。例如，他们帮助中国修订历法、制造天文仪器、绘制地图、建造火炮以及传授火炮使用知识等等。其帮助修订的历法有《崇祯时历》《时宪历》，绘制的地图有《坤舆万国全图》《中国新地图集》《皇舆全览图》《乾隆十三排地图》。

第四，向欧洲人介绍“中学”。所谓“中学”，就是包括中国的历史、思想、文化、政治制度和风物民情等方面的知识与学问。在介绍和传播“中学”中，他们所做的工作：一是将中国的历史文化典籍译成拉丁文等文本，在欧洲出版发行。例如，他们相继译成拉丁文本的中国历史文化典籍有：《书经》《诗经》《易经》《大学》《中庸》《五经》《论语》《老子》《中国典籍六种》《通鉴纲目》，以及元曲《赵氏孤儿》、小说《好逑传》等。二是将他们了解的中国历史文化和现实社会情况，用拉丁文等写成各种著述在欧洲出版发行，向欧洲各国的人们进行介绍。他们相继写出的介绍中国的著述有：《远征中国史》《中国上古史》《中国古代论》《唐代史》《中华帝国全志》《中华帝国史》《中华帝国纵览》《中国新况新志》《中国新志》，以及《易经要旨》《中国哲学家孔子》《中国兵法论》，等等。据有人不完全统计，从1687年至1773年的近百年中，来华的耶稣会士总共用拉丁文等写了252种与中国有关的著作。其中，综合性的48种，历史方面的14种，地理和天文方面的54种，哲学和宗教方面的40种，字典和语言方面的20种。三是相继写了大量介绍中国情况以及他们对中国历史和现实的认识的报告、材料等，呈送给罗马教廷和欧洲有关国家的当政者以及有关学者与人士。四是介绍或直接带领中国的一些官员、教徒、学者和学生前往欧洲进行考察与学习。这些中国官员、教徒、学者和学生在史籍中留下名字和事迹的，有官员陈安德，教徒沈福宗、樊守义、胡若望、刘宝录、兰方济、黄嘉畋，以及青年学生吴君、殷若望、黄巴桐、谷文耀、高类思、杨德望，等等。其中的黄嘉畋于1702年随法国耶稣会士梁弘仁前往罗马，后又赴法国，当了法国国王的中文翻译，还与孟德斯鸠有过交往，多次与孟德斯鸠就中国的历史、政治、法律等内容进行交谈。这些中国人在向欧洲介绍中国的过程中无疑也发挥了重要作用。

总起来分析，这次在中国明末清初进行的中欧思想文化交流究竟有什么特点呢？它在亚欧文明交流史上具有怎样的地位和意义呢？对此，我想谈点不成熟的看法。

第一，亚欧两大文明在思想文化方面的直接交流，如果说在十六世纪以前，主要是西亚国家与欧洲之间进行的伊斯兰文明与基督教文明的交流，那么在16世纪中叶以后，则主要成为东亚的中国与欧洲之间进行的中国古代文明与欧洲近代文明的交流。

第二，中国文明与欧洲文明的交流，如果说在16世纪中叶以前，主要是物质文明的相互交流，那么16世纪中叶以后，则进入了物质文明与精神文明并举，且精神文明交流的比重不断增加的阶段。

第三，中欧在思想文化上的直接交流，如果说在中国元朝时期还是一个初始阶段，其交流的范围还只限于中国的皇帝与罗马教皇及欧洲有关国家的君王之间，并且主要是在宗教文化领域进行的，那么在这次中欧思想文化交流中，由于双方当政者们的支持，尤其是双方一大批学者如中国的徐光启、李之藻、杨廷筠、王澂和欧洲的莱布尼茨、伏尔泰、魁奈、歌德等人的积极参与和推动，其交流的广度和深度则大大向前扩展了。因此，这次交流开始真正形成了“中学”西传与“西学”东传的互动局面，达到了“中学”与“西学”交汇交融、互学互鉴和互补互进的新境域。这标志着中欧文明的交流进入一个新阶段。

第四，这次中欧思想文化交流对中国和欧洲都产生了重要而深远的影响。从欧洲来说，随着“中学”的西传，在欧洲出现了从十七世纪末到十八世纪末整整一个世纪的“中国热”。这一文化现象，不仅表现在欧洲人对中国物质文化产品的钦慕和追求上，更重要的是表现在他们对中国思想文化的学习和借鉴上。当时的欧洲对中国的思想文化究竟“热”到了什么程度呢？这里略举几例，就可以窥其数斑。例如，普鲁士国王腓特烈二世曾经请伏尔泰到普鲁士帮助推行中国式的政治；英国国王詹姆斯二世视察牛津时，曾经询问一位东方学家是否有耶稣会士翻译的孔子著作；法国国王路易十四在接见中国教徒沈福宗时了解中国的有关情况后，就决定派遣第一批法国耶稣会士前往中国，并嘱咐他们认真考察中国文化，以补欧洲之不足；耶稣会士马约瑟将中国的元曲《赵氏孤儿》译成英文后，演遍了欧洲的主要国家，伏尔泰还把它改写为《中国孤儿》在巴黎演出。

这里要特别谈一谈莱布尼茨、伏尔泰、魁奈三位欧洲启蒙思想家，对中国思想文化的研究、认识与评价。莱布尼茨在研究中国的思想文化并将它与欧洲的思想文化加以比较后认为：“我们从前谁也不相信世界上还有比我们的伦理更美满、立身处世更进步的民族存在，现在从东方的中国，给我们一大觉醒。”“如果说我们在工艺技术方面与中国并驾齐驱，在思辨科学方面我们走在中国前面，那么在实用哲学、道德戒律和适用于现世生活的政治方面，中国肯定超过我们。”他说：“中国人在我们之前就掌握了指南针、火药和许多草药知识”，“我丝毫也不怀疑，在中国人那里肯定还有许多东西值得我们学习”。伏尔泰是当时研究、了解中国和谈论中国最多的一位欧洲启蒙思想家。他论及中国的著作有将近八十种、信件二百余封。他认为“中国是世界上唯一的将政治和伦理道德相结合的国家”“中国人是所有的人中最有理性的人”。他说：“中国过去完全不为我们所知，后来在我们的眼里长期受到歪曲。”又说：“印度人和中国人，他们早在其他民族形成之前，便已占有重要的地位”，“为什么我们却不重视对这些民族的精神的了解呢？当您以哲学家身份去了解世界时，您首先应把目光朝向东方，东方是艺术的摇篮，东方给了西方许多东西”。伏尔泰还把孔子的“己所不欲，勿施于人”“己欲立而立人，己欲达而达人”等格言奉为座右铭。重农学派的首席思想家魁奈也非常重视对中国思想文化的研究，他为了收集研究中国的资料，曾向正在法国学习的两位青年学生高类思、杨德望提出了52个问题。魁奈认为：“幅员辽阔的中华帝国的政治制度和道德制度建立在科学和自然法基础之上”，“中国不是一个可望而不可即的仰慕对象，而是一个可以仿效的典范”。重农学派还认为：“世界上没有一处地方的农业比中国更发达”，“中国农业的发达应归功于政府。中国政府深厚而不可动摇的根基是依据理性建立起来的”。伏尔泰、魁奈还被人们称为“欧洲的孔子”。

总之，17世纪末至18世纪末在欧洲出现的“中国热”，可以用两位西方学者的话来做一概括。法国学者莫里斯·罗班说：“在启蒙时代的西方，中国简直是无所不在。”美国学者斯塔夫里阿诺斯说：“17世纪和18世纪初叶，中国对欧洲的影响比欧洲对中国的影响大得多。西方人得知中国的历史、艺术、哲学和政治后，完全入了迷”，中国文明“开始被推为模范文明”。以莱布尼茨、伏尔泰、魁奈为代表的许多欧洲启蒙思想家们，以及之后的康德、黑格尔、亚当·斯密、大卫·李嘉图、圣西门、傅立叶、欧文等哲学家、经济学家和空想社会主义者们，认真分析耶稣会士们从中国提供的各种思想文化资料，并对中国文化与欧洲文化进行比较研究，从中吸取有益成分，从而对欧洲哲学、文学、伦理学、政治学、政治经济学等思想文化的发展起了促进作用，为欧洲思想启蒙运动的兴起、资产阶级革命的产生和发展，为马克思主义的三个直接的思想来源即德国古典哲学、英国古典政治经济学、法国空想社会主义学说的创立，增添了思想武器和文化智慧。

相比于“中学”西传在欧洲出现的“中国热”，虽然“西学”东传没有在中国出现“欧洲热”，但是其影响也是深远的。可以说，“西学”东传带来的欧洲最新科技知识与成果，对中国资本主义萌芽的孕育，对中国近代科技和工业的产生，发挥了重要的助产作用。同时，“西学”东传带来的欧洲近代政治思想，为当时尚处于封建专制统治下的中国的思想文化园地投入了一束新的亮光，对后来以科学与民主为号召的西方思潮在中国的兴起做了思想准备。

第五，这次中欧思想文化交流，虽然其间发生过“礼仪之争”，但由于双方当政者们的关注、支持和包容，很快化解了争执，从而使这次思想文化交流得以在相互尊重和平等相待的氛围中进行，并取得了互学互鉴、互补互进的效果。这也为当时和以后的人们开展不同文明的对话与交流留下了有益的历史经验。

从以上关于中国明末清初中欧思想文化交流的基本情况、主要特点和历史经验的分析中，可以清楚地看到，这次思想文化交流作为历史上中欧文明交流互鉴的第二次高潮所具有的重要意义和深远影响。在这次中欧文明的交流中，欧洲的耶稣会士们所起的桥梁和传导作用，是功不可没的。

（三）关于在中国清朝的后期中欧思想文化交流的情况

1840年，成为中国古代与近代的历史转折点。这一年，英国对中国发动了鸦片战争；1860年，英国与法国对中国发动了第二次鸦片战争。这两次战争，震惊了中国和东方。中国从此进入西方资本帝国主义和中国封建主义联合统治下的半殖民地半封建社会，中国人民陷入空前严重的民族危机之中；中国从明朝中叶已开始孕育的资本主义萌芽发展迟滞而缓慢，中国社会处于积贫积弱的灾难之中。

欧洲经过政治上的资产阶级革命和经济上的工业革命，许多国家已进入资本主义迅速发展的兴盛时期。英法等欧洲主要国家，依靠强大的综合国力，开动军事机器，先在非洲接着又向亚洲特别是印度和中国进行殖民侵略。在侵略与被侵略、殖民与被殖民的情况下，虽然亚欧思想文化的交流仍在继续，但情况较之以前已发生了根本变化。

从中国来说，“西学”仍在东渐，“中学”也仍在西渐，但已是在不平等的政治条件下进行的。虽然欧洲的传教士和学者、官员们纷纷来到中国，但他们担当的角色和开展活动的目的与性质，相比于明末清初已有很大的不同了。此时来华的传教士，其主要任务已不是将“中学”介绍到欧洲和将“西学”介绍到中国，而主要是在中国各地从事传教和其他的文化活动，本质上都是为殖民扩张服务的。他们实际上已成为殖民主义的工具。相反，在19世纪中叶到20世纪初叶的七八十年间，中国人已成为推动中欧思想文化交流的主角，并且最终把它推向了第三次高潮。

面对外来列强的扩张侵略，中国人在震惊之余，不仅开展了各种形式的反抗斗争，而且由此觉醒起来，进行前所未有的历史思考。一大批中国学者、官员和留学生们，如林则徐、龚自珍、魏源、冯桂芬、郭嵩焘、王韬、容闳、薛福成、张之洞、郑观应、马建忠、盛宣怀、张謇、严复、黄遵宪、辜鸿铭、康有为、詹天佑、谭嗣同、章太炎、梁启超，等等，他们或者加紧翻译西方的哲学、经济学、政治学、法学、文学和自然科学典籍与名著，或者前往欧美进行实地考察和学习，并在此基础上对“中学”与“西学”的相互关系和中国的救亡图存之道进行思考与探索，相继提出了“相互沟通说”“融会贯通说”“合于一炉说”“师夷长技以制夷说”等多种观点。其中，最有代表性并占主导地位的是张之洞、梁启超等人提出的“旧学为体、新学为用”“中学为体、西学为用”，也就是所谓“中体西用说”。这一观点的本意，是在继承中国历史文化和政治道统的前提下，拜西方为师，学习西方的思想文化，仿效西方政治、经济、军事、科技之长，以寻求救国救民的方略，寻求使中国摆脱危机和走向独立、富强的道路。

但是，一切向西方学习、师法、仿效的举措和做法，包括康有为、梁启超发动的戊戌变法，李鸿章、张之洞等人施行的洋务运动，以及清王室进行的所谓“宪政改革”统统都失败了。后来到1911年孙中山先生通过学习、效仿西方而领导的辛亥革命也未能完全成功，它推翻了在中国延续了两千多年的封建帝制，对中国的救亡图存和革命事业做出了伟大的贡献，但终究未能改变中国的半殖民地半封建地位。一般说来，提出“中学为体、西学为用”的方针，道理上并没有错。任何国家向外国学习，任何文明向其他文明学习，都应坚持以自己为本。问题在于你那个“本”是否正确、是否合乎时宜。进入19世纪，中国实行的仍然是建立在小生产方式的农业文明基础上的封建主义制度；而当时的欧洲国家，基本上已实行建立在大生产方式的工业文明基础上的资本主义制度。中国所以处于落后挨打的地位，根本原因是生产方式、社会制度、经济文化基础比欧洲落后了。在这种情况下，不变“本”，不触动封建制度的本根，只是兼学兼用西方科学技术之长，想以这种“西学之用”嫁接到已经腐朽的封建制度的“中学之本”上，当然是无济于事也是行不通的。同时还应看到，当时中国社会自身孕育的资本主义因素还处于萌芽的微弱状态，在外来列强和中国封建统治的双重压迫下，是不可能发展起来的，想走西方的资本主义道路也是走不通的。这就是当时中国一些官员、学者提出的“中学为体、西学为用”的方略所以归于破产，一切学习西方而采取的改良主义举措所以归于失败的必然逻辑。

到了20世纪初，以“西学东渐”为主要内容的中欧思想文化交流，进入了一个重要的转折点。当时世界上发生了两件大事：一是爆发了西方列强为争夺殖民地而导致的第一次世界大战。在战争结束后的巴黎和会上，中国作为第一次世界大战中的战胜国却再一次遭到欺凌，会议决定将战败国德国在山东的一切权益转让给日本，进一步加重了中国人民的民族危机；二是俄国爆发十月社会主义革命，向世界宣告社会主义由理想变成了现实。在这种国际政治背景下，1919年5月在中国发生了著名的“五四运动”。这一运动的发生也标志着中欧思想文化的交流走向了新的高潮。

“五四运动”是中国人民对外反对列强侵略、对内反对封建统治的一场政治运动，也是以倡导新文化为旗帜的一场思想文化解放运动。一批爱国知识分子登上了中国的政治舞台，成为这场思想文化解放运动的主角。他们以西方的科学精神与民主思想为武器，批判和反思中国旧的政治制度与包括孔子创立的儒家思想在内的传统文化，其目的是力图从批判旧世界中发现新世界，寻找救国救民的新出路。新文化运动所进行的批判与反思，打开了中国人的新的眼界，打破了中国历史文化中那些束缚和禁锢人们思想的陈旧过时的精神枷锁，从而为后来中国共产党的成立和中国民主革命新局面的开创作了重要的思想、政治和群众条件的准备。当然，我们今天来回顾这一思想文化运动，在充分肯定其作用与贡献的同时，也应清醒地认识到其中确实发生了一些错误倾向：一是有些知识分子主张全盘否定以儒学为主干的中国传统文化，完全无视传统文化的思想精华，而盲目推崇西方的一切思想，甚至要求在中国实行“全盘西化”；二是有些知识分子则主张恪守中国传统文化的一切东西，完全拒绝学习和借鉴西方的任何先进东西。这些错误主张在思想文化领域都产生了一些不良影响，留下了深刻的历史教训。但是，这些错误倾向及其不良影响在当时的新文化运动中毕竟是支流，而这一运动对中国从此开始走向新的光明途程所做出的历史性贡献则是主流。这一点是不容置疑的。

正是投身并在新文化运动中得到锻炼和提高的以陈独秀、李大钊、毛泽东等为代表的一批先进知识分子，通过对“西学东渐”传来的各种思潮，包括对科学、民主和自由、平等、博爱思想的研究，特别是把俄国十月革命送来的马克思列宁主义与西方资本主义的思想进行比较研究后，得出了马克思列宁主义是唯一适合中国人民救亡图存并使中华民族走向振兴的正确思想，是真正能够救国救民的真理的结论。因此，在随后成立的中国共产党，就将马列主义确定为自己的行动指南。正是在马列主义的指导下，并将马列主义的基本原理与中国的具体实际相结合，中国共产党才领导中国人民推翻了帝国主义、封建主义、官僚资本主义的统治，取得了新民主主义革命的胜利，建立了社会主义新中国。现在，中国人民在中国共产党的领导下，正奋斗和前进在通过实行社会主义改革开放，同时努力学习、借鉴包括西方国家在内的世界所有国家的一切进步的文明成果，全力以赴地建设中国特色社会主义和实现中华民族伟大复兴的途程之中。可以展望，中国和中国社会主义文明的发展前途是光明的。

综观中国社会和中国文明的发展历程，我认为可以得出两点基本的历史认识：一是中国虽然没有经过西方国家那样的资本主义发展阶段，而是由长期的封建社会，经过新民主主义社会的过渡，就成功地进入了社会主义社会，这应该说是世界文明发展长河中的一个新的创举；二是作为资本主义对立物的马克思主义从西方资本主义的社会实践中产生并传到东方的中国后，在中国生根、开花、结果，指导中国人民创建了崭新的社会主义文明，而且这种社会主义文明在同资本主义文明的共存之中正在发展壮大自己。尽管在当今世界上，社会主义还只是在一些国家中实行，总的来说仍处在继续探索之中，但已显示出了自己的生命力。社会主义作为一种新的文明形态，经过充分吸取以往一切文明形态所积累的好的成果和智慧、经验，摆脱和克服它们存在的缺点与弊端，并不断总结新的实践经验，将会对人类文明做出更大的贡献，将会为人类文明的进步开创更加辉煌的未来。不能忘记，马克思主义产生于西方，是由西方传播到东方和世界各地，这也是西方文明的一个巨大贡献。当然，马克思主义的思想理论也吸收了中国文明、东方文明和世界其他文明的思想智慧与文化养料，因此，它的形成、发展和应用是全人类文明的光荣。

三、关于世界各种文明的地位、作用及其相互关系

通过对两千多年来亚欧、中欧文明的交流特别是思想文化交流的大体历程的回顾和分析，我认为对于今天我们正确认识世界各种文明所具有的历史地位、作用及其相互关系，可以得到几点重要的启示。

一是在人类文明的长河中存在的各种文明所具有的地位都是平等的，各自所发挥的作用和做出的贡献都应得到承认与尊重。世界上任何一种文明必然会有其产生和存在的根据，也必然有其自身的特点和优势，都是世界文明大家庭的重要一员，都应与别的文明享有平等的地位。任何一种文明从它产生的那一天起，它所发挥的作用和做出的贡献，对人类文明的进步都是不可或缺的。任何一种文明不管它产生和存在于何时何地、属于何种类型何种形态，都是人类文明发展历程的共同组成部分和各具特色、丰富多彩的源与流；它们的产生与存在，只有时间先后、地域方位及其属于的社会形态、社会发展阶段之分，没有孰贵孰贱之别；它们的作用与贡献，只有姹紫嫣红之分，没有高低优劣之别。

因此，在对待和处理世界各种文明的相互关系问题上，应该坚持以下原则：其一，应该相互依存、和而不同，而不应该相互割裂、相互排斥；其二，应该一视同仁、平等相待，而不应该厚此薄彼、重此轻彼；其三，应该相互交流、互学互鉴，而不应该相互遏制、相互侵犯。唯有这样，世界上各种不同的文明才能真正和谐共存、和平相处，相互取长补短、实现共同进步，才能真正在世界文明之园中呈现出各种文明百花齐放、争奇斗艳的局面。这是世界各国人民所期待的，我们应该为之共同努力。

二是任何一种文明都不可能孤立地存在和发展，都需要学习、吸收、借鉴别的文明的长处、智慧与经验，以保持和增强自己的生机与活力。东方文明是如此，西方文明和世界其他地区的文明也都是如此。世界上有哪一种文明是可以长期孤立地存在、长期独自封闭地发展、长期单边地保持发展生机和优势的呢？没有。过去没有，现在没有，将来也不会有。中欧文明、亚欧文明、东西方文明存在和发展的历史都无一例外地证明了并将继续证明这一点。前面已经谈到，欧洲在经历一千年黑暗的中世纪以后，通过文艺复兴、宗教改革、资产阶级革命和工业革命，终于摆脱中世纪的衰乱和落后状态，进入崭新的资本主义发展阶段，实现了欧洲文明的复兴，这首先是欧洲各国人民共同奋斗的结果，同时与欧洲各国人民努力学习、借鉴东方文明和世界其他文明的长处、智慧、经验也是分不开的。我们可以回顾一下当时欧洲是怎样学习、借鉴阿拉伯伊斯兰文明和以儒学为主导的中国文明之长，来促进欧洲文明的进步和复兴的历史情景。

在公元830年至930年的100年里，亦即阿拉伯帝国的阿拔斯王朝时期，在几代哈里发的倡导和支持下，在巴格达设立的“智慧宫”中，集中了一大批著名的阿拉伯翻译家、学者以及一些犹太学者，他们将长期搜集和保存的古代希腊、罗马的历史文化典籍翻译成阿拉伯文，同时他们在翻译和研究中，还吸收了波斯、印度、中国在哲学、数学、医学、神学、文学和政治等方面的成就。他们翻译的古代希腊、罗马的历史文化典籍，包括亚里士多德、柏拉图等人的哲学著作，欧几里德、阿基米德、托勒密等人的数学、天文学著作，希波克拉底、盖伦等人的医学著作，毕达哥拉斯等人的文学、音乐著作等。在这些典籍译本中，有《形而上学》《伦理学》《政治学》《理想国》《政治家篇》《法律篇》《国家篇》《物理学》《几何原理》《比例切割》《论球和圆柱》《天文大集》《解剖学》《药物学》《医典》，等等。参与这一翻译和研究活动的翻译家、学者有：伊本·穆卡法、艾布·叶海亚、叶海亚·伊本·马赛维、侯奈因·伊本·易斯哈格、萨比特·伊本·古赖、白塔尼、花剌子密、伊本·麦台尔、叶海亚·伊本·阿迪、肯迪等。这就是阿拉伯历史上有名的“百年翻译运动”。到了公元1000年后，欧洲越来越多的学者将这些阿拉伯文的译本文献以及相关的研究著述译成拉丁文，传播到欧洲各个国家，推动了欧洲文艺复兴运动的兴起。

对于“百年翻译运动”取得的思想文化成就，对于阿拉伯伊斯兰文明对欧洲文明的进步产生的重要影响与做出的历史贡献，在西方的许多学者和政治家中可以说是公认的。例如，美国历史学者希提指出：“古代科学和哲学的重新发现、修订和增补，承前启后，这些工作都要归功于阿拉伯学者，有了他们的努力，西欧的文艺复兴才有可能。”英国学者托马斯·阿诺德、阿尔弗雷德·纪尧姆撰写的《伊斯兰的遗产》一书写道：“回顾历史，我们可以这样讲，伊斯兰的科学，映射着古希腊的光芒，当白天流逝，伊斯兰的光辉犹如月亮，照耀着中世纪欧洲的黑暗，是伊斯兰的文明昭示和指引了欧洲文艺复兴这场伟大的运动，我们有理由说这种文明依然和我们同在。”黑格尔说：阿拉伯人获知的亚里士多德的哲学，传到西欧各国，成了哲学的源泉。英国学者罗伯特·布雷福特说：“可以肯定的是，如果没有阿拉伯人，现代的欧洲文明就根本不会出现；如果没有他们，欧洲就不会扮演那么一种超越所有先前进步阶段的角色”；“如果不是受阿拉伯文明的影响，在15世纪，真正的文艺复兴就不可能发生”。英国历史学家威尔斯认为：“西方受伊斯兰文化之赐，而脱离中古的黑暗，进于文明之域，没有伊斯兰文化，欧洲社会至少落后二百年。”美国前总统尼克松在《抓住时机》一书中也指出：“当欧洲还处于中世纪的蒙昧状态的时候，伊斯兰文明正经历着它的黄金时代”“当欧洲文艺复兴时期的伟人们把知识的边界往前开拓的时候，他们所以能眼光看到更远，是因为他们站在穆斯林巨人的肩膀上”。

至于中国文明对欧洲文明的进步所产生的影响和作用，在思想文化方面对欧洲思想启蒙运动和资产阶级革命的发生所做出的贡献，前面在叙述中欧文明的交流历程时已经分析过了。这里我要谈的是中国古代的科学技术成就，对欧洲工业革命的发生和工业文明的创建所起到的作用。众所周知，造纸术、印刷术、火药、指南针这四大发明，是中国古代农业文明所达到的最高科技成就的重要标志。它们先后经过西亚，逐渐传到欧洲各国，对欧洲近代经济政治的进步特别是工业文明的奠基和发展，产生了深远影响。马克思在《机器、自然力和科学的运用》一文中，曾经把中国的四大发明在欧洲的传播和应用，称为“资产阶级社会到来”的“预兆”。他认为，四大发明对欧洲来说，“变成科学复兴的手段，变成对精神发展创造必要前提的最强大的杠杆”。

在此我还要提到一本书，这就是英国著名学者约翰·霍布森前些年所撰写的《西方文明的东方起源》，2009年中国学者已将这本著作译成了中文在中国出版发行。我认真拜读了这本书，深得教益，也深为感佩。霍布森先生在书中谈到了中国文明对欧洲文明做出的贡献，在物质文明方面除了谈到四大发明以外，还通过大量史料，阐述了中国宋代的工业技术成就对欧洲工业文明的产生和发展所起的作用。欧洲的工业革命、工业化建设最先发端于英国。霍布森先生在书中用了诸如“英国工业革命的中国起源”“英国工业化的中国起源”“中国：英国工业化的原型”等一些用语，来论说英国的工业革命和工业化与古代中国科技成就的相互关系。他还引用马歇尔·霍奇森的话说：欧美国家是“中国宋代工业革命不自觉的继承者”。霍布森先生依据史料，具体分析了英国工业革命的重要技术支柱蒸汽机、焦炭冶铁技术、煤炭技术、鼓风炉、炼钢工艺，以及纺织机械等，与中国宋代所创造及其以前所积累的工业技术成就的渊源关系。他认为，对于英国工业革命来说，“尽管英国人自己也做出了贡献，但显然是‘外生性’转变促成了英国的成就”。“英国自觉地获得和吸取了中国的技术——无论是实实在在的技术还是特定的技术知识。从这个意义上讲，英国和其他‘后发国家’或者新兴的工业化国家一样，享受到了‘落后的好处’，并且能够吸收和改进‘先进国家’所开发的先进技术”。英国人“有着很强的模仿能力，擅长仿制、吸收和改进外来思想”。他说：“我的中心论点是：英国人并非天资特别聪慧的发明家，他们的能力更多体现在他们能够吸收、改进早期中国的发明和技术思想。”霍布森先生还说：我们“不能说英国的工业革命仅以中国为基础，但可以说英国的工业化明显地建立在‘外生性’变革的过程之上，这种变化可以追溯到比西方早700 ~ 2300年的中国许多创造性发明上”。“如果没有中国的早期发明，就不可能会有英国的改进。如果没有中国的这些贡献，英国很有可能还是一个落后的国家，游离于同样落后的欧洲大陆边缘。”

霍布森先生的这些看法，我认为是建立在历史事实的基础之上的。他的这些论述，也再一次说明了先进与落后是相比较而存在、相对立而统一而转化的，后进者通过向先进者学习，并发挥自己的“后发优势”，是可以变成先进者的，而且可以后来居上，成为先进行列的引领者。这种人类文明发展的历史经验，不也再一次说明不同文明的相互交流和互学互鉴，是可以产生极为重要的历史作用和强大的物质力量吗?

三是世界各种不同文明的发展是不平衡的，而且它们在其发展进程中都是波浪式前进的。人类文明发展的历史与经验反复说明，世界上各种不同文明的形成有先有后，发展的速度有快有慢，对世界文明的贡献也有大小、多少的程度与数量上的差别。也就是说，世界上各种不同的文明不会都是同时产生、齐头并进、等量齐观的。正因为如此，才会产生相互交流和互学互鉴的需要，也才会通过互学互鉴形成相互交融、相互辉映和你追我赶的生机盎然的文化景象。所谓波浪式前进，就是说任何一种文明的发展进程，由于主观认识的落后、由于对客观条件的利用或时机把握上出现差失、由于种种局限的制约等原因，不是也不可能是直线前进、一帆风顺的。在前进的速度和发展的水平上，会有快慢、高低之差，以致会发生这样那样的曲折，就像波浪一样有波峰也有波谷。

各种文明发展的不平衡和波浪式前进，是事物发展的客观规律。无论是东方文明、西方文明还是世界上其他文明发展的历史经验，都不断地从正面启示或从反面警示人们，这一客观规律是不能违背的。即使一种文明在世界文明的行列中一时间处于领先的地位，对别的文明和世界文明的发展做出了很大的贡献，也切不可把这种地位和贡献当作包袱，从此孤芳自赏、故步自封，以为不需要向别的文明学习借鉴了；更不能以为自己的文明是至高无上、唯我独尊了，是“只此一家、别无分店”了，从此轻视和鄙薄甚至排斥和打击别的文明，这种认识和做法是自取衰败之道。

这样的事例在历史上是有过的。拿中国来说，就有这样的教训。在相当长的一个历史时期内，中国经济文化的发展都是走在世界的前列。然而，在15世纪中叶也就是在郑和下西洋后，中国明朝的当政者以为自己的国力与国威远在世界各国之上，逐渐采取闭关锁国的政策，不去吸取别的国家别的文明的智慧与长处，加上制度上、治理上的其他原因，中国和中国文明的发展从此开始走下坡路。到了清朝，虽然清初的康熙帝也曾对“西学”产生过兴趣并学习了一些“西学”知识，但他和清朝的当政者们却沉迷于所谓“天朝上国”的颟顸自大的认识之中，并未倡导各级官员和全国国民学习、吸取欧洲文明之长。而且他自己和一些官员所学习的“西学”知识，基本上不涉及制度层面，只是局限在器物和技术层面上。到了清朝晚期，外国列强一打进来，就如同摧枯拉朽一样，国势的危局已经难以挽回。这一教训充分说明，任何一个国家和地区、任何一种文明，即使处于世界领先地位，也必须谦虚谨慎，坚持不懈地学习和借鉴别的国家、别的文明的有益东西，才是正确的生存和发展之道。

西方著名学者斯宾格勒认为，世界上“没有任何一个文明可以长久地占据主导地位”。那种自我搞所谓“中心论”，认为自己永远是世界文明“中心”的观点，其实是很不靠谱的，不过是一种“心造的幻影”。我很赞赏霍布森先生在《西方文明的东方起源》一书中，对“欧洲中心论”所持的看法。他说：在欧洲曾经形成了这样一种传统观点，认为“欧洲人向外部扩张征服东方和中东，同时设计了资本主义的轨道，整个世界沿着这条道路发展，就能够摆脱贫困和悲惨的处境而进入近代化的光明”。“这种传统观点可以被称为‘欧洲中心论’”，“即无论过去还是现在，西方完全应该占据世界历史发展舞台的中心。但是的确如此吗？”霍布森先生认为“这种‘欧洲中心论’，从各个方面来说都是错误的”。

历史的事实与经验，还不断地告诉人们，任何一种文明在其发展的历程中，都会有高潮也有低潮、有波峰也有波谷，这是必然的客观历史现象。一种文明由于种种原因陷入低潮和波谷之中，并不可怕，只要从中总结经验教训，同时努力向先进的文明学习，以人之长补己之短，是可以重新走向高潮之中和波峰之上的。欧洲文明从衰乱的中世纪走向近现代的资本主义文明，并对人类文明的发展做出了巨大的历史性贡献，就证明了这一点；中国文明摆脱鸦片战争以后的一百多年的落后与屈辱地位，走向建设社会主义文明的新社会，正在对人类文明的进步做出新的历史性贡献，也证明了这一点。

四、关于儒学文化的本质特性、思想价值与发展前途

我们这次学术会议，要研讨“全球化时代儒学走向衰落还是繁荣”的问题，这中间就会涉及如何认识儒学的特性、价值和前途等问题。我想大家对这些问题都在进行思考，世界各国各地区的学者、政治家和其他人士也会在关注和思考。

我的总体看法是：儒学的思想价值，不仅可以用来为实现各国各地区的共同发展、维护世界和平、建立以合作共赢为核心的世界新秩序、促进和改善全球的治理服务，而且一定能发挥它的重要影响和作用。这

是由儒学所具有的本质特性决定的。儒学在中国产生以后，不仅存在和发展于中国，而且传播到亚洲和世界其他地方，一直传承和延续到今天，它所以有着持久不衰的发展生机与活力，有着不断繁荣进步的发展前途，也是由它所具有的本质特性决定的。

那么，儒学具有哪些本质特性呢？我认为，最主要的是四个方面的特性：一是开放包容；二是实事求是；三是经世致用；四是与时俱进。

因为儒学具有开放包容的特性，所以它对别的学说能够“兼收并蓄、海纳百川”，能够在相互共存之中取人之长补己之短，也就能够不断地丰富和发展自己。当孔子所代表的儒家思想产生之时，与它同时并立的还有老子所代表的道家思想、墨子所代表的墨家思想等。正是由于虚心向道家、墨家等学说学习，认真从中汲取思想营养，儒家思想才成为中国春秋战国时期诸子百家中首屈一指的“显学”。当它传播到东亚其他地区，又能与当地的思想文化交相融合，促进了东亚儒学文化圈的形成。当佛学从外国传入中国后，它不仅能与之共容共存，而且将佛学引为自己鉴短取长的学习对象。这些都体现了儒学的开放包容的特性，以及由此给它带来的生生不息的发展活力。

因为儒学具有实事求是的特性，所以它要求人们“唯是以求，知错必纠”，而不能“知错不改，文过饰非”。实事求是，这一思想出自中国史籍《汉书·河间献王刘德传》，刘德是一个具有儒家思想的人，《汉书》说他是“修学好古、实事求是”。实事求是的精神，在中国儒学文化的发展历程中是一以贯之的，是中国历代儒学学者所追求和坚持的。这里举一个例子就可以说明。东汉的著名儒学思想家王充在《论衡》一书中，有两篇题为《问孔》与《刺孟》的文章。王充在文中认为，即使对孔子、孟子这样的圣贤和儒家学说创始人，如果发现他们思想中有疏失有错误，也应加以“问难”，以纠“非”而明“是”。他说：“夫圣贤下笔造文，用意详审，尚未可谓尽得实，况仓猝吐言，安能皆是？”像王充这样敢于指出和纠正前辈儒学思想家著述与言行中的错误的学者，在古往今来的中国儒学界所在多有。这就足以说明求实求真求是，是儒学文化所具有的重要特性。

因为儒学具有经世致用的特性，所以它要求人们做到“知行合一、躬行为务”。所谓“经世致用”，就是要坚持将儒学的道德要求和思想主张应用于个人的修养和国家、社会的治理中去，也就是儒学大家们坚持倡导的“修身、齐家、治国、平天下”和“实干兴邦”。在中国西汉时期，著名儒学思想家董仲舒提出“独尊儒术、罢黜百家”的方针，为汉武帝所采纳。实行这一方针的目的和实质，并不是要排斥，更不是要废止其他各家的思想学说，而是要把积极进取、致用为上的儒家学说确立为治国理政的主导思想，同时发挥其他各家学说的长处与优势，共同致力于维护国家统一，实现国泰民安，推动经济社会的发展和进步。正是由于儒学作为中国传统文化的主干，充分发挥了它的治国理政、开物成务的实践功能，不仅成就了它对中国文明的发展不断做出重大贡献，而且保证了它不断从社会实践中汲取养分，从而不断滋养和丰富自己的思想价值。这也是儒学能够长久保持旺盛生命力的一个法宝。

因为儒学具有与时俱进的特性，所以它能够“因时达变、推陈出新”。主张唯陈言之务去、弃旧而图新，反对蹈常袭故、陈陈相因，是中国历代儒学学者和儒学工作者为学与治世的共同追求。儒学产生以后的两千多年，在中国历史上经历过多次大的自我更新与演进。先是从先秦时期的儒家学说演进为两汉时期的经学；后来又经过魏晋南北朝和隋唐的儒释道三学并立与交融互鉴，演进为宋明时期的理学；随后又经过总结和吸取理学过于空疏的教训，演进为清朝时期的实学。新中国成立以后，经过对传统儒学的去粗取精、去伪存真的改造，弘扬和发展儒学所蕴含的思想精华，使之为社会主义事业的发展服务，成为社会主义精神文明的组成部分。正是由于中国历代儒学学者、儒学工作者和一切具有远见卓识的思想家、政治家，不断根据时代条件、历史使命和社会实践发展变化的需要，适时地推动儒学的创造性转化和创新性发展，才保证了儒学与不断前进的社会实践同在，与长流不息的文明之舟共进。

总之，儒学所具有的这些本质特性是十分宝贵的，是儒学的精髓所在。它们赋予了儒学长久不衰的生机与活力，引领和推动着儒学不断地为历史的前进和社会的发展进步贡献智慧与力量。

当今世界已经入了全球化时代，各国各地区的思想、政治、经济、文化、社会的联系空前紧密，各种不同文明的对话与交流与日俱增；同时在全球化的推动下，今天的人类社会无论是物质文明还是精神文明都取得了巨大进步，特别是物质文明的进步达到了古代世界完全不可想象的繁荣境地。这些都为人类命运共同体的形成创造了前所未有的有利条件。但是，全球化也像所有的事物一样，有利也有弊，是利弊共存的对立统一体。它在给人类带来巨大利益与进步的同时，也带来了不少弊端与难题。例如，贫富差距持续扩大，物欲追求奢华无度，个人主义恶性膨胀，社会诚信不断消减，伦理道德每况愈下，人与自然关系日趋紧张，等等。要消除和解决这些弊端与难题，不仅需要运用人类社会今天创造和发展的各种智慧与力量，而且需要运用世界各种文明以往所积累和储存的一切智慧与力量。毫无疑义，对于具有悠久历史的儒学文化，应该充分挖掘其蕴集的丰富思想价值，结合全球化、现代化的实际，实现其新的创造性转化和发展，使之为改进全球治理，为消除和解决全球化、现代化中存在的弊端与难题，做出更多的贡献。

关于儒学和以儒学为主干的中国传统文化所蕴集的思想价值，中国国家主席习近平在2014年9月国际儒学联合会第五届会员大会上的讲话中已作了重要概述。他指出："包括儒家思想在内的中国优秀传统文化中蕴藏着解决当代人类面临的难题的重要启示，比如，关于道法自然、天人合一的思想，关于天下为公、大同世界的思想，关于自强不息、厚德载物的思想，关于以民为本、安民富民乐民的思想，关于为政以德、政者正也的思想，关于苟日新日日新又日新、革故鼎新、与时俱进的思想，关于脚踏实地、实事求是的思想，关于经世致用、知行合一、躬行实践的思想，关于集思广益、博施众利、群策群力的思想，关于仁者爱人、以德立人的思想，关于以诚待人、讲信修睦的思想，关于清廉从政、勤勉奉公的思想，关于俭约自守、力戒奢华的思想，关于中和、泰和、求同存异、和而不同、和谐相处的思想，关于安不忘危、存不忘亡、治不忘乱、居安思危的思想，等等。中国优秀传统文化的丰富哲学思想、人文精神、教化思想、道德理念等，可以为人们认识和改造世界提供有益启迪，可以为治国理政提供有益启示，也可以为道德建设提供有益启发。”同样，世界上其他各种历史文化中蕴含的各具特色的思想价值，也都应结合当今的时代条件加以继承和弘扬，使之共同为消除全球化、现代化中存在的弊端，为解决全球化、现代化带来的难题，促进世界的和平与各国的共同发展，造福于人类的现在与未来而服务。

儒学文化与世界上其他所有的传统文化一样，在其形成和发展过程中，不可避免会受到当时人们的认识水平、时代条件、社会制度等局限性的制约和影响，因而也不可避免会存在陈旧过时或已成为糟粕的东西。这就要求人们在学习、研究、应用儒学文化时要坚持革故鼎新，择善而从，取其精华、弃其糟粕，而不能不加分析地照套照用。具体说来，就是一要采取有鉴别、有扬弃的继承态度；二要把握好继承的目的是为了古为今用、以古鉴今，而不是厚古薄今、以古非今；三要紧密结合新的社会实践和时代要求，不断总结和吸取实践中的新鲜经验，使儒学文化的思想精华能够因时制宜地实现新的转化、升华和发展。所有从事儒学文化工作的同仁们应该注意贯彻这些原则。

历史已经进入了21世纪，这将是一个充满巨变而又有着光明前途的世纪。几千年来人类积累的一切理性知识和实践经验，依然是我们在新的世纪创造性前进的重要基础。只有不断地发掘、利用人类已经积累和正在创造的一切优秀的思想文化成果，特别是其中蕴含的启示、智慧与经验，我们才能更好地认识世界、认识社会、认识自己，才能推动全球化和现代化健康地向前发展，才能更好地开创人类社会和人类文明的美好未来。

国际儒联的任务，就是同中国和世界其他国家的思想家、政治家、儒学学者、儒学工作者和其他人士一道，努力发掘儒学文化在中国和世界各地的传播中所形成、积累的各种思想智慧，结合当今国际社会的实际加以丰富和发展，以形成儒学文化新的创造性成果，并坚持运用到认识、改造和发展世界中去。

国际儒联今后将通过在各国各地区有重点地举办国际儒学论坛的形式，加强儒学组织之间和儒学文化与其他文化之间的对话、交流活动，以利更好地推进儒学的研究、教育、传播和应用工作。这次在意大利的威尼斯和紧接着在罗马尼亚的布加勒斯特举办的国际儒学论坛学术会议，算是一个开端。中国有句古话叫“靡不有初、鲜克有终”。我们相信，通过国际儒联与各国各地区的儒学学者、儒学工作者及有关机构的积极合作和共同坚持，这项工作一定能够善始善终地开展下去。

国别研究

意大利儒学研究

［意大利］史华罗（Paolo Santangelo）著　刘　婷　译

译者按：本文作者史华罗（Paolo Santangelo），意大利当代汉学家，曾任那不勒斯东方大学亚洲研究系教授和系主任，现为罗马大学东方学院东亚史教授。史华罗对中国历史尤其是中国明清史有深入的研究，研究领域从早年的明清社会经济史研究逐步转入明清文学史领域。史教授著作等身，曾出版学术专著30余部，发表各类学术文章上百篇。主要代表作有《孔子与儒家学派》（*Confucio e le scuole confuciane*）、《中国思想通史》（*Storia del pensiero cinese*）、《中国传统社会中的“妒”》（*Gelosia nella Cina inperiale*）、《传统中国的激情》（*le passioni nella Cina Imperiale*）、《明清中国的梦》（*Il sogno in Cina:L'immaginario collettivo attraverso la narrativa Ming e Qing*）等。意大利儒学研究始于早期传教士，耶稣会士罗明坚、利玛窦、殷铎泽等人做出了卓越的贡献，此后研究一度陷入低谷，而近些年又迎来复兴。在《意大利儒学研究》（*Confucianism in Italy*）一文中，史华罗着重介绍40年来意大利儒学研究成果，对意籍汉学家的儒学相关著作逐一介绍，充分展示了意大利儒学研究的现代性转变。

前言

意大利对儒家学说的关注由来已久。在17—18世纪汉学学科的草创阶段，人们对儒家思想的兴趣颇为浓厚，20世纪初期热度逐渐降低，而新千年以来，对儒学的研究重新发展起来。早期耶稣会士在孔子与儒学认知上所做的探索与奠基性的贡献是众所周知的。这篇原本只欲概述过去40年意大利儒学研究情况的文章将扩展开来，从而为读者呈现一个更为全面的纵览。因此，本文将先简要地从意大利耶稣会士的贡献谈起。

（一）意大利早期传教士的儒学研究

16、17世纪之际，耶稣会士的传教事业与其他工作极大地促进了中国与西方之间知识、科学与文化交流的开展与保持。人们普遍认为，最早开展儒家思想、中国和东亚哲学宗教研究的人非耶稣会士莫属，而意大利耶稣会士则扮演了中欧文化交流的重要角色。他们的确功不可没，以至后来的欧洲中心主义者曾荒谬地认为“儒学”是由耶稣会士通过对儒家经典的翻译所造就的。[1]罗明坚（Michele Ruggieri，1543–1607）、利玛窦（Matteo Ricci，1552–1610）、范礼安（Alessandro Valignani，1538–1606）、艾儒略（Giulio Aleni，1582–1649）、龙华民（Nicolò Longobardi，1559–1654）、利类思（Ludovico Buglio，1606–1682）、卫匡国（Martino Martini，1614–1661）以及殷铎泽（Prospero Intorcetta，1625–1696）等是欧洲最早一批学习中国语言与文化并对中国进行系统化人类学分析的人，是他们率先建造了一座方便中西科学、文明互通有无的桥梁。

---

[1] 参见詹森（Lionel M. Jensen）的争议性书籍：*Manufacturing Confucianism: Chinese Traditions and Universal Civilization*, Durham, N. C. : Duke University Press Books, 1997.

利玛窦是毋庸多言的，他是中欧之间文化交流事业的开拓者。生活在儒家文士社会中的他，定位自己为深谙中国语言和习俗的西来学者。他研习中文、中国思想与哲学。他能够自如地介绍自己的宗教思想，并将其与儒家思想道德观念相融合。利玛窦奠定了跨文化对话的基石：彼此尊重并以对中国社会高度赞赏为基准。[1]1582年，他开启了在中国的传教工作，与此同时他致力于将西方的科学、数学、天文学和视觉艺术带至中国朝廷，同中国学者——特别是儒家思想的代表——展开了中西之间跨文化的哲学对话。尽管他对一些中国的风俗习惯持批判态度，然而他崇拜孔子的思想，尤其是孔子道德中强调的“孝道”。他摒弃了新儒家的诸多观念（比如“太极”和“理”），为证明中国保留了最初的神启，他将“上帝”一词翻译为“启示的天主”。耶稣会士在中学欧传中非常活跃，他们陆续将孔子的典籍翻译为欧洲语言。利玛窦先在自己的书籍中介绍孔子的思想，将他的教诲定义为一套与基督教教义相容的道德守则，[2]而非宗教信仰。他还试图翻译宋朝朱熹筛选的儒家思想经典著作《四书》——同时也是皇家科举考试的基本复习书目。

罗明坚翻译了《大学》的第一部分，被收入波塞维诺（Antonio Possevino）1593年在罗马印刷的《选集文库》（*Bibliotheca Selecta*）。《四书》的拉丁文译本手稿现可于罗马的Vittorio Emanuele图书馆进行查阅。[3]在利玛窦去世后，这项工作还在继续，西西里的耶稣会士殷铎泽

[1] 卡地亚（M. Cartier）的一篇文章《启蒙时代的中欧关系：利玛窦眼中的中国》分析了欧洲对中国体制崇拜的原因，文章收录于*Les rapports entre la Chine et l'Europe au temps des lumières: Actes du IIe Colloque International de Sinologie*, Centre de Recherches Interdisciplinaire de Chantilly, Les Belles Lettres, Paris, 1980, pp. 39–50.

[2] 全名为：*De Christiana expeditione apud sinas suscepta ab Societate Jesu. Ex P. Matthaei Riccii eiusdem Societatis commentariis Libri V: Ad S. D. N. Paulum V. In Quibus Sinensis Regni mores, leges, atque instituta, & novae illius Ecclesiae difficillima primordia accurate & summa fide describuntur*。这本书根据耶稣会中国传教团最杰出的人物利玛窦的意大利文手稿整理而成，同会修士金尼阁（Nicolas Trigault, 1577–1628）对这本书进行了扩充并翻译为拉丁文。

[3] 李集雅曾介绍过此书并探讨了译者是谁这一问题，她认为应为罗明坚或利玛窦。参见本文“过去40年间意大利的儒学研究”部分。

1662年出版了《中国的智慧》(*Sapienza Sinica*)，其中囊括拉丁文版本的《大学》，以及《论语》的节选。随后出版的《中国政治道德学说》(*Sinarum Scientia politico-moralis*)收录了《中庸》。最后，1687年，殷铎泽和其他耶稣会士合作在巴黎出版了《中国贤哲孔子（拉丁文本）》(*Confucius Sinarum Philosophus sive Scientia Sinensis latine exposita*)[1]，首次汇集了《大学》《中庸》以及《论语》的完整译本。这本书包含洋洋洒洒的前言（Proemialis Declaratio）、《四书》其中三部的拉丁译文及注释，以及孔子的生平介绍。这些作品给当时的欧洲思想家们带来了巨大的影响，尤其是那些试图在基督教体系中给孔子学说寻找位置的人。耶稣会士们认为《四书五经》乃儒家思想之根本所在，然而却未选择朱熹对《四书》的注释，因为怀疑朱熹是唯物论与无神论的支持者。耶稣会士们选择了万历皇帝的老师张居正（1525—1582）的注释本《四书直解》，这本书与他们的需求更为契合，且减少了许多形而上学的引用。

在耶稣会士翻译高潮过后，意大利的儒学翻译活动进入低谷，尤其同法国相比。在进入20世纪之前的少量儒家翻译中，比较值得记住的有曼尼（Guiseppe Manni）1697年翻译的《中庸》节本，[2]以及卡里尼（Giuseppe Maria Calleri）1853年的第一部《礼记》译本。[3]

在他们最富影响力之时，耶稣会团体被认为是皇帝最有价值、最

---

[1] 巴勒莫（Palermo）藏的原书曾于2006年在北京国家博物馆展出。

[2] Guiseppe Manni, *Notizie varie dell'lmpero della China e di qualche altro paese adiacente con la vita di Confucio Il Gran Savio della China, e un saggio della sua Morale*, Florence: Carlieri all'Insegna di San Luigi, 1697, pp. 143-185.

[3] Giuseppe Maria Calleri, *Li Ki ou Mémorial des Rites*. Traduit pour la première fois du chinois, et accompagné de notes, de commentaires et du texte original, par J. M. Callery, Secrétaire-Interprète de L'Empereur des Français, membre de l'Académie royale des Sciences de Turin, chevalier de la Légion d'honneur, de l'Ordre civil de Savoie, de celui du roi Léopold de Belgique, décoré du Grand Collier tartare, etc., Turin-Paris: Imprimerie royale. B. Duprat, 1853. 因Calleri离开意大利来到法国开始了他的事业，故而这一版本的《礼记》为法语。

信任的顾问，在朝廷担任要职。艾儒略完成了利玛窦的工作——向中国人介绍欧洲的哲学和科学。他对孔子的教诲非常熟悉，很多学者称他为“西来孔子”。

耶稣会士的工作对于西方世界对孔子以及“儒林”的认知起到了奠基性的作用。传教士们从中国典籍学起，他们认为：“天”和“上帝”的观念都存在于经典作品中。17世纪中期，耶稣会士阐释的八卦和阴阳理论出现于欧洲，比如卫匡国在《中国上古史》(*Martini Martinii Sinicae historiae decas prima: res a gentis origine ad Christum natum in extrema Asia, sive magno Sinarum imperio gestas complexa*)中对此进行了细致的讲解。1659年出版的《中国上古史》，基于中国一手资料整理而来，是第一部直接向欧洲公众系统又细致地梳理中国古代历史的作品。1663年，巴笃里(Padre Daniello Bartoli)发表了一本关于耶稣会的百科全书——《耶稣会史》(*Historia della Compagnia di Giesù*)，其中一部分介绍了中国，从中国的地理到习惯，从历史到思想都有所涉及。[1]作者给予孔子很高的评价，认为他是“中国人尤其是中国文人心中的大师”，与那些皈依宗教的人以及崇拜偶像的和尚形成鲜明对比。孔子通过自然推理，向大众介绍了真正的天主，让中国人对接受基督教真理做好了准备。[2]这部作品介绍了儒学思想的主要观点、内容，以及“四本道德哲学书”[3]。

在这次文化相遇中，耶稣会士在文化交流中起到了重要的作用，他们不仅是中国与欧洲文明之间的桥梁，而且创立了西方的汉学研究体系。在这个过程中，孔子为中国与基督教的相遇提供了哲学支持和社会

---

[1] Daniello Bartoli, *Historia della Compagnia di Giesù,* Rome: ed. Ignatio de'Lazzeri, 1653–1663.

[2] Ibid., p. 325 and p. 811.

[3] Ibid., p. 267 and pp. 67–79.

信用。[1]巴笃里为中国人塑造的正面的道德形象，并被一些历史学家和博学的作家，比如格兰迪（Vittore Silvio Grandi），[2]继承了下来。在17、18世纪，天主教信徒就中国民间的宗教仪式和祭孔、祭祖等行为是否涉及异教和信仰爆发了一场争论。争论起初只限于教会内部以及不同的修会之间，1665年马加罗蒂（Lorenzo Magalotti）和耶稣会士白乃心（Jean Grueber，1623–1680）神父谈话之后，对于中国宗教进行了负面报道，并认为所有对祖先的祭拜活动都带有迷信色彩；他对孔子则采取宽容态度，认为他是道德哲学的始祖，并将其与亚里士多德相比较。[3]残酷的"礼仪之争"在利玛窦去世后爆发并持续了一个多世纪。大部分耶稣会

---

[1] 关于意大利东方学的书目和文献研究，可参见Giuliano Bertuccioli, "Gli studi sinologici in Italia dal 1600 al 1950", *Mondo cinese,* 81: 9–22; Giovanni Vacca, "Asia Orientale", in "Gli studi orientalistici in Italia negli ultimi cinquant'anni (1861–1911)", *Rivista degli studi orientali,* V, 1913–1917, pp. 275–319; Lionello Lanciotti, "Cina, Corea e Mongolia", in *Contributo italiano alla conoscenza dell'Oriente-Repertorio bibliografico dal 1935 al 1958,* Florence: Le Monnier, 1962, pp. 237–254; Giuliano Bertuccioli and Federico Masini. *Italia a Cina.* Bari: Laterza1996; Federico Masini,"Italian translations of Chinese literature", in Viviane Alleton e Michael Lackner, eds., *De l'un au multiple. Traduction du chinois vers les langues européennes. Translation from Chinese into European Languages*, Paris : Éditions de la Maison des sciences de l'homme, 1999, pp. 34–57. 而对于20世纪后半叶的书目，可参见Giovanni Vitiello, *Bibliografia sinologica italiana (1959-1987),* Rome: Associazione Italiana per gli studi cinesi, 1988; Tiziana Lippiello, "Confucio nella cultura italiana: studi e traduzioni" [《孔子在意大利文化中：研究与翻译》], in A. Tulli, Z. Wesolowski, eds., *Quinto Simposio Internazionale di Sinologia dell'Università Fu Jen: "L'incontro fra l'Italia e la Cina: il contributo italiano alla sinologia* [辅仁大学第五届汉学国际研讨会《意大利与中国相遇：意大利汉学研究的贡献论文集》] Monumenta Serica, Taipei 2009, pp. 331–376; Francesco D'Arelli, *La Cina in Italia. Una bibliografia dal 1899 al 1999,* Rome: Associazione Italiana per gli studi cinesi, 2007. On Italian reports from China and on the relations between Italy and China see Rosa Lombardi, "Shanghai and Beijing in the Thirties of the 20th century in the descriptions of three Italian writers: Giovanni Comisso, Mario Appelius and Alberto Moravia", *Review of Culture*, Macao, 2010, n. 34, pp. 88–97; Laura De Giorgi, "In the Shadow of Marco Polo: Writing about China in Fascist Italy", *Journal of Modern Italian Studies*, 15, 4, 2010, pp. 573–589; Maurizio Marinelli and Giovanni Andornino, *Italy's Encounters with Modern China: Imperial Dreams, Strategic Ambitions*, Basingstoke: Palgrave Macmillan, 2013.

[2] Vittore Silvio Grandi, *Istoria degli imperadori della China,* Venice, 1716, 曾出现于Zoli, *La Cina e la cultura italiana dal 500 al 700,* Bologna: Patron, 1973, p. 90, note 22, 曾涉及有关中国习俗的介绍。

[3] Lorenzo Magalotti, *Relazione della China cavata da un ragionamento tenuto col* P. *Giovanni Grueber della Compagnia di Gesù nel suo passaggio per Firenze l'anno* 1665, in *Notizie varie dell'Imperio della China e di qualche altro paese adiacente, con la vita di Confucio,* all'Illustrissimo Sig. Marchese Clemente Vitelli, Florence: G. Manni, 1697.

士对儒家仪式持包容态度，认为这些儒家的“祭孔”“祭祖”仪式本质上是一种社会和政治行为，基督徒可以参加。而多明我会却指责这些仪式具有偶像崇拜性质，“祭祖”和“祭孔”都只不过是对魔鬼的崇拜而已；西班牙方济各会支持多明我会的批判立场。1645年，罗马教廷的立场倾向于多明我会，谴责中国礼仪。然而，1656年3月23日，教皇亚历山大七世（Alexandre Ⅶ）宣布支持“中国礼仪”，强调了1615年的法案中允许在礼拜仪式中采用中文的规定，取消了之前的禁令。最后，多明我会还是说服了教皇克莱芒十一世（Clement Ⅺ），称耶稣会士为迎合中国人的情感，确立了危险的适应政策。1704年，教廷规定禁止使用耶稣会士支持的“上帝”和“天”，改用“天主”取代。此外，那些已经归信的中国官员和科举及第的人士不被允许在每月的初一和十五之时参拜孔庙。耶稣会将这一决定反映给康熙皇帝，康熙帝遂决定驱逐所有不支持耶稣会立场的传教士。1742年，本笃十四世（Benedict ⅩⅣ）重申禁令，从而平息了争吵，直到庇护十二世（Pius Ⅻ）在1939年12月8日颁布“通谕”，教徒才再次被准许参加祭拜祖先以及纪念孔子的活动。历史学家加诺（Pietro Giannone，1676–1748）在他的《那不勒斯王国历史》（1723年）中，对于天主教等级斗争中的民间力量采取支持态度，简要概述了“礼仪之争”。[1]

中国礼仪之争在教会内部爆发，却并不只局限于宗教范畴以及传教方法，它包括更广泛的内容：最主要的问题是，在欧洲天主教人士的眼中，儒家思想的本质是什么；它是一个道德体系还是一种宗教？讨论的重点涉及了宗教概念本身、文化和信仰之间的关系、神学的概念、不同社会中价值观的相对性。具体而言，对于礼仪等习俗，它是一种祭拜祖

[1] Pietro Giannone, *Istoria del pontificato di Gregorio Magno*, in *Opere*, Recuperati and Bertelli, eds., Milano-Napoli: Ricciardi, 1971, pp. 955–56.

先的文化习俗，还是隐含着与基督教相悖的信仰？此外，儒家教诲预设了一个无神论的视角吗？是否给宗教信仰如基督教等的教义留出一定空间？当然，儒家哲学创造出了社会中“恶”以及“人性”等概念，却并非基督教中所言“违背上帝”的罪孽。[1]艾儒略讨论过中国宗教中的“反思”以及“忏悔”等概念与基督教中相似概念之间的区别，认为关键区别即是罪孽的“收件方”。[2]

研究儒学和中国信仰的宗教机构之一是中国学院，也就是现在的那不勒斯大学，不应忘记它在中国和意大利文化交流中的重要地位。这座学院由虔劳会神父马国贤（Matteo Ripa，1682–1746）创立，起初名叫中国学院（Collegio de Cinesi），是欧洲最早的中国学研究中心之一。在这里，中国的年轻人可进行为期3年的拉丁语、神学和希腊哲学的学习，考试通过并晋铎成为神父后，回到中国从事传教事业。[3]

（二）“启蒙”时期意大利思想家对儒学的争论

“中国智慧”的观点与包容的孔子道德学说对于耶稣会士在和其他修会论战中起到了积极的作用。若干年之后，在法国，以及其他欧洲国家比如意大利，中国的“自然神论”、孔子的世俗道德观，以及开明的君主专制主义又为新兴哲学家——也就是那些启蒙思想家们——的辩论提供了新的元素。因此，启蒙运动利用了耶稣会士带来的丰富的信息，以儒家思想为基础的中国体系中的“理性”和“功能性”等元素备受关注。这意味着意大利和欧洲本地的辩论是被遥远的中国传播而来的思

[1] Julia Ching, *Confucianism and Christianity: A Comparative Study*, Tokyo: Kodansha International, 1977, pp. 73–79.

[2] Erik Zürcher, “Giulio Aleni et ses relations avec les milieu des lettrés chinois au XVIIe siècle”, in Lionello Lanciotti, ed., *Venezia e l'Oriente*, Firenze : Olschki, 1987, p. 121.

[3] 范提卡教授（Michele Fatica）对涉及马国贤的档案和文献，以及早期赴意大利的中国学生进行了深入的研究。

想和智慧所点燃的，辩论的开展也强化了意大利学者对孔子和儒学的兴趣，正如伟大的历史学家沙波德（Federico Chabod）在1970年出版的关于18世纪欧洲思想的古典散文中提到的：

> 宗教纷争是反对欧洲政治传统的理由之一：这也就意味着被打击的不仅仅是欧洲的政治机构以及“政府特权”，也包括“欧洲信仰”，基督教信仰（启蒙运动谴责天主教修士的狂热，以及加尔文派和路德派的狂热）。“国家理性”是持续战争、无辜平民被屠杀以及被压迫的原因；被欧洲国家宣扬的宗教，是狂热、狭隘的源头。[1]

启蒙运动的追随者对儒学以及中国社会有着极其正面的印象，中国为他们的社会发展以及自由解放运动提供了范例：他们欣赏这种有别于欧洲教堂影响政治和世俗生活的模式，认为儒学是有利于社会秩序的道德体系，考试择优，而非根据家庭出身和贵族身份选拔国家工作人员。孔子是理性哲学家的先行者，因为他只强调道德秩序，并警告他的弟子一定使自己远离非理性的神话或信仰、宗教狂热或是神职人员的影响。

启蒙思想家们，强调统治阶级的这种理性的态度和中国儒学的社会承诺，将中国描述为一个由“哲学家”管辖，且反对任何宗教狂热的帝国，他们指责欧洲中世纪的宗教狂热：这意味着，中国成为一个社会、道德、体制不依赖宗教的国家，一个欧洲启蒙运动的范本。培尔（Bayle）不同意耶稣会士的观点，中国人崇敬的是自然宗教基础上的真神；中国人其实是更先进更文明的“迷信的无神论者”。培尔对欧洲知

[1] Federico Chabod, *Storia dell'idea di Europa*, Bari: Laterza, 1970, p. 84.

识分子的影响非常巨大。也就是说，中国，连同其自然神论的概念、对正义的崇拜、孝、国家的家长式组织、自然权利的意识等一并成为他们理想的天然样本。儒家伦理也证明，需要神启才能达成人类和谐共生的说法是毫无根据的。

这一阶段，不论在意大利还是在整个欧洲，中国形象和儒家思想皆处于黄金时期。孔子和儒家学说一直是知识界热衷讨论的对象，要感谢耶稣会士首先将儒学介绍到欧洲。18世纪，意大利乃至整个欧洲艺术和文学领域刮起的“中国情调”风这一现象绝不是偶然的。单就寓言或讽刺小说方面，对中国有所提及的便有梅塔斯塔齐奥（Pietro Metastasio）、戈兹（Carlo Gozzi）、波吉神父（Poggi）以及阿尔菲耶里（Vittorio Alfieri），音乐方面，从奇马罗萨（Domenico Cimarosa）、马尔切洛（Benedetto Marcello）到乔万尼·帕伊谢洛（Giovanni Paisiello）。[1]三幕的意大利歌剧《中国偶像》（*L'idolo cinese*），极具代表性。该剧剧本由洛朗则（Giovanni Battista Lorenzi）完成，音乐由帕斯罗（Paisiello）完成。1767年该剧在那不勒斯登上舞台，获得巨大成功：国王斐迪南四世（Ferdinand Ⅳ）为庆祝夫人玛丽亚·卡罗来（Maria Carolina）生日以及约瑟夫二世（Joseph Ⅱ）到访，让此剧在王宫上演。而司马洛萨（Domenico Cimarosa）对“中国英雄”的演绎配合歌词的内容，显得更有意义。实际上，1782年8月13日在那不勒斯上演的歌剧[2]，是由麦塔

[1] Adrienne Ward, *Pagodas in Play: China on the Eighteenth-century Italian Opera Stage,* Lewisburg［Pa.］: Bucknell University Press, 2010.

[2] Antonio Caroccia, *"Ve le canto in cinese": rivendicazioni e fascino esotico nell'Eroe Cinese di Domenico Cimarosa*, in *Pietro Metastasio: il testo e il contesto*, Atti della giornata di studi (Avellino, Conservatorio "D. Cimarosa", 26 marzo 1998), a c. di Marta Columbro e Paologiovanni Maione, Napoli: Altrastampa, 2000, pp. 203-24; 对于Metastasio的剧本，参见http://metastasio. letteraturaoperaomnia. org/metastasio_l_eroe_cinese. html (2015-09-01). Sala Di Felice Elena, "Delizie e saggezza dell'antica Cina secondo Metastasio", *Opera e libretto,* Fondazione Giorgio Cini, Firenze : Leo S. Olschki, 1993.

斯托斯（Metastasio）在1752年以《赵氏孤儿》为基础改编的。[1]意大利著名诗人维托里奥·阿尔菲（Vittorio Alfieri，1749–1803）对孔子有独特的见解。他在文章《君主和文学作品论》(*Del Principe e delle Lettere*, 1786）中，认为孔子是一位伟大的中国改革者，他的书中充满了对中国哲学家的钦佩和尊重。[2]在阿尔菲的喜剧《小窗》(*La Finestrina*）中，孔子是主要角色之一，这位意大利作家塑造了一个更加复杂、更富戏剧性的中国哲人形象。在孔子和穆罕默德的对话中，前者谦逊地介绍自己："我说话的方式比你简单。我没有任何隐藏的目的，我出生在中国，我的名字是孔子。我生活在几千年前，你的长鼻子显示，你并非出生在中国，你从来没有听说过我，甚至也不知我的名字。我没有创造太多东西——我只是在我的人民中播下了和平的社会真理之种子。"[3]继而，在阿迪斯（Ades）的法庭上，孔子被控告没有做任何有意义的事，且还犯有欺骗人民之罪。默克里（Mercury）命令取出孔子的内脏从而仔细研究他的心脏。然后，告发者们发现了他内心的罪恶，并表示这个"爱好和平的哲学家"其实雄心勃勃且虚情假意，披着慈善的外衣推进暴政统治。他们说，他发现了一种由理性主义方法构建的宗教，并对古老的中国神灵嗤之以鼻，目的是想替代后者被善良而富有的贤哲奉上祭坛。他的谦虚都是假的，因为他想成为神灵。在法官中，米诺斯（Minos）指出他从来没

---

[1] 这部杂剧由13世纪的纪君祥创作，讲述了发生在公元前6世纪的故事。具体参见W. L. Idema, "The Orphan of Zhao: Self-Sacrifice, Tragic Choice and Revenge and the Confucianization of Mongol Drama at the Ming Court, " *Cina*. 21, 1988, pp. 159–190; Shi Fei, "Tragic Ways of Killing a Child: Staging Violence and Revenge in Classical Greek and Chinese Drama", in Constantinidis Stratos E., *Text & presentation,* Jefferson: McFarland, 2008。梅塔斯塔齐奥以马若瑟的《赵氏孤儿》(*L'Orphelin de la maison de Tchao*）节译本为基础，创作了这部宫廷剧。梅塔斯塔齐奥改变了这个中国故事发生的时间、地点以及故事中的人物，故事变为发生于13世纪，蒙古统治时期。马若瑟的译本，藏于法兰西图书馆，参见http://gallica. bnf. fr/ark:/ 12148/btv1b90636837/f4. zoom (2015–09–01)。

[2] *Del principe e delle lettere*, libri tre di Vittorio Alfieri, in *Opere varie filosofico-politiche*, vol. I, in prosa e in versi, di Vittorio Alfieri da Asti, Tomo primo, prima edizione italiana, Siena, 1801.

[3] *Commedie di Vittorio Alfieri da Asti*, vol. Ⅱ, London, 1804, Scena IV, p. 175.

有使用暴力去伤害人，但其他法官指责道，事实上他的改革必然导致暴力和死亡。[1]这些显然是阿尔菲阐释的孔子，孔子的形象与伏尔泰融为一体，在这位作家创作此剧的时候，他正在对伏尔泰进行严厉的批判。[2]阿尔菲的阐释，并未考虑孔子持有的实证主义与现实主义的态度，他不喜欢讨论那些超自然的或者死后的事情，并且坚决不希望自己被封为神，然而这里的要点在于，他只是借批判孔子，来批判伏尔泰。

随着世界经济中心转移到法国、荷兰和英国，大多数关于中国的书籍——包括那些由耶稣会士写成的——出版地从意大利转移到其他欧洲国家。意大利作家仍旧对国外出版的有关中国的作品保持关注，[3]尤其对于欧洲涉及中国问题的争论与潮流格外关注。然而，“颂华派”赞扬着理想中的中国和儒家系统，“贬华派”却描绘了一个负面形象的中国。[4]这种争论往往有其背后的意义和目的：比如，至少有一部分歌颂中国神话、儒家思想

---

[1] *Commedie di Vittorio Alfieri da Asti*, Act IV, pp. 203-204.

[2] Vincenzo Placella, *Alfieri comico*, Bergamo: Minerva italica, 1973; Guido Santato, *Alfieri e Voltaire: dall'imitazione alla contestazione,* Florence: Olschki, 1988. 就某种意义而言，阿尔菲其实接近了李贽的思想，然而显然他自己无所察觉。李贽认为，学派和宗教的创始人都意识到：人类主要寻求的是名誉和不朽，于是这些创始人主要通过迎合人类的需求而吸引追随者，然而却导致了自我欺骗的产生。(参见《答耿司寇》)

[3] 这里我只介绍一些重要作品：Juan Gonzalez de Mendoza, *Dell'historia della China*, Venetia, 1588. Et tradotta nell' italiana dal magn. m. Francesco Auanzo, cittadino originario di Venetia, pubbl. Roma, appresso G. Andrea Celentano & Cesare Rasimo, 1585。同一位作者的作品：*Historia de las cosas mas notables, ritos y costumbres, del gran reyno dela China, sabidas assi por los libros delos mesmos Chinas, como por relacion de religiosos y otras personas que an estado en el dicho reyno.* Hecha y ordenada por el muy r. p. maestro fr. Ioan Gonzales de Mendoça dela Orden de S. Agustin, y penitenciario appostolico a quien la magestad catholica embio con su real carta y otras cosas para el rey de aquel reyno el año 1580, 这本书于5年后的1585年在罗马出版，1586年于马德里出版。1643年，Alvaro Semedo的*Relatione della Grande Monarchia della Cina* (Report on the great kingdom of China)，于罗马出版。1663年Padre Daniello Bartoli同样在罗马出版了*Historia della Compagnia di Giesù* (ed. Ignatio de'Lazzeri, 1653-1663)，1652年波兰神父卜弥格（Michal Boym）在罗马出版了第一版意大利语的*Breve relazione della China et della memorabile Conversione di persone regali di quella corte alla religione christiana*。随后的1699—1700年，Gemelli Careri在那不勒斯出版了他的游记*Giro del mondo del Dottor D. Gio. Francesco Gemelli Careri*, Naples 1699-1700年, voll. 6. Cf. A. Tamburello, "La civiltà cinese secondo un viaggiatore italiano di fine Seicento: Giovanni Francesco Gemelli Careri (1651-1725)", in Carletti, Sacchetti, Santangelo, eds., *Studi in onore di Lionello Lanciotti*, vol. III, Napoli, I. U. O., pp. 1365-1383。

[4] 一般而言，在第一阶段（1685—1750年），为批判欧洲文明，无条件地赞美大行其道。而后，态度逐渐改变。

和体制的人，目的为改变人们的思想，以及欧洲大国传统的局势。许多攻击中国思想的人，本意是欲和所谓的“异教徒的信仰”或者“纯真的无神论者”做斗争。在意大利，反宗教改革势力对这一争论也有所影响。

因此，“中国情调”除表达风尚和品位之外，在这场意识形态辩论中，中国价值观的神话对意大利民事改革产生了有限却具体的影响。意大利“启蒙中国”和欧洲的“启蒙中国”之间的主要接触点在经济和法律领域，在重农学派们的农业问题和理想化的政治问题上。对于他们而言，中国是实实在在的历史范例。[1]事实上，隐含着意识形态和政治思考的中国问题，成为当时意识到亚平宁半岛上进行着启蒙运动的意大利知识分子争论的一部分，众人各执己见：从维利兄弟（Verri）到阿方索·隆戈（Alfonso Longo），从朱塞佩·戈兰尼（Giuseppe Gorani）到彼得·沙奇（Pietro Secchi），从方济各·阿尔加罗蒂（Francisco Algarotti）到朱塞佩·帕里尼（Giuseppe Parini）、朱塞佩·巴兰提（Giuseppe Baretti）、费迪南多·加利亚尼（Ferdinando Galiani）、佛朗西斯科·巴加诺（Francesco Mario Pagano），以及尤其值得一提的安托尼·杰诺韦西（Antonio Genovesi）和加埃塔诺·弗朗日（Gaetano Filangieri）。

对于理想中“道德完美的中国”的田园牧歌式的表现手法常被阿方索·隆戈（Alfonso Longo，1738–1804）一类作家所使用，或像费迪南多·巴里提（Ferdinando Paletti）一样，从托斯卡纳改革者的角度出发，采用温情主义或者重农主义的表现手法。[2]而在1784年，德堡主教（abbot Cornelius de Pauw）采取了批判态度，朱塞佩·戈兰尼紧随其后，企图批判那一时代有关中国的过于理想化的观点，并进行重新评价。他们

[1] Sergio Zoli, *La Cina e l'età dell' Illuminismo in Italia*, Bologna, Patron, 1974, Prefazione Ⅶ.
[2] Ibid., pp. 83–94, 161–162.

批评中国的制度，并认为政府的权力过大。[1]此外，18世纪末的斯塔尼主教（Abbot Stagni）反对道：中国的官员，虽是文人且自称孔门弟子，但是却滥用法律，政治腐败，也有人从事偷窃的勾当，法院被阴谋集团主导，官员唯利是图。[2]同样，罗伯蒂（Gian Battista Roberti）强调中国的负面形象，并明确表示应推翻“中华民族是和平、可爱、干净的民族这一虚假的说法”，要推翻中国是“完美社会”的神话。[3]罗伯蒂指出，这些对中国人和中国文化的溢美之词，旨在支持“不需要福音书即可获得高尚道德”的理论，谴责那些“称赞中国的道德从而贬低基督教美德，并以此证明不通过福音也可以获得美德”的言论。[4]因此，他拒绝任何孔子和基督之间的比较，[5]称儒家为“孔子教派”以表示自己并不钦佩儒家，他引述了孟德斯鸠、杜赫德等的文章希望证明中国社会并非如“哲学家”所描述的那么经典。

阿尔加罗蒂的批评有所不同。他认为中国的道德和制度的确比较规范，然而这些赞扬都是远距离引发的想象所导致的——“那千万里的距离，使欧洲和中国相隔”。他批判中国没有言论自由和意识自由，和英国人享受的言论自由相比[6]，中国“没有人敢说真话”。巴兰提的批判更加猛烈，他攻击孔子只为攻击伏尔泰，并讽刺那些对“美丽的传说”教条式的热情：

---

[1] 参见Giuseppe Gorani, *Elogj di due illustri scopritori italiani*, Siena: Stamperia di Vincenzo Pazzini Carli e figli, 1784 cit. by Zoli, *op. cit.*, 1974, pp. 175–179, 217.

[2] Alessandro Stagni, *Dell'Influenza della cattolica religione sul bene del Principato e della Società provata colla ragione e confessata validamente dallo stesso moderno spirito filosofico,* Venice: Stamperia Palese, 1793, pp. 200–201.

[3] G. B. Roberti, *Del leggere libri di metafisica e di divertimento trattati due. Con Prefazione sopra un Libro intitolato:'De la Predication'par l'auteur du Dictionnaire Philosophique aux delices,* Milan: Stamperia Marelliana, 1770, p. 57 (on line edition：https://books. google. it/books?id=ETJgAAAAcAAJ&dq=Roberti, +, + le+virt%C3%B9+cinesi+per+insultare+alle+cristiane&hl=it&source=gbs_navlinks_s) (2015–09–02).

[4] Ibid.

[5] Ibid., p. 61.

[6] Francesco Algarotti, *Dialoghi sopra l'Ottica Neutoniana,* in Opere del Conte Francesco Algarotti, Venice: Edizione del Palese, 1791, tomo Ⅱ, pp. 204–205, 232 (on line edition: https://books. google. it/books?id=rzcBa3rbi4gC&printsec=frontcover&hl=it&source=gbs_ge_summary_r&cad=0#v=onepage&q&f=false) (2015–09–02).

> 谁能够在听人们空谈那些他们自己或是任何欧洲人知之甚少的国家，听他们一直表扬那些比我们大陆的人更加高级的人的时候，不感到愤怒和不屑呢？[1]

他还以讽刺口吻说道：

> 伏尔泰先生，或是那些绅士中的一人，会回答道：中国人中有位孔夫子，比千台纺车还要值钱，这位孔夫子写了喜剧、悲剧、哲学、历史学以及神学等方面的书籍，比法国的书好多了。在此，我要谦虚地低下我的头，和他们一起高喊：孔子万岁。[2]

最著名的是维柯（Giambattista Vico）反对培尔的争论。[3]显然，他遵从的是正统的天主教立场，然而他认为教廷的权力对个人福利与社会安定是有正面作用的。他批判“人们在没有上帝之光的照耀下能够生活在公平正义之中”的观点[4]，此观点是那些相信“当代旅行家”所讲述的

[1] G. Baretti, *Opere di Giuseppe Baretti*, Vol. IV, *Lettere e scritti varj*, Milan: Società tipografica de'Classici italiani, 1839, p. 433 (on line edition: https://books. google. it/books?id=JO5Nf4nC9qUC&printsec=frontcover&hl=it&source=gbs_ge_summary_r&cad=0#v=onepage&q&f=false) (2015-09-02). 以及Baretti, *La Frusta Letteraria,* n. XVI, Rovereto, 15 maggio 1764, repr. Milan: Società letteraria de'classici italiani vol Ⅱ, 1838, p. 9. (on line edition https://books. google. it/books?id=tHFLxaSF3ugC&dq=baretti, +la+bella+favola&hl=it&source=gbs_navlinks_s) (2015-09-02).

[2] *La frusta letteraria*, XVI, 15 May 1764, repr. Milan: Società tipografica dei classici italiani, 1838, vol. Ⅱ, p. 14.

[3] 实际上，他的批评主要针对纯粹的理性主义，因为他认为信仰和上帝对人类思想而言是很有必要的。休谟（Hume）和维柯（Giambattista Vico）认为，上帝概念的引入是以对未知事件具有安慰效用的心理评估为基础的。信仰符号是人类创设的诡计。参见Michele Prospero, “Vico, defensor Ecclesiae?”, *Rivista della Scuola superiore dell'Economia e delle Finanze.* Roma I, 2005, pp. 275-317. Cf. also Lorenzo Bianchi, *Tradizione libertina e critica storica. Da Naudé a Bayle*, Milan: Angeli, 1988 and, Lorenzo Bianchi, ed., *Pierre Bayle e l'Italia*, Naples: Liguori, 1996; Gianfranco Cantinelli, *Vico e Bayle: premesse per un confronto*, Napoli, Guida, 1971; Sergio Zoli, “Bayle, Vico e la Cina”, *Bollettino del Centro di Studi Vichiani*, Vol. XⅦ – XⅧ, 1987-1988.

[4] Giambattista Vico, *Opere scelte di Giambattista Vico*, vol. II, *Princípj di una scienza nuova d'intorno alla comune natura delle nazioni* [1744], Milan, 1836, p. 141.

故事的哲学家所宣扬的[1]：他们否定以天意为基础的永恒原则的普遍性。维柯对儒家思想持批判态度，认为其是“笨拙、别扭、庸俗的道德”。[2]卡利（Gian Rinaldo Carli）在《美国信件》（*Lettere americane*）中，批判了中国神话的诋毁者：他们的论断并非依据于来源正规的中国历史信息。[3]此外，加尔迪（Matteo Galdi，1765–1821），预言整个亚洲将迎来新的“中国的和平与秩序”（pax sinensis），并且儒学将复兴。[4]马菲（Scipione Maffei，1675–1755）、多利亚（Doria）等作家赞美中国的智慧和道德，而杰诺韦西（Genovesi）认为这些美德在以任人唯贤为基准的国家事务管理体制中可以起到公共良心、效率和善良的作用。[5]一般而言，许多作家对那些具有政治影响的习俗和典礼印象深刻，比如皇帝的亲耕仪式及其传递出的极具符号价值的意义。[6]杰诺韦西和弗朗日等思想家，敏锐地观察并理解了儒家任人唯贤的科举制度的历史重要性并认为这是使中国历史和欧洲历史与众不同的原因，这样，社会初期便产生了流动性，不再只由世袭决定人的地位。杰诺韦西观察到：

> 但有一个帝国，它和我们所提到的所有其他国家不同。精英集团人数众多，且既不是世袭的，也不是金钱买来的：民间智慧的唯一价值构成了国家的基础，并且不超出个人的生活范围。……这个

---

[1] Giambattista Vico, *Opere scelte di Giambattista Vico*, vol. II., p. 140–141.
[2] Ibid., p. 53.
[3] Gian Rinaldo Carli, *Lettere americane,* Cosmopoli (Florence), 1780, quoted by Sergio Zoli, *op. cit.,* 1973 in note 20, pp. 24–25.
[4] Matteo Galdi, *Dei Rapporti politico-economici fra le Nazione libere,* Milan: Maspero, 1798, cit. in Zoli, *op. cit.,* 1974, pp. 166–168.
[5] Zoli, *op. cit.,* 1974, pp. 50–51.
[6] Zoli, *op. cit.,* 1974, pp. 171–173.

国家就是中国。[1]

弗朗日强调科举考试、任人唯贤的合理性：

> 我来说说中国……在这个国度，拥有才华和美德比拥有杰出的祖先更受尊重；皇帝的意愿、朝廷或僧侣的喜好亦或是法庭上的诡计，都无法决定人才的选拔，只有法律本身可以分配任务和职位。[2]

分析沙齐（Pietro Secchi）在一本知名杂志《咖啡馆》（*Il Caffé*）上发表的文章是一件很有趣的事情，文章介绍了启蒙思想和改革家的立场。文章于1764—1766年，在贝卡利亚（Cesare Beccaria）《论犯罪和惩罚》（*Dei delitti e delle pene*）上连载后在米兰发表。本文首先点名了意大利和中国之间的巨大文化差异，并评价了“真实，高尚和有趣的”的《论语》。他引用了孔子生活中的一个例子，孔子从政期间，在他管辖区域内，有一个无后的人愿在自己去世后将他的财产分给穷人。大家都很赞赏他的决定以及慷慨的心。相反，孔子却要废除这一遗嘱，他认为这有违古制。他将一半遗产分给了一个新成立的陶器工厂，另一半分给社会以减少公共债务以及赋税。他的基本依据是：竞争以及克服困难的意愿会被懒惰压制，社会公共利益以及生产应被鼓励，而不应让人被动陷于福利。帮助那些年老或有真正需求的人是一种好的行为，然而给所有

[1] Antonio Genovesi, *Lezioni di commercio o sia d'economia civile dell'ab. Antonio Genovesi regio cattedratico di Napoli*, Milan: Giuseppe Rossi Qu. Bartolo, 1802 (1768), Part I, p. 61 (online edition: https://books. google. it/books?id=orANjiHc_4gC&dq=Antonio%20Genovesi%2C%20Lezioni%20di%20commercio%20o%20sia%20d'economia%20civile%20dell'ab. %20Antonio%20Genovesi%20regio%20cattedratico%20di%20Napoli%2C&hl=it&source=gbs_similarbooks) (2015-09-03).

[2] Gaetano Filangieri, *La scienza della legislazione e gli opuscoli scelti di Gaetano Filangieri* (the science of legislation and selected booklets by Filangieri), Tomo I, Leghorn: Glauco Masi e co., 1826, p. 138 (on line edition: https://books. google. it/books?id=30gNAAAAIAAJ&printsec=frontcover&hl=it&source=gbs_ge_summary_r&cad=0#v=onepage&q&f=false) (2015-09-03).

本可以谋生的人以无偿救助，会促使懒惰的产生，对国家和经济有害无益。在此，孔子成为一位自由主义的政治家，自由市场的预言家，他支持生产与降低赋税。[1]在同样一本杂志中还有另一篇反对迷信和法术的文章，将孔子认作创造法律的人，他倡导人们用理性和辩论，而非武力或谎言。[2]

当然，这些对于中国社会理想化的描画，亦或是对她消极和恶意的陈述，本意并非对这个遥远国度的真实情况做深入的调查，而是相当明确地指向意大利知识分子和政治家，希望中国可以成为意大利机构改革的模板，从而使意大利社会变得更加开放。杰诺韦西本人并没有选择不去批评那些残忍的政策，比如某些惩罚措施，他在《文学和科学研究的真正目的论》（*Discorso sopra il vero fine delle lettere e delle scienze*，1753）中，断言：

> 尽管中国人的确不是一个野蛮且无知的民族，然而他们也并不像一些作家展示给我们的那么神圣、幸福。当他们看到我们的时钟和我们的机器，了解我们的哲学，他们就会认为欧洲人和他们一样属于优等民族。[3]

最后，除了佩利科（Silvio Pellico）和朱斯蒂（Giuseppe Giusti）等作家从意大利的角度介绍中国，还有一些作家，如卡塔内奥（Carlo Cattaneo）、坎图（Cesare Cantù）和法拉利（Giuseppe Ferrari）等，批判

[1] Pietro Secchi, "Aneddoti chinesi", in *Articoli tratti dal Caffè*. 4 voll., Milan: Nicolò Bettoni, 1829, Vol. 2, pp. 129–136.

[2] "Contraddizioni morali", ibidem, *Il Caffè*, pp. 61–62.

[3] Antonio Genovesi, "Discorso sopra il vero fine delle lettere e delle scienze", in Antonio Genovesi, *Opere scelte*, Milan: Societa tipografica de'Classici italiani, 1824–1835, p. 548 (on line edition: https:// books. google. it/books?id=vZOkjN2t5xcC&printsec=frontcover&hl=it&source=gbs_ge_summary_r&cad=0#v=onepage&q&f=false) (2015-09-03).

中国缺乏人权。值得注意的是主要研究中国刑法法典的福斯科洛（Ugo Foscolo）的立场，斯当东（George Stauton）翻译的中国刑法由他转译为意大利语，表达的态度比较中立。法拉利[1]有机会接触到法国汉学并阅读中国哲学译本，他在用法语写成的有关中国与欧洲的书中，赞赏了孔子的人性化，以及儒家理论对人们日常生活的理解。[2]

很显然，许多涉及儒学和中国体制的辩论都与意大利的问题有直接的关系，它们给人们提供了一个机会来讨论格劳秀斯和培尔关于自然法“危险”的观点，这一观点认为自然法则无须遵守上帝的意愿（cognizione di Dio）。[3]对于许多启蒙运动的支持者而言，中国成为新型国家社会理念的代名词：效率和自由相结合，公民能够在没有任何权力干涉的情况下感受到互相的尊重和社会的包容，没有任何人可以将自己的信仰强加于他人。显然，这个想象的“中国”迫使欧洲与另一个同样古老而重要的文明面对面，继而重新审视自己，发现价值观的多元性以及世界主义的价值。另一方面，孔子的形象逐渐成为一面镜子，许多盛行的意识形态通过这面镜子确定了自己的理想，或根据自己的意愿、价值观和理念，树立了一个模范。透过这一遥远国度的学说，意大利思想家们设计了自己的梦想和梦魇，识别了他们的偶像和魔鬼。[4]

（三）19世纪末至20世纪70年代意大利的儒学研究

19世纪末，与其他欧洲国家相比，意大利对中国的兴趣有所减少，或许是由于殖民时代意大利不同于英法两国，较少涉及远东的殖

[1] Lionello Lanciotti, "«La Chine et l'Europe» di Giuseppe Ferrari", *Cina*, 3, 1957, pp. 63–72.

[2] Ferrari, *La Chine et l'Europe, leur histoire et leur traditions comparées*, Paris: Librerie acadèmique Didier et Cie, 1867.

[3] Paolo Rossi, *I segni del tempo: storia della terra e storia delle nazioni da Hooke a Vico*, Milan: Feltrinelli, 1979, p. 217.

[4] 对于文艺复兴后意大利如何看待、阐释中国和中国文明，请参见史华罗：《17至18世纪意大利人对中国的印象和想象》，《复旦学报》（社会科学版），2008年第3期，第106—118页。

民地事务的缘故。[1]在20世纪初出现的新闻报道中，费迪南多·丰塔纳（Ferdinando Fontana）在他的《中国之旅》（*In viaggio per la China*）中，[2]描述了中国的生活和社会。有一章（第141—145页）讲到孔子（Cum-tse o Khong-tseu），作者向读者介绍了孔子生活的轶事和一些孔子说过的话。在丰塔纳早先所写的关于中国道德和习俗的书中，他介绍了孔子的思想和他在中国历史中的角色，在这本书的卷首，他转引了卡塔尼奥（Carlo Cattaneo，1801-1869）的著名论文《古代与现代中国》（*La Cina antica e moderna*）。[3]这篇文章非常重要，它是19世纪意大利学者反思孔子政治道德的杰出作品。他的反思远远超越了颂华和贬华的争论，而是辩证地使用了比较文化的方法，试图从中国本身去理解中国的现象，并根据西方的经验类比，以期发现相似的特点。[4]尽管卡塔尼奥并非汉学家，而是一位联邦派自由知识分子，他却对中国的现实和文化非常了解，他的知识主要是通过阅读法国当代汉学家的著作而得来的。他反对同一时代欧洲对中国的主流意见，他否认中国的历史是僵化和停滞不前的。[5]他介绍了孔子教授政治和社会科

---

[1] 意大利参加了打击义和团的国际远征军，有军官写了一些关于中国的回忆录，比如，Nicola Labanca, *Un italiano nella Cina dei Boxer. Lettere e fotografie (1900–1901)*, Associazione Giuseppe Panini Archivi Modenesi, 2000, Vittorio Maltese, *Sensazioni d'Oriente,* Torino: S. T. E. N., 1905, and Manfredi Gravina di Ramacca, *La Cina dopo il millenovecento*, Milan: Treves, 1907.

[2] Ferdinando Fontana, *In viaggio per la China*, Milan: Tipografia Nazionale, 1900 (repr. Milan: Lampi, 2003).

[3] Carlo Cattaneo, "La Cina antica e moderna", published in *Politecnico*, X, 1861, pp. 198-223 (online also http://livros01. livrosgratis. com. br/lb000180. pdf或者http://www. eliohs. unifi. it/testi/800/cattaneo/CattaneoCina. html）（2015-09-04）.

[4] 他的人类学方法来源于他的启蒙思想，他曾在*Il Politecnico*, vol. II, Milan, 1839, p. 5写道："人类不同文明之间应经常彼此品鉴，因为人类文明的共同利益是相似且想通的，科学是其中之一，艺术是其一，还有荣耀。"

[5] 可比较卡塔尼奥和龙巴蒂（Giacomo Leopardi）二者。龙巴蒂曾提到"停滞的中国"并将其与语言联系起来，参见*Zibaldone*, 942-944, 1059, in Giacomo Leopardi, *Tutte le opere*, introduzione di Walter Binni, a cura di Walter Binni con la collaborazione di Enrico Ghidetti, vol. Ⅱ, Florence: Sansoni Editore, 1969. On line edition: http://www. liberliber. it/mediateca/libri/l/leopardi/pensieri_di_varia_filosofia_etc/pdf/pensie_p. pdf) (2015-09-04)。然而卡塔尼奥认识到了欧洲奇怪的文化背景，他特别强调"中国人，像许多有文化的亚洲人一样，缺乏真正的自由"。也可参见Maurizio Martirano, "L'idea di oriente in Carlo Cattaneo", in *Archivio di storia della cultura,* 2006, pp. 43-71。

学的学校，儒学的历史发展情况，对社会和国家体制的影响，对祖先崇拜的宗教精神。卡塔尼奥选择了一些《论语》《孟子》中的句子，以表达孔子对于学习的重要性的强调。卡塔尼奥对这种“崇高的主义”充满钦佩，他对《大学》和《中庸》的介绍值得我们注意。他展示了两个与现代人的阐释惊人相似的观点，他强调儒家所说的“仁”就是人性中的道德潜能、向善性，其次，他对儒家社会的福利与和谐的道德政治价值有深刻的领悟。然而卡塔尼奥还对一些负面的内容持批判态度：他指责儒家思想的过度形式主义，将真情实感从人们身上剥离，透过儒家思想，可以看到自发与虚假、创意与官僚主义的对比，对理性、意愿毫无限制地使用与详细的处事行为准则之间的对比。然而最终，他总结道：我们其实也是某种意义上的中国人（Siamo Chinesi a nostro modo anche noi）。

抛开少数例外不谈，意大利总体倾向于西方古典和欧洲人文研究，对中国和中国文化的兴趣未被建立起来。从某种程度而言，意大利对中国文化的兴趣之萌发比他国晚了一个时代。19世纪末意大利汉学研究兴起，却远无法与法国比肩，到20世纪初期，中国文化的研究仍局限于小部分学者和知识分子。[1]

一些学者对中国语言、历史和宗教有所研究并发表了一些文章，他们是：安得罗齐（Alfonso Andreozzi，1821–1894）、赛维理尼（Antelmo Severini，1828–1909）[2]、普意尼（Carlo Puini，1839–1924）、诺琴蒂尼（Lodovico Nocentini，1849–1910）[3]、维塔勒（Amedeo Vitale，1862–

[1] Rosa Lombardi, “Stereotypes about China: The Italian Literature of the 20th Century” in Luigi Moccia, Martin Woesler eds., *China and Europe–Fostering the mutual understanding between China and Europe by multi-level comparisons of their cultures, societies, and economies,* Bochum : Europ. Univ. -verlag 2014 (*European Journal of Sinology*, Special Issues, 1), pp. 153–162.

[2] Piero Corradini, “L’opera di Antelmo Severini per la conoscenza dell’Asia Orientale”, in D’Arelli F. (ed.), *Le Marche e l’Oriente,* Roma: Is. M. E. O., 1997, pp. 250–261.

[3] Nocentini, *Confucio e la decadenza cinese. Prolusione al corso di lingue e letterature dell’Estremo Oriente letta l’11 gennaio 1899 nella Regis Università di Roma*, Roma: CEI, 1899.

1918)。值得注意的是赛维理尼的两篇文章，一篇关于孟子的思想，[1]另一篇关于孔子。[2]普意尼对儒学的兴趣表现于《旧中国》(*La vecchia Cina*)中的文章《儒家传统下的人和社会》(*L'uomo e la società secondo la dottrina di Confucio*)和《儒和道》(*Confucianesimo e taoismo*)[3]中。普意尼还翻译了《礼记》中的三个章节(第二十三、二十四、二十五章)。[4]律师、汉学家安得罗齐，曾翻译《孔子家语》中有关中国古代法律的内容，主要是为新统一的国家意大利法律制定者提供一个比较的视角，从而改进现有的法典。卡斯特拉尼翻译并注释了《论语》(*I dialoghi di Confucio*)。[5]20世纪初在中国度过了30年的意大利医生卢多维科·儒拉(Ludovico Nicola di Giura)，因翻译《聊斋志异》而著名，他还翻译过一部分《论语》的内容。[6]一年后，马尼亚尼路易吉(Luigi Magnani，1872-1938)翻译了同一部经典，命名为《格言之书》(*Il libro delle sentenze*)。[7]在传教士方面，耶稣会重拾了自己的传统，尤以左托力(Angelo Zottoli，1826-1902)为代表，发表了《中国文化教程》[8]五卷本，堪称儒学研究力作。左托力的第二部作品，名曰《典籍研究》(*Studium Classicorum*)包括《大学》(*Magna Scientia*)、《中庸》

---

[1] Antelmo Severini, "La morale e la politica di Menzio, filosofo cinese", in *Il Politecnico: repertorio distudj letterarj, scientifici e tecnici,* 1867, Series 4, Ⅲ, 4.

[2] Antelmo Severini, *Sopra Confucio.* Introduzione, commento e note a cura di Silvio Zavatti, Villafranca di Verona: Ed. L'estremo Oriente, 1947.

[3] Carlo Puini, *La vecchia Cina*, Florence: Self, 1913. On line edition: http://www. liberliber. it/mediateca/libri/p/puini/la_vecchia_cina/pdf/la_vec_p. pdf (2015-09-04).

[4] Carlo Puini, *Tre Capitoli del〈Li-ki〉concernenti la religione,* traduzione, commenta e note. Contributo allo studio comparativo delle istituzioni sociali nelle antiche civiltà, Florence: Le Monnier, 1886, and *IlLi-ki o istituzioni, usi e costumi della Cina antica.* Traduzione, commento e note. Fasc. primo contenente i Cap. I e II, Florence: Le Monnier. 1883.

[5] Alberto Castellani, *I dialoghi di Confucio* (*Lun Yu*), tradotti sul testo cinese e corredati d'introduzione e di note a cura di Castellani, Florence: Sansoni, 1924.

[6] Ludovico Nicola di Giura, *Scelta di massime confuciane,* Pechino: Tipografia dei Lazzaristi, 1926.

[7] Luigi Magnani (ed.), *Il libro delle sentenze,* Parma: Istituto Missioni Estere, 1927.

[8] Angelo Zottoli, *Cursus Litteraturae Sinicae,* Shanghai: typographia Missionis catholicae in orphanotrophio Tou-sè-wè, 1902.

(*Medii Aequabilitas*)、《论语》(*Dissertae Sententiae*) 和《孟子》(*Liber Mentsii*)。[1]

还有涉及儒学的研究出现于马里奥·阿比留斯(Mario Appelius, 1892—1946)的书中，阿比留斯是意大利法西斯时代新闻业最杰出的人物之一，他曾于1933—1935年在中国任通讯记者。他的两本关于中国的著作内容非常丰富，涉及中国的历史与现状以及他的个人经历：《中国》(*Cina*) 以及《佛教的危机：中国的两年》(*La crisi di Budda: due anni fra i cinesi*)。[2]在第一本书中，他不仅介绍了他去曲阜的游记，还写下了他对孔子以及对孔子所代表的意义的思考，他称孔子为"人类智慧的象征"。他对孔子的评价是生动的，还将孔子与佛陀和基督相比。[3]

1945年，曾对中国哲学史有着深入研究的中国主教罗光，[4]用意大利文出版了一卷有关儒学本质的著作，[5]后来又出版了《大学》《中庸》和《论语》的翻译本。[6]

20世纪上半叶，最杰出的东方学家有德礼贤(Pasquale D'Elia) 和图

---

[1] Alberto Castellani, *I dialoghi di Confucio (Lun Yu)* , Florence: Sansoni, 1924, p. XXXⅠ.

[2] 参见Mario Appelius, *Cina*, Milano: Alpes, 1926, and *La crisi di Budda: due anni fra i cinesi*, Verona: Mondadori, 1935。对于这段时期更综合的调研，参见Rosa Lombardi, "Shanghai and Beijing in the Thirties of the 20th century in the descriptions of three Italian writers: Giovanni Comisso, Mario Appelius and Alberto Moravia", Macao, *Review of Culture*, 2010, n. 34, pp. 88-97, and Laura De Giorgi, "In the Shadow of Marco Polo: Writing about China in Fascist Italy", *Journal of Modern Italian Studies*, 15, 4, 2010, pp. 573-589. Maurizio Marinelli and Giovanni Andornino, *Italy's Encounters with Modern China: Imperial Dreams, Strategic Ambitions*, Basingstoke: Palgrave Macmillan, 2013。这本书对中国和意大利的交流有着有趣的介绍，然而却没有提到儒家学说。

[3] 参见 "Dinanzi alla tomba di Confucio", Mario Appelius, *Cina*, Milano: Alpes, 1926, pp. 313-324, especially pp. 218-219。

[4] 参见罗光:《中国哲学思想史》(元明篇、清代篇)，台北：台湾学生书局，1981年。

[5] Stanislao Lokuang (罗光), *La sapienza dei cinesi. Il confucianesimo*, Roma: Officium libri catholici, 1945 (2nd revised edition, Roma, 1957). 以及Van Tao Liou, "Il pensiero di Confucio e Sun Yat-sen", *Bollettino dell'IsMEO*, 1936.

[6] Stanislao Lo Kuang (罗光), "K'ung-fu-Tzu: la grande scienza ; Il giusto mezzo; I dialoghi" traduzione dal cinese di Stanislao Lo Kuang, Milano : Ed. Ist. Culturale Italo-Cinese, 1956 .

斯教授。德礼贤以编纂、出版利玛窦的报告而出名，[1]他还发表了一篇文章《关于朱熹的思想》["La filosofia di Ciusci (1130–1200) in Cina"]，[2]并整理了两部关于儒学的书目。[3]佛教研究方面的专家，朱塞佩·图斯(Giuseppe Tucci，1894–1984)——意大利中远东研究中心(IsMEO)的创立者，同时也是一名探险家、东方文化的学者，欧亚大陆宗教思想方面的杰出专家，对比较研究做出了卓越的贡献——同时他也写有几篇不甚成熟的有关儒学的论文。在他出版他最卓著的关于西藏和佛教的书之前，他写了一些关于中国古代哲学的小短文，并且翻译了一些中国典籍。[4]第一部四书的完整意大利语译本由斯普利菲戈(LucianaMagrini-Spreafico)完成，并由马里尼(Luciano Magrini)作序。[5]他随后又翻译了一些其他典籍。[6]

意大利20世纪50年代到70年代中期的25年里，一些性质介于政治论战和对中国现状好奇的文章相继被发表。记者、知识分子、旅行者和学者书写着他们所看见以及所想象的当代中国，这些文章必然会间接提到孔子。记者达里奥·帕奇诺(Dario Paccino)在《孔子的影子：中国的

---

[1] Pasquale M. D'Elia, *Fonti Ricciane: documenti originali concernenti Matteo Ricci e la storia delle prime relazioni tra l'Europa e la Cina (1579–1615),* edite e commentate da Pasquale M. D'Elia, sotto il patrocinio della Reale Accademia d'Italia (Edizione nazionale delle opere edite e inedite di Matteo Ricci), 3 voll., Roma, La libreria dello Stato, 1942–1949.

[2] Pasquale M. D'Elia, "La filosofia di Ciusci (1130-1200) in Cina", *Gregorianum*, 36, 1955.

[3] Pasquale M. D'Elia, "Confucianesimo" in *Guida delle Missioni*, Roma, 1934, pp. 616–617, and then in *Enciclopedia cattolica*, IV, Città del Vaticano, 1950, pp. 270–273.

[4] Tucci Giuseppe, *Dispute filosofiche nella Cina antica*, Scansano: Tip. Degli Olmi, 1915; Giuseppe Tucci, ed., *Saggezza cinese: scelta di massime, parabole, leggende da Confucio, Mencio, Mo-ti, Lao-tze, Yang-chu, Lieh-tze, Chuang-tze, Wang-Ch'ung,* Torino: G. B. Paravia & C., 1926, (reprinted under the title *Saggezza cinese*, antologia di antichi testi cinesi scelti e tradotti da G. Tucci, Roma: Astrolabio-Ubaldini, 1999). Tucci还翻译过《孟子》，收录于*Scritti di Mencio* Trad. di Giuseppe Tucci, Lanciano: G. Carabba, 1921。

[5] Luciana Magrini-Spreafico, *I quattro libri : La grande scienza, Il giusto mezzo, Il libro dei dialoghi, Il libro di Mencio / Confucio e Mencio*; introduzione di Luciano Magrini: Confucio e Socrate, Milano: Bocca, 1945. 另一版《孟子》的翻译参见Carlo Ou, *Il libro di Mencio*; con prefazione di Luciano Magrini Milano : Istituto culturale italo-cinese, 1959。

[6] Rossana Pilone, (transl. and ed.), *I colloqui; Gli studi superiori; Il costante mezzo*, Milano: Rizzoli, 1968. Lanciotti, Tomassini, Masi等学者，参见下一章节。

人与自然》(*L'ombra di Confucio. Uomo e natura in Cina*)中[1]，将中国描述为一个改革带来的变化与保守的儒家思想等互相斗争的战场，他甚至将儒家思想同法西斯主义类比。这本书由意大利最优秀的出版社出版，是“文化大革命”期间的典型作品。一部分知识分子及学者不加批判地接受了当时中国大众媒体和报刊的观点。有人认为“批林批孔”运动影响了当时中国自《历史研究》而下的历史著作和期刊。因此，在意大利、法国等国家，儒家思想遭到谴责并被视为“反动”的意识形态。

在“文革”前曾出访中国并写下游记以及评论的意大利作家的评价很值得关注。[2]他们中多数人政治倾向左派，对共产主义革命怀有同情之心，却同时或多或少地对文化自由的缺失持批判态度。以皮耶罗·卡拉曼德雷伊(Piero Calamandrei)为首的意大利知识分子代表团在1955年受中国政府邀请，赴中国短暂旅行，团队成员有：诺伯托·博比奥(Norberto Bobbio)、弗兰科·福尔蒂尼(Franco Fortini)、厄内斯托·特卡尼(Ernesto Treccan)、弗朗格·安托尼切利(Franco Antonicelli)、安东尼罗·图巴多利(Antonello Trombadori)、西塞尔·穆萨蒂(Cesare Musatti)和弗朗西斯科·富罗拉(Francesco Flora)。1956年，《桥》(*Il Ponte*)杂志出版的一辑特刊为中国描画了一副肖像，这是第一份旨在发现新中国的报刊，本意不在展示异国情调，而是介绍政治。[3]在同期访问中国的作家的报道中，卡拉曼德雷伊代表团中的成员弗兰科·福尔蒂尼和卡罗·卡索拉(Carlo Cassola)出版了两本著作，然而对孔子都只是泛泛而谈。弗兰科·福尔蒂尼书中关于上海的一章中，有一段讲到了马克思主义的儒学化——“从

[1] For instance Rossana Pilone, (transl. and ed.), *I colloqui; Gli studi superiori; Il costante mezzo*, Milano: Rizzoli, 1968. For other scholars, such as Lanciotti, Tomassini, Masi, see next chapter.

[2] 莫拉维亚(Alberto Moravia, 1907-1990)早期(1937—1938年)关于中国的报道中曾多次涉及儒家、道家以及佛教的内容，他关于中国的作品被收录于*Viaggi, Articoli 1930-1990*, Milan: Bompiani, 1994。他在“文革”初期的作品发表于1967年。

[3] *Il Ponte*. Special Supplement to the April 1956 Issue. Florence: La Nuova Italia, 1956.

孔子走向马克思”（A Marx via Confucio）。[1]卡索拉从一个裹小脚的老妪和供养她的儿子那里，一方面看到了旧中国妇女的裹脚传统以及她儿子所遵从的儒家孝道，另一方面，年轻男人的外貌和服装让她认识到了新中国。[2]对于儒学的评论还出现于作家埃塔诺·涂马蒂（Gaetano Tumiati）以及记者维尔吉利奥·李力（Virgilio Lilli）的作品中。[3]吉安卡洛·维戈雷利（Giancarlo Vigorelli，1913–2005）在他访问中国后写就的报告中，注意到了儒家思想关注世俗这一特点，以及古代中国生活和工作中透露出的民间宗教和伦理；他将孔子同马可·奥勒留（Marcus Aurelius）相比，他认为孔子显得“更加现实、实际且机会主义”。[4]卡罗·列维（Carlo Levi）的思考反映在1959—1960年的文章中，并刊于《邮报》（*Stampa*）和《西新生活》（*Vie Nuove*）中，可以说是最讨巧的旅行报道。我们可以从这位意大利知识分子的批判与辩护中，发现“世界第二个社会主义国家”当代所面临的矛盾境况。值得注意的是他对毛泽东时代的中国儒家传统的敏锐直觉：首先，这一指导中国人生活的宗教规范主要包括基于理性的行为准则，并非形而上学或超然存在的视角与感觉；其次，中国人不同于基督徒，在他们的道德思想中，人性本善是基本观念：没有“原罪”的概念，只有“犯错”。人性本善，难免犯错，然而世界是由理性统治的，劝导永远都可以引导犯错的人走向正途。因此，中西思想本质上有区别，如用西方历史性标准思维来评判、理解中国，将会产生误导。[5]

---

[1] Franco Fortini, *Asia Maggiore. Viaggio nella Cina e altri scritti*. Afterword by Edoarda Masi, Roma: Manifesto libri, 2007 (Turin: Giulio Einaudi, 1956)以及A. Berardinelli, *Fortini*, Florence: La Nuova Italia, 1973, p. 45.

[2] Carlo Cassola, *Viaggio in Cina*, Milano: Feltrinelli. 1956, p. 25.

[3] Gaetano Tumiati, *Buongiorno Cina*, Milano-Roma: Edizioni Avanti!, 1954; Virgilio Lilli, *Dentro la Cina Rossa*, Verona: Mondadori 1961.

[4] Giancarlo Vigorelli, *Domande e risposte per la nuova Cina*, Sciascia, pp. 53−54. 以及*La Cina è vicina*, Verona: A. Mondadori, 1957.

[5] Paolo Santangelo, “Carlo Levi dalla Cina”, in Vanna Zaccaro (ed.), *Il pianeta senza confini. Prose di viaggio,* Roma: Donzelli, 2003, pp. xix-xxiv.

摩拉维亚（Moravia）1967年访问中国后，他在“文革”初期出版的书中，谴责了“毛泽东仪式”中所显现的宗教与极权主义元素。摩拉维亚认为，“文化大革命”的“宗教性质”是毛泽东“儒学化的马克思主义”思想的结果，同时也是中国民众对毛泽东主义自发儒学化的结果。[1]戈弗雷·帕里塞（Goffredo Parise，1929–1986）对这一宗教元素也有自己的见解，他曾把中国比喻为“政治神学的发源地”，混杂了“儒家理性传统”以及毛的意识形态。[2]在乔治·芒卡内力（Giorgio Manganelli，1922–1990）的旅行报告中，他描述了中国形态多样的信仰，他发觉，孔子既不被认为是神，也不是圣人，亦非先知。[3]

对于大部分访问中国的意大利作家而言，儒家思想是中国文化和道德最主要、最厚重的遗产。由于每一位作家都有他自己的评价标准，有些人认为“儒家”只是传统宗教中的一种，有些人认为它只是道德体系，还有人将它与新的革命意识形态作对比，有人认为它是马克思主义中国化的一部分，然而所有人都认同孔子是一位关注现世价值而非形而上学的伟大的智者、道德家。

四、过去40年的意大利儒学研究

我的介绍从波罗切利（Paolo Beonio Brocchieri）开始，他是东西方文化伟大的沟通者，亦是古代、当代中国与日本研究的专家，他的研究领域涉及宗教学、政治学、哲学与伦理学。他的科研成果主要发表于20世纪60至80年代，他的研究富有科学性、准确性，具有深刻

[1] Alberto Moravia, *La rivoluzione culturale in Cina ovvero il convitato di pietra*, Milan: Bombiani, 1968, pp. 40–41.

[2] Goffredo Parise, *Cara Cina*, Milano: Longanesi, 1968, pp. 36–40.

[3] Giorgio Manganelli, *Cina e altri Orienti*, Milan: Bompiani, 1974.

的文化内涵并且表达非常清晰。两篇关于中国思想的论文概述了孔子的思想以及儒家学说。[1]他的论文常常采用固定的比较研究法。[2]他还是日本思想史的专家，以研究日本伟大的哲学家、新儒学学派的创始人石田梅岩为契机，写了几篇阐释德川幕府时代的新儒学论文。[3]针对宗教与政治关系的研究，他写有《孔子与基督教》（*Confucio e il cristianesimo*）。[4]

我要感谢两位意大利汉学家——科拉迪尼（Piero Corradini）教授和兰乔蒂（Lanciotti）教授。科拉迪尼在那不勒斯东方学院和罗马智慧大学担任中国历史教授，曾出版一部关于儒学的著作——《孔子与儒学》（*Confucio e il Confucianesimo*），[5]并编纂《孔子的生活、展览目录，以及部分论语的翻译》（*Confucius. La via dell'uomo. ricette di saggezza per la vita quotidiana*）。[6]科拉迪尼曾发表关于清代[7]与当代

[1] Paolo Beonio Brocchieri, *Linee del pensiero cinese antico*, Pieve del Cairo: La Cittadella, 1961, and *Filosofia Cinese e dell'Asia orientale*, Milan: Vallardi, 1977.

[2] Paolo Beonio Brocchieri, "Osservazioni sul 700 in Italia e in Giappone", in *Congresso italo-giapponese di cultura*, Kyoto, 1973; and "L'Europa cristiana nel rapporto con le altre culture nel secolo XⅦ", Florence, 1978.

[3] Paolo Beonio Brocchieri, "Some Remarks on the Buddhist Elements in the Philosophy of Ishida Baigan,"in *Transactions of the International Conference of Orientalists in Japan,* Tokyo, 1958. 以及 *Ishida Baigan, Seirimondo: Translation, Introduction and Notes,* Rome, 1967, and *Religiosità e ideologia alle origini del Giappone moderno*, Milan, 1965. 还可参见"On the Historical Importance of Fujiwara Seika藤原惺窝", *Modern Asian Studies* 18, No. 4, 1984, 文章介绍了这位日本新儒学思想家的"新语汇和新文人语法"观点。

[4] Paolo Beonio Brocchieri, *Confucio e il cristianesimo*, Turin: V. Bona, 1972–1973. See also his *I movimenti politici del Giappone*, Rome: Ubaldini, 1971; "Modernismo e modernizzazione: Ⅱ caso della religiosita giapponese", in *Annali dell'lstituto Universitario Orientale,* Naples, 1975; and "Alcuni problemi di metodo sul rapporto tra religione e politica", in *Annali della Facolta di Lingue e Letterature Straniere di Ca'Foscari,* Venice, 1975.

[5] Piero Corradini, *Confucio e il Confucianesimo*, Fossano: Esperienze, 1973.

[6] Piero Corradini, ed., *Confucius. La via dell'uomo. ricette di saggezza per la vita quotidiana*, Milan: Feltrinelli, 1993.

[7] Piero Corradini, "The rites in honour of Confucius at the beginning of the Qing dynasty", in *MingQing Yanjiu*, 2002, pp. 15–38; and "About the Worship of the Heaven and of the Earth during the Qing Dynasty", in *MingQing Yanjiu* 2003–2004. 对于曲阜的简介，请参见Corradini, "Qufu, una citta'confuciana", *Mondo cinese*, n. 83/84, 1993, pp. 137–146。

中国[1]历史视野中的儒家传统的论文。他对儒家思想的引用出现在他的众多作品中。

中国文学教授兰乔蒂（Lionello Lanciotti）曾发表过一篇关于中国儒学的论文《孔子究竟说了什么》(*Che cosa ha veramente detto Confucio*)，包括一些带有注释的轶事以及《论语》中部分句子的意大利语翻译。[2]这本书通过对《论语》细致的研究，深度挖掘了这位伟大哲学家的个性和思想。在这本书的附录中，作者对孔子生平和他对中西方的影响进行了深入的分析。他还在诸多丛书、期刊和字典中发表了许多有关中国宗教的论文，对儒学多有提及。在兰乔蒂编纂的有关中国古代思想的作品中，值得一提的有《第三到第十世纪间宗教在亚洲的际遇》(*Incontro di religioni in Asia fra il III e il X secolo d.C.*)。[3]此外，兰乔蒂还为托马西尼（Fausto Tomassini）的《儒家经典译本》(*Testi confuciani*）写了介绍。[4]托马西尼翻译过《春秋》(*Chunqiu*)、《左传》(*Zuozhuan*）和《论语》(*I dialoghi di Confucio*)。[5]

白佐良（Giuliano Bertuccioli)，罗马智慧大学中国语言与文学系教授，主要研究方向为中国文学和意大利传教士，同时也致力于当代中国研究：在《困境中的孔子——同一主题的四重遭遇》(“Confucio in

[1] 对于“文革”期间及之后的“批林批孔”运动，参见Piero Corradini, “Note sulla campagna di critica a Lin Piao e Confucio”, in *Mondo Cinese,* n. 14, 1976, pp. 43–56, and “The role of the intellectuals in China, with reference to the aftermath of the Cultural Revolution”, in Felber R. (ed.), *China in der 80er Jahren*, Berlin: Humboldt Universität, 1981, pp. 188–197。

[2] Lionello Lanciotti, *Che cosa ha veramente detto Confucio*, Roma: Ubaldini, 1968, 本书亦有西班牙语翻译版(Madrid, 1971); 还可参见Lionello Lanciotti, *Confucio. La vita e l'insegnamento*, Roma: Ubaldini, 1997。

[3] Lionello Lanciotti, ed., *Incontro di religioni in Asia fra il III e il X secolo d. C.,* Florence: Olschki, 1984.

[4] Fausto Tomassini, *Testi confuciani (La pieta filiale; Il grande studio; L'invariabile mezzo; I dialoghi; Mencio)* traduzione dal cinese di Fausto Tomassini; introduzione di Lionello Lanciotti, Turin: Unione tipografico-editrice torinese, 1974 (2013年重新印刷，题目为 *I quattro libri di Confucio*).

[5] Fausto Tomassini, *Confucio, Primavera ed Autunni*; con i commentari di Tso; traduzione dal cinese e introduzione di Fausto Tomassini. Milan: Rizzoli, 1984, and The Analects: *I dialoghi di Confucio,* introduzione di Pietro Citati; traduzione dal cinese e note di Fausto Tomassini, Milan: Rizzoli, 1980.

difficoltà-Quattro varianti di uno stesso tema"）中，他介绍了"文革"时期儒学遭遇的艰难时刻。在他诸多关于传教士的论文中，对儒家思想多有提及。[1]

史华罗（Paolo Santangelo），那不勒斯东方学院和罗马智慧大学中国历史教授，研究兴趣主要为明清之际中国知识分子与社会历史。他早先的研究领域为16世纪和17世纪中国和朝鲜的社会和伦理思想演变，曾发表相关论文《朝鲜18世纪哲学家柳寿垣的生平与思想》（*La vita e l'opera di Yu Suwon*）[2]和一篇有关中朝新儒学关系的文章[3]。另一篇论文《16世纪朝鲜新儒学争论》[4]，探讨朱熹在朝鲜的影响，分析了朝鲜新儒学主义最早的争论，并指出了此争论带来的道德和社会影响。两位杰出的学者李退溪（1501—1570）和齐大升（1527—1572）所争论的问题，关注本体论的"理"和"气"之间的关系，尤其是"四端"和"七情"之间的关系。对于中国儒家思想的研究，史华罗发表了两篇关于顾炎武政治和历史思想的论文。[5]在这两篇文章中，他审视了这位思想家的一些观点，顾炎武主要关注明朝覆灭的原因，"有耻"引发的道德紧张感，

---

[1] Giuliano Bertuccioli, "Confucio in difficoltà-Quattro varianti di uno stesso tema", *Mondo cinese,* N. 7 , luglio-settembre 1974.

[2] Paolo Santangelo, *La vita e l'opera di Yu Suwon* (The Life and Thought of Yu Suwon, Korean Philosopher of the Eighteenth Century), Naples: Istituto Universitario Orientale, 1981.

[3] Paolo Santangelo, "Neo-Confucian Debate in 16th Century Korea: Its Ethical and Social Implications,"*T'oung Pao,* 76, 1990, pp. 234–270. 柳寿垣是18世纪韩国实学家之一，他受中国思想家影响，主张改革社会和国家体制，参见Paolo Santangelo, "The Fundamentals of the State according to Yu Suwŏn (1694–1755)", *Papers of the 1st International Conference on Korean Studies*, 1980, pp. 675-90. 其他表现儒家学说对韩国的影响的文章有: "The Korean State and National Identity in the Ambit of Chinese Civilization", *East Asian Civilization* 1982, 1, Wien, pp 45–81. The relations between the "Western Learning" and Confucianism in Korea is examined in "Matteo Ricci e l'introduzione della Scienza Occidentale in Corea nei secoli XⅦ e XⅧ" (Matteo Ricci and the introduction of Western Sciences in Korea in the 17th and 18th centuries), *Atti del Convegno Internazionale di Studi Ricciani*, 1984, pp. 157–178.

[4] Paolo Santangelo, "A Neo-Confucian Debate in 16th Century Korea. Its ethical and social implications", *T'oung Pao*, 76, 1990, pp. 234–270.

[5] Paolo Santangelo, Gu Yanwu's Contribution to History: The Historian's Method and Tasks, in *East and West,* 32, 1982, pp 145–85, and "Chinese and Barbarians in Gu Yanwu's Thought", in *Collected papers of the XXIX Congress of Chinese Studies* , Tubingen, 1988, pp. 183–200.

以及“保天下者，匹夫之贱”的重要性。[1]史华罗写有一篇评价吕坤的情感、道德的论文[2]，还曾发表数篇涉及儒家思想与自省的文章。基本而言，儒家思想并非纯粹的教义，通过新儒学中纯粹与不纯粹之间的对比可以看出一种儒学玄学化的趋势。[3]史华罗的《孔子和新儒家学派》(*Confucio e le scuole confuciane: la via della saggezza*)讨论了儒家和新儒家的若干问题[4]，包括它们的基本概念、理论和价值观，以及当代儒学思想家著作中重要段落的翻译。这篇论文还涉及其他亚洲国家的儒学研究。史华罗还写有一些具体涉及新儒学思想的论文[5]，一部关于中华帝国晚期社会史和个人史的纲要性书籍的第四卷，也出自史华罗之手，主要介绍了儒家政治观点以及当时主要的学派。[6]

史华罗认为需要研究的首要问题之一就是中国文明看待“礼仪和罪过”的方式。每一个社会或文明都建立了自己的价值体系，也建立了为

[1] “有耻”的概念出现于《论语》中的“为政”篇第2、3条，和“子路”篇第13、20条。

[2] 参见Paolo Santangelo, “Lü Kun’s ‘Moral Psychology’ and the Analysis of Emotions in His ‘Groaning Words’ (*Shenyinyu* 呻吟语)” in *The Expression of States of Mind in Asian.* Proceedings of the INALCO-UNO Workshop held in Naples, 27 May 2000, edited by Paolo Santangelo , Naples, 2004, pp. 105–212.

[3] Paolo Santangelo, “From ‘Clean’to ‘Pure’ in Everyday Life in Late Imperial China. A Preliminary Enquiry” in *Discourses of Purity in Transcultural Persepctive (300–1600)*, Leiden: Brill, 2015, pp. 77–115，和《什么是明清时代日常生活中的“清”与“浊”？（上下）》，《世界汉学》，2011年第8期第54–83页，2012年第9期，第13–25页。还可参考《子不语》的介绍以及“An attempt at a history of mentality in late imperial China” , *Frontiers of History in China,* V. 5, n. 3. 2010, pp. 386–424.

[4] Paolo Santangelo, *Confucio e le scuole confuciane: la via della saggezza*, Roma: Newton Compton, 1986. 关于信仰和儒学的文章，参见Santangelo, “Il confucianesimo e la Cina”, *Religioni nel tempo. Sacro e società nelle culture non occidentali,* Roma: Edizioni Lavoro, 1996, pp. 147–167.

[5] Paolo Santangelo, “Il neoconfucianesimo”, in Sabattini Mario e Maurizio Scarpari, a cura di, *L’età imperiale dai Tre Regni ai Qing*, Torino: Einaudi, 2010, pp. 633–716. 有关价值观与儒学，请参见“How to Establish Dialogue with the Ancient Chinese? Notes and Observations Based on a Recent Essay on Classical Chinese Thought”, *East and West,* 1996, 46, pp. 195–205.《价值的重构、现实的复现与过去的图景》，《世界汉学》，2010年春季号第32–41页。已翻译的《论语》中的句子，参见*Confucio, Le massime,* ed. by *P. Santangelo,* Roma: Newton Compton, 1995.

[6] Paolo Santangelo, *Llimpero cinese e il resto del mondo. L’impero cinese agli inizi della storia globale : Pubblico e privato, visibile e invisibile. Ideologia, religione, morale e passioni. L’impero cinese agli inizi della storia globale. Società, vita quotidiana, e immaginario*. vol. IV, Roma: Aracne, 2011.

让制度变得更高效而制定的奖惩措施。1991年和1992年出版的以罪过为主题的书籍《中国的“罪”》(*Peccato in Cina*)[1]，以及关于欲望的书籍《中国——情感与欲望》(*Emozioni e desideri in Cina*)[2]，是史华罗最早的几篇将概念史与人类学方法相结合的论文。在前一本书中，作者仔细研究了新儒家中善与恶的概念本身、起源及其与中国人因果报应、命运、良心和责任等观念之间的关系。史华罗在意大利中远东研究所的期刊《东方与西方》(*East an West*)发表了一系列特定主题的文章。[3]《中国——情感与欲望》是新儒家思想的感情和欲望研究，还涉及14—19世纪的小说研究。在关于“罪”的那本书中，作者试图厘清文学作品和哲学作品之间感情、激情的模糊界定，勾画二者在新儒学中的重要角色，揭示不同于西方传统的意义。在分析中，首要的问题是：由于西方与中国具有不同的宗教和道德背景，我们可以在中国谈论“罪”这个概念吗？随之而来的是人类责任承担何种角色的问题，这一问题在多个层

---

[1] Paolo Santangelo, *Il "peccato" in Cina. Bene e male nel neoconfucianesimo dalla metà del XIV alla metà del XIX secolo*, Bari: Laterza, 1991.

[2] Paolo Santangelo, *Emozioni e desideri in Cina. La riflessione neoconfuciana dalla metà del XIV alla metà del XIX secolo,* Bari: Laterza, 1992.

[3] 关于儒家道德、责任概念以及伦理规则和处罚的作用，参见史华罗的"The Concept of Good and Evil, Positive and Negative Forces in Late Imperial China. A Preliminary Approach", *East and West*, 1987; "The Origin of Good and Evil in Human Nature According to Neo-Confucianism. Some Aspects of the Question", in *East and West*, 40, 1990, pp. 231-259; "Destiny and Retribution in Late Imperial China", in *East and West*, 42, 1992, pp. 377-442; "Human Conscience and Responsibility in Ming-Qing China", in *East Asian History*, transl. into English by Mark Elvin, 1993, pp. 31-80; "La 'psicologia morale' di Zhu Xi (1130-1200)", *Studi in onore di Lionello Lanciotti,* S. M. Carletti, M. Sacchetti, P. Santangelo, eds., Napoli, Iuo-IsMEO, 1996, vol. Ⅲ, pp. 1215-1265; "Ecologism versus moralism: Conceptions of Nature in Ming-Qing fiction", in *Sediments of Time. Environment and Society in Chinese History,* Mark Elvin and Liu Ts'ui-jung eds., New York: Cambridge University Press, 1997, pp. 617-656, 该文中译本《生态主义与道德主义：明清小说中的自然观》,《积渐所至：中国环境史论文集》，台北："中研院"经济所，1995年，第917—970页；"Il problema del male nel Neoconfucianesimo", in Massimo Raveri, ed., *Del bene e del male. Tradizioni religiose a confronto*, Venice: Marsilio, 1997, pp. 229-261; "Emotions and the Origin of Evil in Neo-Confucian Thought", in H. Eifring, ed., *Minds and Mentalities in Traditional Chinese Literature*, Beijing: Culture and Art Publishing House, 1999, pp. 184-316; "Is the Horseman Riding the Horse, or the Charioteer Driving the Two Steeds?", *Ming Qing yanjiu 1993,* 1994, pp. 81-112.

面对应着基督教传统中关于自由意志的辩论。尤其是在儒家思想中，内心的律令是与家庭和社会中的互动相关的，而非体现在个人与绝对善的神的关系上。因此，相较于西方传统中恶与自由意志的起源一直以来的争论不休，东方争论的不同在于人类责任的呈现方式。要点有二：1. 新儒家的阐述始于强调人类责任的《中庸》，其中有两个重要的时刻，分别为人类情绪激发之前以及之后（未发→几→已发）。2. 还要注意的是情感和人性之间的关系，以及“理”和“气”之间的关系。如果情感激发被认为是人类责任形成的关键因素，那么新儒家学派关于情感和欲望的辩论就格外值得讨论，这些辩论始于宋朝并在明朝经历了较大变化。中国思想家和学者的立场是复杂的，因为刚性的道德准则和社会动态变化的“互动”进程影响了情绪的认知，无论是在限制个人情绪方面还是在推进“真实感情”方面。辩论的核心是：官方价值与个人欲望之间的矛盾。[1]新儒家学者知道，从存在论角度出发，感情不应被指责是邪恶的，也不应被完全抑制。欲望是非常危险的，比感情还要危险，应该被控制或被社会压制。[2]在欧洲文化中，激情经常和理性作对比，而在儒家文化中，感情被限定于和谐平衡和失调过度的二元论中。在欧洲传统中，对邪恶的质疑被过度强调，而中国传统强调变革和教育。此外，感情通过价值、信念和认知模式反映文化环境。[3]因此，对于情感的研究

---

[1] *Sentimental Education in Chinese History. An Interdisciplinary Textual Research in Ming and Qing Sources*, Leiden: Brill, 2003, 中译本是《中国历史中的情感文化——对明清文献的跨学科文本研究》，北京：商务印书馆，2003年。

[2] 参见史华罗关于文学和哲学中的情感现象的论文：*Gelosia nella Cina imperial*, Palermo: Novecento 1996; *Le passioni nella Cina imperiale*, Venice: Marsilio, 1997; *Il sogno in Cina. L'immaginario collettivo attraverso la narrative Ming e Qing*, Milano: Raffaello Cortina Ed., 1998; *L'amore in Cina, attraverso alcune opere letterarie negli ultimi secoli dell'impero*（《文学作品中爱情问题的研究》），Napoli: Liguori, 1999, 中译本《中国之爱情——对中华帝国数百年来文学作品中爱情问题的研究》北京：中国社会科学出版社，2011年；*I desideri nella letteratura cinese*, Venice: Cafoscarina, 2001; *La seduzione nel Celeste Impero*, Palermo: Sellerio 2002.

[3] 史华罗发表了几篇关于将文学材料当作历史来源的论文，参见：史华罗，《部分中国文学经典的翻译与分析——兼论其作为中国文明源文献的重要性》，《世界汉学》，2014年第12期，第141—150页。

是理解儒家和新儒家中最深层道德话语的必要过程。[1]2005年，布里尔学术出版社决定出版一个新的系列《东亚心灵的感情与状态》(*Emotions and States of Mind in East Asia*)，由史华罗和新加坡国立大学的李焯然教授合作编纂。[2]这一系列为20世纪80年代末开始的研究项目开辟了国际出版之路。[3]这一系列收录了史华罗发表的若干篇论文。他通过考察不同材料中所描述的人性的不同方面，探讨儒学对于自我感知的影响。[4]还有一些论

---

[1] 过去一些年间，史华罗发表了一些关于儒家道德规定与感情表现之间关系的论文："Influence of Christianity and Chinese Tradition on the Conceptualization of 'Love'"(《中国与欧洲"爱情"概念化的宗教影响》), *Journal for the Study of Christian Culture*(《基督教文化学刊》), 4, 2000, pp. 41–71; "The Myths of Love-Passion in Late Imperial China", *Ming Qing yanjiu* 1999, pp. 131–195; "The Cult of Love in Some Texts of Ming and Qing Literature", *East and West,* 50, 2000 [2002], pp. 439–499; "The Chinese traditional approach to emotions: a rich heritage in the World culture to be discovered",《新儒·新新儒：东方文化与国际社会的融合》，台北：文史哲出版社，2002年，第577—636页；"Alcune note sulla percezione delle passioni in un brano dello *Zuozhuan*", *Cina*, 28, 2000, pp. 45–52; "Le passioni nella storia del pensiero cinese", in Nadia Boccara e Letizia Gai (ed.), *Il teatro delle passioni*, Viterbo: ediz. Sette Città, 2003, pp. 67–82; "Reconsidering the 'Cult of *qing*' in Late Imperial China: A 'Romantic Movement' or a Conveyer of Social Values?", *MingQing yanjiu 2006*, 133–163; "Evaluation of Emotions in European and Chinese Traditions: Differences and Analogies", *Monumenta Serica*, LIII, 2005, pp. 401–427: "Control and Restraint of Anger in Chinese Culture", in *Über Wut–On Rage,* Haus der Culturen der Welt, Berlin: Revolver Publishing, 1911; "Two key treatises on love and their different approaches to the concept of love: *Qingshi leilüe*情史类略 and *De amore*", *Ming Qing yanjiu*, Napoli, IUO, 2007 [2008], pp. 117–151, 中译本:《冯梦龙〈情史类略〉与安德烈·勒·夏普兰〈爱情论〉: 对两种不同爱情观的诠释》,《励耘学刊·文学卷》2008年8月刊，北京师范大学，第121—144页；"Emotions and Perception of Inner Reality: Chinese and European", *Journal of Chinese Philosophy* 34, 2007, pp. 289–308。

[2] 这一系列的目的在于逐步建立中国以及东亚思想体系的框架，摘取了重点数据库中许多中国和东亚原著中的文章。

[3] 每年均有国际研讨会召开，论文参见：*The Expression of States of Mind in Asian. Proceedings of the INALCO-UNO* Workshop Held in Naples, 27 May 2000, Napoli: IUO, 2004; *Love, Hatred, and Other Passions: Questions and Themes on Emotions in Chinese Civilization*, (Paolo Santangelo with Donatella Guida, eds., Leiden: Brill, 2006; *From Skin to Heart. Perceptions of Bodily Sensations and Emotions in Traditional Chinese Culture*, (edited by Paolo Santangelo, in cooperation with Ulrike Middendorf) Wiesbaden: Harrassowitz, 2006; *Passioni d'Oriente. Eros ed emozioni nelle civiltà asiatiche*. Sezione Asia Orientale. Atti del Convegno, Roma, La Sapienza,pp. 29–31 maggio 2003, in Suppl. n. 4, *Rivista di Studi Orientali*, LXXVIII, Roma, 2007 [2008]; finally *Laughting in Chinese. Emotions behind smiles and laughter: from facial expression to literary descriptions*, Roma: Aracne, 2011.

[4] 参见Paolo Santangelo, *Materials for an Anatomy of Personality in Late Imperial China*, Leiden: Brill, 2010. 对于"自我"的概念，参见"Self and Modern Society in Different Perspectives. Notes on Some Recent Contributions on the Understanding of 'Private' and 'Public' in China", *Revue Bibliographique de Sinologie 2000*, 2001, pp. 497–529.

文试图解密超越道德准则的潜在情感语言。比如他对《子不语》的研究，主要为探索晚清时期文坛中道德和潜意识间的隔阂。袁枚的小说主要涉及孔子不会提及的自我深处的危险。史华罗在《子不语：圣人不会讨论的问题》(*Zibuyu, "What the Master Would Not Discuss"*) 中篇幅颇长的序言以及其他论文中都曾探讨袁枚对于天命、报应以及命运等儒家主要观念的态度。[1]

威尼斯大学的古汉语专家毛里齐奥·斯卡尔帕里（Maurizio Scarpari）教授，致力于研究汉代以前的中国哲学，主要关注儒家学派，写有《孔子和孟子的人性观》(*La concezione della natura umana in Confucio e Mencio*)[2]，讨论中国古人对人性的不同态度。斯卡尔帕里的儒学研究范围主要涉及儒学经典研究以及儒学在当今中国的复兴，尤其是在思想政治境领域。斯卡尔帕里在过去25年研究的内容主要包含三方面：经典的研究，语言、学说和专有名词的研究，儒学的社会和政治作用研究。他发表的文章主要涉及人性、学者的形成、政府管理和儒学在当今的价值。他的研究按照方法论原则，用文献学和语言学的方法翻译原本，并从哲学视角阐释儒学词汇。2010年出版的关于儒学的著作，就是用上述方法写出的代表作品。[3]他提出了许多原创性观点，涉及人性、儒家的“道”、对善与恶的定义、金科玉律和“无为”思想等。他还是其他四本书籍的作者，一本关于儒学的发展，[4]其他三本关于孟子与荀子的思想。[5]他编辑了《孟子和政府的艺术》

[1] Santangelo, *Zibuyu, "What the Master Would Not Discuss", according to Yuan Mei (1716–1798): A Collection of Supernatural Stories,* in cooperation with Yan Beiwen, Leiden: Brill, 2013; Santangelo, "The Dark Side of Personality, "What the Master Would Not Discuss": Some Reflections on Yuan Mei's *Zibuyu", Bulletin of Ming-Qing Studies,* Vol. 10, Dec., 2012, pp. 413–450.

[2] Maurizio Scarpari, *La concezione della natura umana inConfucio e Mencio*, Venice, 1991.

[3] Maurizio Scarpari, *Il confucianesimo. I fondamenti e i testi*, Turin: Einaudi, 2010.

[4] Maurizio Scarpari, *Confucianesimo. Storia, tematiche, attualità*, Brescia: Editrice La Scuola, 2015.

[5] Maurizio Scarpari, *Studi sul Mengzi*, Venice: Cafoscarina, 2002, pp. 13–36; *Xunzi e il problema del male*, Venice: Cafoscarina, 1997; *La concezione della natura umana in Confucio e Mencio*, Venice: Cafoscarina, 1991.

（*Mencio e l'arte di governo*）。[1]他的许多文章涉及人性、儒家早期思想家、道德和宗教[2]，还有些文章关注中国从儒家到现代的历史进程。[3]

威尼斯大学中国语言与文学教授李集雅（Tiziana Lippiello）的主要研究方向为古代文学和思想。她写有关于儒家思想和孔子当下价值、原则的著作，为中国儒家思想研究提供了一个新的阐释角度。[4]这本书共

---

[1] Maurizio Scarpari, *Mencio e l'arte di governo*, Venice: Marsilio, 2013. On Confucian political thought see also his article "Ideale filosofico e realismo politico: pace e guerra giusta nella Cina antica", in Massimo Raveri, ed., *Verso l'altro. Le religioni dal conflitto al dialogo*, Venice, 2003, pp. 227–246.

[2] Maurizio Scarpari, "Zi yue, «The Master said… », or Didn't He?", in Antonio Rigopoulos (ed.), *Guru. The Spiritual Master in Eastern and Western Traditions: Authority and Charisma*, Venice, 2004, pp. 437–469; "Intellettuali e potere nella Cina pre-imperiale: Mencio alla corte del re Xuan di Qi", in Mario Sabattini, ed., *Intellettuali e potere in Cina,* Venice, 1993, pp. 33-54; *Studi sul* Mengzi, Venice, 2002; "Gaozi, Xunzi e i capitoli 6A1-5 del Mengzi" , in S. M. Carletti, M. Sacchetti e P. Santangelo (eds), *Studi in onore di Lionello Lanciotti*, Naples: IUO, 1996, pp. 1275–1294; "La concezione del bene e del male nel pensiero cinese classico", in Massimo Raveri, ed, *Del bene e del male. Tradizioni religiose a confronto*, Venice, 1997, pp. 71–91; "Mencius and Xunzi on Human Nature: The Concept of Moral Autonomy in the Early Confucian Tradition", *Annali di Ca'Foscari*, 37, 3, 1998, pp. 467–500, also in *Review of Culture,* 1998, pp. 65–87; on Gaozi, "La figura e il ruolo di Gaozi nel panorama filosofico cinese del IV-III sec. a.C.", in Alfredo Cadonna & Franco Gatti, eds., *Cina: miti e realtà*, Venice, 2001, pp. 275-287; "The Debate on Human Nature in Early Confucian Literature", *Philosophy East & West*, 53, 3, 2003, pp. 323–339; "Zai zaoqi Zhongguo wenxian zhong youguan ren de benxing zhi zheng", in Jiang Wensi (James Behuniak Jr.) e An Lezhe (Roger T. Ames) eds., *Mengzi xinxing zhi xue*, Beijing, 2005, pp. 243–266; "La Regola d'oro e il Mengzi", and "Mengzi 3A.4 e la natura composita delle opere cinesi classiche", in Attilio Andreini, ed., *Trasmetto, non creo. Percorsi di studio tra filologia e filosofia nelle opere cinesi classiche*, Venice: Cafoscarina, 2012, respectively pp. 13–44 and pp. 135–51; "La concezione dell'essere umano nella filosofia cinese", in Koiné, XVIII, 1–3, 2011, pp. 169–177, (校印后题为"La concezione dell'uomo nella filosofia cinese", in *Essere umanità. L'antropologia nelle filosofie del mondo*, Giovanni Ferretti and Roberto Mancini, eds., Macerata, 2009, pp. 189–202); "Cina: l'inerzia del Saggio e l'ordinamento celeste", in Antonio Sparzani e Giuliano Boccali, ed., Le virtù dell'inerzia, Turin, Bollati Boringhieri, 2006, pp. 221-239; "Confucianesimo e religione", Inchiesta, XXXXIII, 181, 2013, pp. 76-85.

[3] Maurizio Scarpari, "Echi del passato nella Cina di oggi: costruire un mondo armonioso", in Maurizio Scarpari, ed., *La Cina*, vol. 1/1. *Preistoria e origini della civiltà cinese*, Roberto Ciarla e Maurizio Scarpari, eds., Turin: Einaudi, 2011, pp. xvii-xivii; "Il confucianesimo e la sua affermazione in epoca imperiale" in Ban Zhao, *Precetti per le donne, e altri trattati cinesi di comportamento femminile*, Lisa Indraccolo, ed., Turin: Einaudi, 2011, pp. 75–100; "La confucianizzazione della legge: nuove norme di comportamento filiale in Cina", in Magda Abbiati & Federico Greselin, eds., *Il liuto e i libri: Studi in onore di Mario Sabattini*, Venice: Edizioni Ca'Foscari, 2014, pp. 807–830 (或参见*Inchiesta online*, 1 december 2014; "Prefazione", in Lu Jia, *Nuovi argomenti. Un classico cinese del pensiero politico*, Elisa Sabattini, ed., Venice: Cafoscarina, 2012, pp. 9–18; "Confucianesimo e potere nella Cina d'oggi", in Carlo Cunegato, Yleina D'Autilia, Michele Di Cintio, ed., *Significato e dignità dell'uomo nel confronto interculturale*, Roma: Armando Editore, 2013, pp. 46–64.

[4] Tiziana Lippiello, *Il confucianesimo*, Bologna: Il Mulino, 2009.

分为六章：1. 孔子与儒学；2. 人的层面；3. 精神层面；4. 随着时间的推移：高潮和衰落；5. 儒学的复兴；6. 传统与现代：儒学在中国和世界其他地区。李集雅和斯卡尔帕里一同编辑了一本关于中国文化与历史的书，讲述从神话时代到汉朝的历史：《中国文明：从青铜到第一个王朝》（*La civiltà cinese dall'età del bronzo al primo impero*, Maurizio Scarpari, ed, *Cina*, Grandi Opere Einaudi, Turin: Einaudi, 2013.）在这本书中，李集雅负责“周朝的思想和信仰，第573到第632页”（“Pensiero e religioni in epoca Zhou”）的撰写，这一部分描画了汉以前中国的历史和思想，并以一篇介绍周朝“士”——充当低级官僚的武士兼学者——阶层的文章作为开篇，该文强调了“士”在中国思想发展过程中的基础性作用。在战国时期，“士”们因其杰出的才能、丰富的知识和政治的谋略而被统治者任用。学者研究的问题主要是内在的修养和政府管理的艺术。大学者与统治者的交流与对话都被弟子和追随者记录下来，如《论语》和《孟子》就是根据对话整理而成。本节第三部分主要讨论孔子与“儒”，儒家伦理的形成以及手稿的发现；第六部分介绍《孟子》，第七部分介绍《中庸》，第八部分介绍《荀子》。

李集雅在一篇发表于《世界汉学》的文章中仔细探讨了礼仪仪式等问题。[1]她注意到，在死亡并不被看作痛苦经历，而作为生活中不可避免的一个阶段的文明里——也就是在古代中国——大部分宗教活动都出现在葬礼上。葬礼为氏族聚集和权力建立提供机会。在人们的精神世界中，祖先或逝去的人是崇敬与祭拜的对象。在一个空间和时间的力量被充分定义的宇宙哲学观里，人们通过丧葬仪式和埋葬习俗，建立起与死者的联系，表达生死两界交汇。生物性的破坏发生后，文化的重建开始了：整理遗体、修饰衣装、制作棺材、布置祭祀堂、祭拜逝去的祖先等

[1] 参见李集雅：《中国先秦时期的葬礼俗：〈礼记〉和〈仪礼〉中的部分记录》，见耿幼壮、杨慧林编：《世界汉学》，2013年7月第11期，北京：中国人民大学出版社。

一系列仪式。文章以《仪礼》和《礼记·丧大记》为蓝本，介绍了埋葬死者之前的仪式，主要审视了这些书中记录的仪式：招符，将魂魄唤回躯体；入殓，将尸体包裹并放入棺材。在入殓仪式中包裹尸体的布，叫作殓衾，也叫作“飞衣”，是中国古代葬礼的一种发明。

李集雅还将中国经典准确地翻译为意大利文：《中庸》译本包含介绍、中文原文、注释和书目。[1]《论语》的翻译，同样包含介绍、中文、注释和书目。[2]这一版本以1973年定州（河北省）中山怀王（公元前55年）墓出土的手稿为基础。她基于对《论语》的思考，写成4篇文章，2篇关于“恕”，一篇关于修身养性，另一篇关于“时势”。中国文学中的“金科玉律”是《论语》中的一段，起源于孔子最喜欢的弟子之一子贡，他曾向老师询问指导人们行为法则的内容。[3]李集雅的研究主要致力于探索并阐释《论语》和其他相关文本中提到的两个关键的概念：恕和忠，从而理解儒学的“黄金法则”。她的第三篇论文主要解读《论语》中修身养性的概念。[4]李集雅考察了时间的概念，尤其是“时势”的概念——它对于中国思想中人生、长寿和不朽等观念的形成起到了基础性的作用。“时势”的概念表明了自然不断变化、变异而产生的力量。[5]

李集雅还曾概述《四书》的意大利语研究和翻译情况，涵盖早期耶

---

[1] Tiziana Lippiello, *La costante pratica del giusto mezzo*, Venice: Marsilio, 2010.

[2] Tiziana Lippiello, Confucio, *Dialoghi*, Testo a fronte, traduzione e cura di Tiziana Lippiello, Turin: Einaudi, 2003.

[3] 对于《论语》中的“恕”，参见Lippiello , “A Confucian adage for life: empathy (*shu*) in the *Analects*”, in Roman Malek S. V. D. and Gianni Criveller, P. I. M. E., eds., *Light a Candle. Encounters and Friendship with China*, Collectanea Serica, *Monumenta Serica*, Sankt Augustin 2010, pp. 73–97, and “La Regola d’oro nei ‘Dialoghi’di Confucio”, in Carmelo Vigna e Susy Zanardo, ed., *La regola d’oro come etica universale*, Milan: Vita e pensiero, 2005, pp. 53–84.

[4] T. Lippiello, “Il perfezionamento del sé: empatia, autenticità e benevolenza nella cultura cinese classica”, in C. Bulfoni, ed., *Tradizioni religiose e trasformazioni sociali dell’Asia contemporanea*, 2012, Milan: Biblioteca Ambrosiana, Bulzoni Editore, pp. 9–21. 文章的第二部分探究了利玛窦在《天主实义》中对人性的阐释。

[5] Tiziana Lippiello, “‘A sett’antanni seguivo gli impulsi del mio cuore senza incorrere in trasgressioni.’ Il valore del tempo nella cultura cinese classica, in M. Abbiati, F. Greselin, *Il liuto e il libro: studi in onore di Mario Sabattini*, Edizioni Ca’Foscari, Venice, 2014, pp. 9–22.

稣会士的工作直至21世纪的翻译。[1]1592年，范礼安（A. Valignano S.I., 1539–1606）遇到利玛窦并建议他翻译《四书》。李集雅在罗马艾玛努艾拉图书馆注意到了一份《四书》的拉丁文译本，注明作者为罗明坚，很可能翻译工作是由利玛窦完成的，罗明坚只是抄写员。《四书》的部分翻译工作由殷铎泽和其他几位耶稣会士继续进行，1687年，《中国哲学家孔子》（*Confucius Sinarum Philosophus*）出版。这篇论文最后概述了《四书》的主要意大利译本。

她的其中一篇论文关注当代中国传统文化的重要性，[2]另一篇文章关注汉朝的儒家学者董仲舒以及他的政府管理艺术理论。[3]

如艾帝（Attilio Andreini），中国语言文学副教授，写有多篇关于中国哲学，特别是关于道教的论文。其中一些文章从文献学和哲学的角度分析了中国古代典籍，对孔子的思想有所涉及。[4]

克里斯马（Amina Crisma），博洛尼亚大学副教授，研究上古哲学，主要关注荀子，她曾在几篇文章中对荀子的伦理政治思想有所分析。[5]她对荀子的思考引导她的研究走向两个方向：比较和跨文化研究方向（比如，

---

[1] 李集雅：《“四书”和“五经”在意大利的历史和传统》，《国际汉学研究通讯》，北京：中华书局，2011年第3期，第80—90页。

[2] Tiziana Lippiello, “La rivalutazione della cultura tradizionale nella Cina contemporanea”, in Gaetano Aiello, ed., *Davanti agli occhi del cliente: branding e retailing del Made in Italy nel mondo*, Roma: Aracne Editrice, 2013, pp. 145–162.

[3] Tiziana Lippiello, “Dong Zhongshu e il sapere come arte del governare”, *Asiatica Venetiana*, 1, 1996, pp. 63–69.

[4] A. Andreini, “Cosa significa l’espressione 性命之情?” in A. Andreini, ed., *Trasmetto, non creo. Percorsi tra filologia e filosofia nella letteratura cinese classica*, Venice: Cafoscarina, 2012, pp. 153–179 ; A. Andreini, “Qualità naturali, condizionamenti, virtù: alla ricerca del significato di Qing 情 attraverso le fonti manoscritte”, *Trasmetto, non creo. Percorsi tra filologia e filosofia nella letteratura cinese classica*, Venice: Cafoscarina, 2012, pp. 45–103; A. Andreini, “Breve riflessione sul dire e sul fare nel pensiero cinese classico”, in M. Nordio ed., *Cina. West of California?*, Venice: Marsilio, 2008, pp. 27–43; A. Andreini, “The meaning of *qing* in texts from Guodian tomb no. 1”, in P. Santangelo with D. Guida eds., *Love, Hatred, and other Passions. Questions and Themes on Emotions in Chinese Civilization*, Leiden: Brill, 2006, pp. 149–165.

[5] Amina Crisma, *Conflitto e armonia nel pensiero cinese dell’età classica*, Padova, 2004; “Il *Trattato sul Cielo* di Xunzi”, in *Forme di fedeltà*, a cura di M. Ferrante e P. Frasson, Panda, Padoa, 1996, pp. 147–163;

将荀子与马基雅维里和霍布斯进行比较），以及挖掘与《论语》和《孟子》间的关联。后一方向的研究受到了罗哲海（Heiner Roetz）创立的概念——作为矛盾场域的儒学传统——的启发。克里斯马还对儒家思想中“天”的意义与人的类型之间的关系进行挖掘，并于2000年出版了一本书，发表了数篇文章。这些研究都是基于对《论语》《孟子》和《荀子》的审视而完成的，并显示出价值多样性所透露出的特殊宗教态度。[1]她将她的研究扩展到当今哲学论域中的儒家学说，她从威尼斯大学博士论文阶段起就从事于此一课题，并提出了一些颇具启发性的问题。[2]她一直关注的问题有：儒学同人权的关系、儒学和性别、儒学对新人文主义产生的贡献。[3]她对孔子和其思想的现代诠释做了综合且明晰的介绍，非常有价值。[4]

傅马利（Pier Francesco Fumagalli）是安布罗西亚图书馆学博士，研

[1] Amina Crisma, *Il Cielo, gli uomini. Percorso attraverso i testi confuciani dell'età classica*, Venice, 2000; "Man like God: Theomorphic Powers of Human Beings in the Early Chinese Thought", in Alberto Melloni, Riccardo Saccenti, eds., *In the Image of God. Foundations and Objections within the Discourse of Human Dignity. Proceedings of the Colloquium atBolognaand Rossena (July 2009), in Honour of Pier Cesare Bori* (Atti del Convegno internazionale promosso dalla Fond. Scienze religiose Giovanni XXⅢ e dalla UNESCO Chair for Religious Pluralism and Peace di Bologna, dall'Istituto Antonio Banfi e dalla Weltethos Stiftung Tübingen, Bologna e Rossena/Canossa, 16–18 luglio 2009), Berlin: Lit Verlag, 2010, pp. 81–99; "Le cosmogonie assenti: il confucianesimo", in A. Pavan, E. Magno, eds., *Antropogenesi. Ricerche sull'origine e lo sviluppo del fenomeno umano. Primo seminario. Dall'energia alla vita*, (International Conference), Bologna: Il Mulino, 2010, pp. 167–178; "Sé, trascendenza e destino nel pensiero della Cina antica", in A. Cislaghi & K. Del Toso, eds., *Intrecci filosofici. Pensare il Sé a Oriente e a Occidente*, Milano-Udine: Mimesis, 2012, pp. 109–126.

[2] Amina Crisma, *Le tradizioni del pensiero confuciano nel dibattito filosofico contemporaneo, tesi di dottorato*, Venice: Università Ca'Foscari di Venezia, 2012; "Il confucianesimo: essenza della sinità o costruzione interculturale?", *Prometeo*, anno 30 n. 119, settembre 2012, pp. 68–81.

[3] Amina Crisma, "Esprit de réforme et confucianisme", in P. C. Bori, M. Haddad, A. Melloni, eds., *Réformes. Comprendre et comparer les religions*, Berlin : Lit, 2007, pp. 125–142; «Réalité de l'Etat chinois et potentialités de la tradition confucéenne face au problème du rapport aux minorités», in *Etudes interculturelles. Revue d'analyse publiée par la Chaire UNESCO de l'Université catholique de Lyon* (Dossier du Colloque International "Les minorités ethniques, culturelles et religieuses", Université Catholique de Lyon–Chaire Unesco mémoire, cultures et interculturalité , 22–23 avril 2009), n. 3, 2010, pp. 65–85.

[4] Amina Crisma, "Chi è oggi per noi Confucio? Interpretazioni a confronto", in *Confucio re senza corona*, a cura di Silvia Pozzi, ed., Milan, 2011, pp. 71–136.

究过去和当代社会中的孔子思想[1]，以及儒学与其他宗教之间的关系。[2]

伦佐·卡瓦列里（Renzo Cavalieri），中国和东亚法律专家，对儒家思想、机构和主观权利之间的关系感兴趣。在中国以及海外的学术界，儒家思想、国家机构和主观权利之间颇有争议的关系较受重视，就如同“法治”和“和谐社会”的争论一样，在《儒家语境中的主观权利和人权》（*Diritti soggettivi e diritti umani nel contesto confuciano*）中，卡瓦列里有理有据地讨论了这些话题。在介绍过古代中国和东亚社会中礼仪的角色后，他提出了一个问题：在传统中国文化，尤其是儒家思想中，主观权利的概念是否存在，如存在，占有多少分量？这篇文章考查了儒家价值观是和现代民主和民权价值相适应，还是背道而驰。随后，他研究了父权和个人权利不完备的自由化和合法化进程，以及国家利益的从属性。如传统儒家观点所述——他总结道——政府的基本任务是认识到社会稳定和物质繁荣的普遍价值。[3]

白安理（Umberto Bresciani）在儒学研究方面有重要贡献。自1974年以来，白安理在台北的台湾师范大学和辅仁大学教授意大利语，他在2001年发表了一篇对当代新儒学研究的细致调查报告，填补了从历史与

---

[1] Pier Francesco Fumagalli, “La collana ‘Asiatica Ambrosiana’(2009–2013)” (The Series Asiatica Ambrosiana), in *L’educazione nella società asiatica–Education in Asian societies*, Kuniko Tanaka ed., Accademia Ambrosiana, Asiatica Ambrosiana 6, Biblioteca Ambrosiana-Bulzoni Editore, Milan-Roma, 2014, pp. 345–348.

[2] Pier Francesco Fumagalli, *Faith, science and social harmony: the dialogue among Jews, Christians and Muslims, 1913–2013*, in *L’educazione nella società asiatica–Education in Asian societies*, a cura di Kuniko Tanaka (Accademia Ambrosiana, Asiatica Ambrosiana. 6) Milan-Roma: Biblioteca Ambrosiana-Bulzoni Editore, 2014, pp. 319–330; “Religiosità e cultura in Cina. (I) Il pensiero religioso nella Cina antica”, *Vita e Pensiero*, LXXXI, 5, 1998, pp. 355–373; *(II) Confucianesimo e Taoismo*, LXXXI, 6, 1998, pp. 437–455; *Ebrei e studi ebraici in Cina: note per una bibliografia*, in *Geografia e cosmologia dell’*Altro *fra Asia ed Europa,* Atti del Ⅲ *Dies Academicus* 22–23 ottobre 2010, Kuniko Tanaka, ed., Milan–Roma: Biblioteca Ambrosiana–Bulzoni, 2011 (Asiatica Ambrosiana, 3), pp. 391–400.

[3] Renzo Cavalieri, “Diritti soggettivi e diritti umani nel contesto confuciano”, in M. Nordio e V. Possenti, *Governance Globale e diritti dell’uomo*, Reggio Emilia: Diabasis, 2007, pp. 133–151.

哲学角度研究儒学复兴的空白。[1]这本书介绍了复兴运动的阐释性发展历程和主要思想家，并分了三个阶段，1921—1949年，1950—1979年，1980—2000年，从梁漱溟、钱穆到杜维明。这本书附录信息丰富，包含词汇表、专有名词表等书目信息。此外他将另写一本书介绍过去15年的儒学学术发展的书。

除了这本基础性研究的书籍，白安理近期还在意大利出版了一本有关儒家哲学和伦理学的著作，这是作者对儒家本质思考的结晶。[2]白安理还写了一些关于日本儒学[3]以及儒学与基督教关系的文章[4]。

还有许多出版物试图解释并介绍儒家思想及其发展[5]，并有一些译作发表。[6]西尔维亚·波齐（Silvia Pozzi）编辑了《无冕之王孔子》(*Confucio*

[1] Umberto Bresciani, *Reinventing Confucianism, The New Confucian Movement*, Taibei: Ricci Institute, 2001, in Italian edition, *La filosofia cinese nel ventesimo secolo. I nuovi confuciani*, Roma-Citta del Vaticano: Urbaniana University Press, 2009. 以及他近期发表的关于新儒家的论文："The New Confucian Philosopher Qian Mu's Criticism of Western Culture" in *Questioning Universalism, Western and New Confucian Conceptions,* ed. by Anna Loretoni, Jérôme Pauchard, and Alberto Pirni, Pisa: Edizioni ETS, 2013.

[2] Umberto Bresciani, "The Confucian Component of Japanese Culture: An Overview" in *The Japan Mission Journal*, Autumn-Winter 2004.

[3] Umberto Bresciani, "The Confucian Component of Japanese Culture: An Overview" in *The Japan Mission Journal*, Autumn-Winter 2004.

[4] Umberto Bresciani, "When Mou Zongsan meets Lonergan"in *Bulletin of the Research Institute for Literature and Philosophy*, Taipei: Academia Sinica, 2005. (Mou Zongsan for Confucian philosophy and Lonergan for Catholic theology), and "Confucianism and Christianity" in *Catholic Engagement with World Religions: A Comprehensive Study*, Ed. by Becker, Karl Joseph, Morali, Ilaria, D'Costa, Gavin, New York: Orbis Books, 2010.

[5] 除以上提及的文章，还有Franco Demarchi, *Il confucianesimo,* Vicenza: Rezzara, 1984; Federico Avanzini, *Confucianesimo e taoismo*, Brescia: Queriniana, 2000; Margherita Sportelli, *Il confucianesimo*, Milan: Xenia, 2010; Giancarla Sandri Fioroni, *Confucio e la sua ideologia nello scorrere dei secoli*, Treviglio: Zephyro, 2012. 此外，菲那左（Giancarlo Finazzo）的*The Principle or Tien*: *Essays on Its Theoretical Relevancy in Early Confucian Philosophy,* Taibei: Mei Ya Publications, 1967，阐释了中国古代"天"的概念。

[6] 翻译作品值得提及的有Edoarda Masi：*I Dialoghi*, Milan: Rizzoli, 1976. Stefania Stafutti's *Piccolo libro di istruzioni confuciane*, Parma: Guanda, 1994. Giulia Martini, tr., *Confucius, Io non creo, tramando: i Dialoghi*, Vimercate: La spiga, 1994. Leonardo Vittorio Arena, in *Antologia della filosofia cinese*, Milan: Mondadori, 1991, 这本书中，他翻译了一些儒学的作品，介绍了每一位哲学家及其思想，补充了从孔子到毛泽东的中国哲学史，参见Urbino大学历史哲学教授Icilio Vecchiotti, *Che cos'e la filosofia cinese?*, Roma: Ubaldini, 1973.

re senza corona)，收录了学者对于孔子及儒家思想研究的论文，内容涉及西方的孔子形象（Amina Crisma所写）以及中国电视媒体中的孔子（Valeria Varriano所写）。[1]罗马伍尔班大学（Pontificia Università Urbaniana）的王守顺（Wang Shou Shun，音译）从比较的视角研究了儒家的孝道与基督教。[2]

在已经完成的翻译和研究中，值得一提的还有弗朗哥·马泽（Franco Mazzei）关于经济伦理学和日本近代化资本主义精神的论文。[3]马泽，那不勒斯东方大学东亚历史系教授，采取比较的方法对日本德川时代思想的发展以及当代东亚国际关系进行了一番研究。王阳明学派的影响，以及国学和朱子学浸染下所产生的新观点，提供了方便吸收新的、占主导的外部文化要素的知识基础，从而允许在“体制”延续的情况下作出“功能性”的调整。他还有其他论文关注心理状态以及儒家背景。[4]

历史学家保罗·普罗迪（Paolo Prodi）最新的作品中，认为“儒学”具有法律和道德宗教效用。[5]这本小册子反映了欧洲的衰败以及其在世界的知识界影响力的减弱。普罗迪认为，在过去九个世纪中具有普世启发作用的欧洲“革命精神”已经走向衰落。这一研究受罗森斯托克（Rosenstock-Huessy）和伯尔曼（Harold Berman）的启发[6]，追溯了欧洲从11世纪格列高里教皇革命到近代自由主义国家所经历的思想变迁。令人信服的是他基于罪恶和犯罪、良心和法律、上帝的法与人类的法、教堂和国家、宗教和政治之间的区别，对欧洲创新元素的基本特点做了

[1] Silvia Pozzi , ed., Confucio re senza corona, Milan: O/O, 2011.

[2] Wang Shou Shun, *La pietà filiale nel confucianesimo in confronto con la fede cristiana*, Roma, 1999.

[3] Franco Mazzei, “Etica economica e spirito del capitalismo nella modernizzazione del Giappone”, in *Il Giappone*, 22, 1982.

[4] Franco Mazzei, “Religione, autorità e politica nel particolarismo culturale nipponico”, *Religione e Politica: Mito, Autorità, Diritto, La Sapienza Orientale*–Convegni, Roma, 2008. Franco Mazzei, V. Volpi, *La rivincita della mano visibile. Il modello economico asiatico e l'Occidente*, Milan: EGEA, 2010.

[5] Paolo Prodi, *Il tramonto della rivoluzione*, Bologna: il Mulino, 2015.

[6] Eugen Rosenstock-Huessy, *Out of Revolution: Autobiography of Western Man* , Providence and Oxford: Berg Publishers, 1993; Harold Berman, *Law and Revolution: The Formation of the Western Legal Tradition*, Cambridge, . Mass., and London, England, 1983.

一番强调。这两个阵营之间的区别在制度层面和意识形态层面促成了近代民主国家的诞生。这一研究揭示了西方历史进程和当代民主制度的诞生，然而它仍然受到欧洲中心主义的影响，由过去西方特殊的历史总结而成的经验被认为是社会进步的主要因素：其他元素可能会引发对过去和未来的自主批判能力。虽然欧洲拥有启蒙运动和改革的经验，然而思考新儒家中的多元性也是必要的：戴震、李贽和周敦颐是如此不同，就像穆尼耶（Mounier）和拉克坦提乌斯（Lactantius）、神圣的宗教裁判一样差异甚大。作者所表达的忧虑是一个值得思考的问题，由于世俗化的进程和良知与内心力量的缺失，个人救赎这一宗教遗产可能会丢失。欧洲改革家精神的失落可能会为所谓的“寺庙、宫殿、市场专制”即金融资本主义的新型“匿名文明”（anonym civilization），以及一种儒家式的完全权力垄断即“拥有道德、政治和宇宙秩序认同的儒家伦理”留出发展空间。

结语

本文并不能保证无所遗漏，因为任何概述都无法覆盖所有出版物。本文目的不过是概述早期至当代的意大利孔子研究，简要介绍学界涉及儒学的学术和大众出版物。我要感谢提供研究动机和进路信息以协助我工作的同事们。总之，从这一调查报告中，可以看出意大利学者和作家——从专家到业余人士——对儒家思想的各方面的兴趣是不言而喻的：孔子的形象让许多作家印象深刻，大部分学者称赞他在教授弟子方面的贡献，值得注意的还有他们的见解和观点的多元性。[1]虽然儒家典

[1] 1980年，意大利作家协会组织了一次出访，随后的报告中并无太多有关儒学的内容。马来巴（Malerba）后来发表了一本书：*Cina, Cina*, in 1985, Vittorio Sereni留下了一些未出版的笔记，“Viaggio in Cina”, and Alberto Arbasino *Trans-Pacific Express,* Milan: Garzanti, 1981.

籍的阅读者仅限于意大利的东方学家，然而大众们还是可以通过意大利记者、外交官、旅行者和传教士们的报道、图片和小册子了解孔子以及儒学。在过去几十年里，学习中文学生人数的增加使得有关中国文化的信息传播得更广，儒学也因此得到发扬。在所有教授中国文化课程的意大利大学中，学生都会接触到涉及儒家思想和道德的内容。然而，虽然许多大学开设了中国语言课程，却并非所有大学都能够设置中国文化和历史课程。这是很可惜的，因为语言只有在文化的背景下才可以被正确理解，尤其是对于中文这样承载着丰富、古老文明的语言。有时，语言教师做出巨大努力以给学生们介绍中国的生活和文化，然而这一出于自愿且必要的努力却不能弥补没有正规课程的缺憾。在威尼斯、博洛尼亚和那不勒斯大学都有学者专注于儒家经典的研究，史华罗在罗马智慧大学、罗马伍尔班大学和卡塔尼亚大学的讨论课上，曾教授儒家思想和新儒家主义的基本内容。

耶稣会士为孔子走向世界迈出了第一步，而后接棒的是启蒙运动哲学家。为回应孔子的“全球化”步伐，意大利开展了多项活动。在4个世纪时间里，展现于意大利人面前的孔子，不仅仅是一位中国哲人、国家的伟大变革者，还是一位全球新人文主义的导师。孔子时常被推崇为等待人们皈依基督教的自然道德大师、“人类智慧的象征”，他也被称赞为“善良的无神论者”。孔子融入了伏尔泰的作品，伏尔泰通过评论孔子从而间接攻击或颂扬法国哲学家。人们对孔子的态度呈现多元化的趋势，有人厌恶对孔子和基督作任何形式的对比，也有人勇敢地比较他们，有人预言新的“中国和平和秩序”（pax sinensis）将出现于整个亚洲，儒学将迎来复兴，然而还有人甚至害怕孔子的影子。

即使在20世纪，孔子依然如一面镜子，许多流行的意识形态在这面镜子中看到了自己的理想状态，也有学者认为孔子是保守势力的代言人。只有极少数人试图真正理解他的教诲，并对儒家宣扬人性中的道德潜能表以钦佩。避免孔子呈现僵化的形象，并力图将儒家理论与时代接轨，使儒家思想摆脱了形式主义的桎梏。新儒家的发展大概有两种路径，一种顺应了西方现代思潮所诉求的自由和世俗解放，另一种则较为保守，通过重建中国传统思想中的和谐与中庸价值观，以淡化个人竞争。

儒学的灵活性以及顺应需求不断发展的特性，使得其在长达几个世纪的时间内顽强生存，未被历史湮没。历史发展中儒学的多样性甚至是相互对立的元素，也启发中国以及其他国家的现代思想家寻找一个重建普适人性概念的共同语言。

（译者单位：北京外国语大学中国海外汉学研究中心）

1877年前马来西亚儒家学术史*

［马来西亚］郑文泉

摘要： 本文为1600—1876年间马来西亚儒家学术史之阐述。按本时期之儒学受制于中国“海禁”与“教禁”之双重政策，华人与西方传教士屈居马来西亚民间之学校与社会，所发展出来的乡礼阶层之儒学。本文依（一）前言：本时期儒学发展概况、（二）本时期重要儒学人物与思想、（三）本时期重要儒学著作简介（以上二节依经、史、子、集四部分述）、（四）本时期儒学的发展特色、（五）结语：本时期儒学的社会与国家影响等五点，以见本时期儒家学术之梗概。1877年前的马来西亚儒学虽属乡礼阶层的儒学，但其近代化之内容与特色，却很为同一时期中国邦国礼、王朝礼阶层之士大夫所重，以为宜向南洋“考取洋学以罗人才”所在。

关键词： 马来西亚　儒学史　乡礼　经史子集　马六甲英华书院。

---

* 本文为《马来西亚近二百年儒家学术史》之第三节，后者为北京国际儒学联合会与中国人民大学之2015年合作研究项目《儒学与东亚文明》之一章。中国人民大学张立文教授为召集人，本文撰述俱依本项目之体例而作。

Abstract: The aim of the paper is to explore the history of Confucian Studies in Malaysia during the period of 1600-1876. The Confucian Studies of the period was contributed by Chinese and Western missionary especially in Malacca on communal level of Confucian culture. This exploration was divided into five sections: (1) Introduction: Confucian Cultural Development of the Period in General, (2) Significant Confucian Figures and Their Thoughts, (3) Important Confucian Works, (4) The Characteristics of Confucian Studies in the Period, and (5) Concluding Remarks: The Impact of the Period's Confucian Studies on Society and Country.

Keywords: Malaysia; History of Confucian Studies; Communal Rites; Four Categories of Confucian Classics; Anglo-Chinese College at Malacca

一、前言：本时期儒学发展概况

按今天的地理概念，“马来西亚”是指东、西马组成的联邦，细说则为十三个州和三个联邦直辖区组成的新兴国家。但是，这种地理概念是1965年新加坡退出后才告确立而通行的说法，对此之前包括1877年前的马来西亚史之书写，并不适用。以今天的地理概念来审视1600—1876年间的马来西亚，尤其是在1800年以前，恐怕只有两个地方可写：一是西马的马六甲青云亭社会，另一是东马砂拉越州古晋以南到印度尼西亚坤甸（Pontianak）旧属兰芳公司的华人聚落。1800年以后马来西亚各地陆续沦为英殖民的领地（印度尼西亚则为荷兰），华人聚落渐多且借英殖民管辖权之便联合为诸如“三州府”（马六甲、新加坡、槟城）的区域性华人社会，故随后有薛文舟之碑铭散布三州府之史事。但是，一直要到1920年三州府华人社会才和另一“四州府”（霹雳、雪兰莪、森美兰、彭亨）华人社会组成“七州府”华人社会，进而在1938年因联手抗日而有“马来亚”华人社会的观念（但时为“南洋”观念所掩），最后才在1963年正式结成今日的“马来西亚”华人社会。换句话说，在1877年以前的马来西亚，我们充其量只有“三州府”华人社会（英国人迟至1894年才组成“四州府”）另加其他几个华人聚落的资料可言，且也只能以此代表其时之马来西亚华人社会之史实。

从文献的角度来说，这一时期的主要金石类文献之地理分布，也很能说明上一史实之时代特点。三册本《马来西亚华文铭刻萃编》编者之一陈铁凡（Chen Tienfan）对此类文献的地理特点，详说如下：

> 关于本邦华人史料的搜访，陈育崧氏在《新加坡华文碑铭集录》绪言中曾拟订三条路线计划的腹案，构想甚佳。然而就我们亲身的经历，华人史料大多集中于“点”，而并不是“线”。因为华人皆聚居于城市，乡居较少。就本书著录的资料言，即以马六甲所存为最早，其次是丁加奴、北根、槟城……在这些“点”上虽也有些作放射性散布，然而所及不远。“点”和“点”之间无法连接成一“线”。[1]

不唯如此，这些个别的“点”本身之金石类文献，也不足以让我们重构完整的“点”史实，如郑良树20世纪80年代在《青云亭的文献》一文所说：

> 今天，不管本地人或外国人，谈论起青云亭的历史或者大马早期华族史时，所根据的就只有青云亭那几块石碑和木刻，不但只是零星片断，而且距离“完成的历史”还差得远呢！[2]

[1] 见陈铁凡：《前言》，陈铁凡、傅吾康合编：《马来西亚华文铭刻萃编》（吉隆坡：马来亚大学出版部，1982年），第21页。按：此书是中、英双语版，英文版之编者次序改为傅吾康（Wolfgang Franke）、陈铁凡。

[2] 见郑良树：《青云亭的文献》，原《南洋商报》1986年8月10日文，今辑入郑良树：《马来西亚华社文史论集》（新山：南方学院，1999年），第27页。

纵使加上后来“出土”的青云亭其他写本如《祭祀簿》(记载年限为1809—1882年)、《青云亭条规簿》(年限为1862—1914年)、《纪录簿》(年限为1906—1930年)等文献，能够重建的历史还是相当有限。[1]与青云亭同一时期的另一砂拉越兰芳公司之史料，更不理想，除了《兰芳公司历代年册》抄本(后刻本)等少数几笔[2]，也远不能满足我们重建儒家学术史的目的与需要。

从儒学史的角度来说，这一时期的马六甲青云亭与砂拉越兰芳公司，乃至后来在三州府建立的英国传教士之印刷所与学校(时称“书院”)，都是一儒家“乡礼”意义的阶层与文化。受制于中国同一时期的“海禁”与“教禁”政策，中国人与外国传教士均不得自由出入中国内地，三府州也不为中国政府所承认，所以这一区域的儒学始终是一民间且仅止于社区阶层的“乡礼”制度与现象。马六甲青云亭首领在1825年前虽然是荷兰殖民政府隶下的甲必丹，貌似有传统儒学“邦国礼”的地方官与政府阶层之意义，但实情是：

> 虽然青云亭领有华族社会的辖治权，不过，它和殖民政府最大不同的是，它没有司法权，以贯彻它的仲裁命令。它最重要的惩罚是不准违令者安葬于冢山，或者不得享有青云亭一切的利益，比较轻微的是向佛祖认罪，请求佛祖宽恕。青云亭的仲裁命令，有时并不被接受，这是青云亭权限上的最大弱点。[3]

---

[1] 郑良树是促使这些写本“出土”的学者之一，且最早利用这些文献，见《亭主时代的青云亭及华族社会》等系列论文。除上一书《马来西亚华社文史论集》外，郑良树的这些论文已结集于《马来西亚·新加坡华人文化史论丛(卷二)》(新加坡：新加坡南洋学会，1986年)等书。

[2]《兰芳公司历代年册》初由兰芳公司叶湘云抄写送给荷属殖民官员兼汉学家高廷(J. J. M. de Groot)，后刻印面世。见高廷著，袁冰凌译：《婆罗洲华人公司制度》，台北：“中研院近代史研究所”，1996年。

[3] 见郑良树：《亭主时代的青云亭及华族社会》，《马来西亚·新加坡华人文化史论丛(卷二)》，第59页。

而学者根据史料归纳出来的青云亭管辖之六大事务，其实仍不出传统“乡礼”之范围，即其中婚事、丧事、祭事属于乡礼（狭义）、乡社，福利属于乡仓，讼事与乡约有关，其他（指争取减税、要求加强地方保安、交涉各种民事等）也与保甲一义可以相涉，[1]此外尚不见有乡校一事（如传教士在马六甲、新加坡办有英华书院、坚夏书院等）。而高廷的兰芳公司制度研究，也与中国村社组织相比拟，[2]足见其时砂拉越华人聚落亦是一“乡礼”阶层的社会制度与发展。按朱熹分儒学阶层为民间阶层的“家礼”“乡礼”及官方阶层的“学礼”“邦国礼”“王朝礼”之“五礼”说，其“家礼”“乡礼”之阶层儒学分指：

> （一）家礼："家"指家庭或五代以内的家族聚落，"礼"也就是儒学的讨论对象是一般所说的"四礼"，即冠、婚、丧、祭为核心的仪礼研究。
>
> （二）乡礼："乡"既可以指五代以上的宗族聚落，也可以泛指"百户为乡"的地方性之民间社区或乡里，"礼"的构成可有"六礼"（依明黄佐《泰泉乡礼》）之说，即"乡礼"（狭义，指地方性的冠、婚、丧、祭之事）、乡约、乡社、乡仓、乡校和保甲，后五礼分别指地方上的治理、寺庙、救济、学校、保安等相关事宜。

换句话说，从1877年前的马六甲青云亭与砂拉越兰芳公司的情形来看，儒家文化基本上是属于一民间阶层的文化，其学则为乡礼之学，其政府则近者为西方殖民阶层，远者为执行“海禁”政策的清廷政府。

仔细说来，这一时期的儒学史到了1800年以后，也开始分化成两个

---

[1] 此青云亭六事之归纳，见郑良树：《论青云亭领导层意识形态的演变》，《马来西亚·新加坡华人文化史论丛（卷二）》，第73页。

[2] 见高廷著，袁冰凌译：《婆罗洲华人公司制度》，第47—70页。

源流：一个为1600年以来的乡礼（狭义）系统之华人源流，另一个为新近传入的乡校系统之传教士源流，而以后者之儒学为研究的最高表现。从儒家乡礼之学的角度来说，这一时期的华人不论是在马六甲或砂拉越之地，其乡礼内容始终缺了明显的“乡校”一环，间中虽有外籍人士的私塾、义学之记载，但有校名的记录则要迟至1819年槟城五福书院、1849年新加坡崇文阁和1854年萃英书院等建立后才出现。尽管中国学人根据新加坡1854年的萃英书院之《萃英书院碑文》和《义学规条略》，得出其义学性质、办学方针、择师和招生条件等办法，与“当时（中国）国内普遍存在的书院是基本一致的，没有脱离中国古代传统教育的轨道，而只是将它带到了异国他乡”[1]，但具体的师资、学生和出版品资料则一概不明；与此相反，英国传教士不但在三州府办有英华书院、坚夏书院、义塾书院等中英双轨式书院，其中式部分不但与上揭萃英书院相仿，更重要的是它们（尤其马六甲英华书院）有完整的师资、学生和书院出版品的资料，且其文献亦完好保存至今，我们不仅可得知他们从事的儒家经、史之研究状况，[2]而且因有文献的依据使儒学史的撰述成为可能。由于这样的文献局限，我们今天可以知道的1877年之前的马来西亚儒学史中，英国传教士举行的是以乡校为平台的儒学研究，而华人则仍局限于寺庙、会馆的乡礼（狭义）形式，并与我们所熟悉的研究儒家经书之“儒学”传统模式愈形疏远。

二、本时期重要儒学人物与思想

承上所析，1877年之前的马来西亚儒学史，大致可分成1800年之前

---

[1] 见邓洪波：《中国书院史》（第二版），上海：东方出版公司，2006年，第538—544页。
[2] 此可详Brian Harrison, *Waiting for China: The Anglo-Chinese College at Malacca, 1818-1843, and Early Nineteenth-Century Missions*, Hong Kong: Hong Kong University Press, 1979。

的单一华人源流和1800年之后的双源流两个不同时期。在1800年之前这一阶段，目前只有马六甲的青云亭和砂拉越的兰芳公司等两个华人聚落有若干文献可言，皆不完备，前者之首领（甲必丹）李为经（1614—1688）或是一位生员（“秀才”），依《甲必丹李公济博懋勋颂德碑》（1685）之“悬车此国，领袖澄清；保障著勚，斯土是庆，抚缓宽慈，饥溺是兢；捐金置地，泽及幽冥”之说，亦应是一能文会赋之儒者；[1]后一首领罗芳伯（1737—1795）据《兰芳公司历代年册》之“好读书，胸中常怀大志……且多才多艺，诸子百家无所不晓”之说，且有“作《游金山赋》一篇以见志”及任内《祭诸神驱鳄鱼文》二文[2]，可见亦可能是一儒者。但是，李为经、罗芳伯乃至这一时期的其他“儒者”的个人文献过于缺乏，近年在印度尼西亚望加锡（Makassar）发现的李为经族谱《光裕堂李氏族谱》甚至也不能证实他的生员身份，[3]无从窥视其儒家思想，故本文仅能存目于此。

1800年之后的儒学史，则是另一番景况，两个不同源流的儒学均有其重要之人物与思想可说，此亦本文之所以最终题为《马来西亚近二百年儒家学术史》之实凭与依据。华人源流的儒学文献与前一时期仍无大异，只是个别被公认为是“儒者”的人物有其足以构建儒学思想的文献数量，尤其是薛文舟之既有《东山薛氏宗谱》又有散布在三州府的16件碑铭为最（可汇编成一《文舟乡礼》），但也因其他人无此条件而成一孤例。英国传教士源流的儒学研究，则应以1818—1843年之马六甲英华书院（The Anglo-Chinese College at Malacca）为高峰，不仅创院人马礼逊及前后七任院长之中多汉学名家，其教职员工亦不乏儒学研究之能手，

[1] 见林芳开等：《甲必丹李公济博懋勋颂德碑》，陈铁凡、傅吾康合编：《马来西亚华文铭刻萃编》，第一册，第223—224页。

[2]《兰芳公司历代年册》只录有《祭诸神驱鳄鱼文》，其《游金山赋》全文可见罗英祥：《漂洋过海的客家人》，开封：河南大学出版社，1994年，第74—81页。

[3] 见《光裕堂李氏族谱》抄本，第33页。

是其他新加坡书院如坚夏书院、新加坡义塾书院（Singapore Institution Free Schools）等所无法比美的，而为1600—1876年间马来西亚儒学史之最高学术表现。依本文考察，可被列入这一时期的马来西亚儒学研究之传教士约有七八位之多，除创院人马礼逊之外，其余六七位的身份如下：

表一：马六甲英华书院之儒学者与其著作[1]

汉名	原名	身份	经	史	子	集
马礼逊	Robert Morrison	创院人	《大学》* 《汉语言文之法》* 《华英字典》* 《广东省土话字汇》*	《中国杂记》* 《中国大观》* 《中国历史和现状的对话》*		
米怜	William Milne	院长		《全地万国纪略》* 《圣谕广训》* 《新教在华最初十年之回顾》*	《崇真实弃假谎略说》 《诸国异神论》 《生意公平聚益法》 《赌博明论略讲》 《受灾学义论说》	《张远两友相论》
麦都思	Walter H. Medhurst	院长助理	《汉语福建方言辞典》* 《华英语汇》* 《英汉对照对话、习问、熟语》* 《书经》*	《东西史记和合》 《地理便童略传》 《中国：现状与前景》* 《王大海〈海录〉》*	《中华诸兄庆贺新禧文》 《清明扫墓之论》 《普度施食之论》 《上帝生日之论》 《妈祖婆生日之论》 《踏火之事论》	《兄弟叙谈》
高大卫	David Collie	院长	《注解本英译四书》*			

[1] 此一表整理自伟烈亚力著，倪文君译：《1867年以前来华基督教传教士列传及著作目录》，桂林：广西师范大学出版社，2011，以及Brian Harrison, Waiting for China: The Anglo-Chinese College at Malacca, 1818-1843, and Early Nineteenth-Century Missions二书。汉名及汉语书名，据伟烈亚力一书并略作调整。

续表

汉名	原名	身份	经	史	子	集
基德	Samuel Kidd	院长	《千字文》* 《汉语的本质与结构》*	《中国文化大观》*		
戴尔	Samuel Dyer	印刷所长	《福建方言字汇》* 《三千作印集字》*			
郭实腊	Karl F. A. Gutzlaff	常驻教士	《汉语语法》*	《古今万国纲鉴》 《万国地理全集》 《中国古代和近代史概述》* 《开放的中国》*		《转祸为福之法》
理雅各	James Legge	院长	《四书》(中国经典第一卷)* 《英、汉及马来语词典》*			

注：有*号者为英文著作。

按上表有两个问题，一为入选办法，一为分类办法，宜先释说如下:(一)入选之人物与著作依据，一与书院皆相关，其人可在马六甲或槟城、新加坡、巴达维亚(今雅加达)任意一地，因同为互通有无之英国伦敦布道会之传教士网络；二是著作以1818—1843年于马六甲、新加坡、巴达维亚所有印刷所或欧洲印行为准，唯其人须尚在东南亚且未赴他地如中国就职者。唯一的例外是马礼逊和理雅各：前者是创院人，其创院思想当有1818年前出版之著作背景，如《大学》[收入《中国文集》(*Horæ Sinicæ*)]于1812年出版于欧洲；后者是末任院长，于1843年迁院至时为英国殖民地的香港，其在马六甲之学思仅能下延至1861年出版之《四书》即《中国经典》第一卷，其余各卷《中国经典》则不能入。(二)入选著作之中，经、史较无疑义，子、集则当略释其例。经部主要是四书类和小学类，麦都思另有《论语新纂》，乃仿《论语》体例选编《圣经》箴言之作不能入，英译《书经》(出版于1846年，时麦都思已在上海就职）则距1843年尚近而酌量纳入，小学类则为三州府之闽粤方言与辞书研撰；史部除诏令类（米怜《圣谕广训》），其余大宗为政书类、地理类；子部在传统儒、道、法、农、佛等之外增一基督宗教子目，不唯此时已有基督教类儒学论述，且此一论述尚延续至今日黄润岳（1921—2005）、曾庆豹（1966年生）、洪恩赐（1966年生）等，足见其在子部有一稳定之地位与意义；集部之《张远两友相论》《转祸为福之法》等虽为宗教文献，均采白话文之章回小说体例，既开后来土生华人曾绵文（Chan Kim Boon，1851–1920）、林鹤志（Lim Hock Chee，盛年1885—1920）、袁文成（Wan Boon Seng，盛年1920—1950）等马来语译中国各类章回小说之先声，亦为后来者所加以文学化。从这个表的著作资料来看，可见英华书院的儒学研究者之多，文献类别之繁多，是同一时期华人源流的儒学研究所无法比拟的，且与我们所熟悉的儒家经、史研究之“儒学”模式很是接近，从而成为本时期的最高儒学研究之表现，实在是有其学术原因的。

关于华人源流的儒学研究，薛文舟以其《文舟乡礼》为目前1877年前仅知的唯一儒者，属经部礼类。薛文舟本名佛记[1]，文舟是其字，本文仿照明黄佐（字泰泉）以字名《泰泉乡礼》之例，将《马来西亚华文铭刻萃编》、《新加坡华文碑铭集录》中与他有关的16件碑铭汇编成《文舟乡礼》，以见其思。薛文舟《文舟乡礼》的乡礼内涵，可从表二见出。

[1] 按《东山薛氏宗谱》，薛氏字谱传到薛文舟的上一代（第十六世）即失传，薛文舟这一代本为“仁”世代，而薛文舟三兄弟则无一名仁者。今天，薛文舟是以“薛佛记，字文舟”名世的。见庄钦永：《马六甲〈东山薛氏宗谱〉校补记》，《新甲华人史史料考释》，新加坡：新加坡青年书局，2007年，第215—242页。

表二：《文舟乡礼》的乡礼内容

碑数	年份	碑名	乡礼内容
1	1826	石案刻文（马六甲）	乡祭（乡礼）
2	1830	恒山亭碑（新加坡）	乡冢（乡礼）
3	1831	墓地除草捐金木牌（马六甲）	乡冢（乡礼）
4	1832	荷文钟铭（马六甲）	（荷文未可释读）
5	1836	恒山亭重议规约五条（新加坡）	乡冢（乡礼）
6	1841	福建义冢碑记（槟城）	乡冢（乡礼）
7	1843	兴隆邱公碑记（马六甲）	乡祭（乡礼）
8	1845/1846	敬修青云亭序碑（马六甲）	乡社
9	1846	李为经禄位碑（马六甲）	乡祭（乡礼）
10	1846	郑、李颂联（马六甲）	乡祭（乡礼）
11	1846	李为经（马六甲）	乡祭（乡礼）
12	1846	恒山亭重开义冢布告事碑（新加坡）	乡冢（乡礼）
13	1846/1847	郑芳扬禄位碑（马六甲）	乡祭（乡礼）
14	1846/1847	李仲坚神位碑（马六甲）	乡祭（乡礼）
15	1848	清华宫序（马六甲）	乡社
16	1850	建立天福宫碑记（新加坡）	乡社

按上表，薛文舟的“乡礼”之学仅乡冢、乡祭之乡礼（狭义）和乡社（立庙）二种内容，当然不及《泰泉乡礼》的体大思精，但同属乡礼类文献与儒学则无疑。根据这些碑铭，我们可以知道薛文舟的儒学思想是很有心学意涵的。

（一）不忍之心：薛文舟之建庙或修庙是起于“不忍坐视”，之所以入祀李为经、郑芳扬等先代也是由于“于心有戚戚”，而筹建义冢则无不因“仁人恻隐之心”“宁不中心忍怛”，可见他整个乡礼之学是起于不忍人之心；

（二）乡礼：此一不忍人之心，由于“不忍坐视”而成一乡社之礼，由于“于心有戚戚”而成一乡祭之礼，由于“宁不中心忍怛”而成一乡冢之礼，足见此心在当时顺应外事而总成为一乡礼之举；

（三）维邦：薛文舟死后被谥为“维邦”，从“修己安人”的实践角度来说，意即他生于马六甲而仁心、乡礼却广披于三州府，已是当时华人社会所能及的“天下”范围，而以他为此一范围之“维持邦国”之楷模。

与此相反，传教士源流的儒学，其一手资料本文未能亲见者不少，故暂整合学人之二手研究，以为综述，而知其与上提华人源流儒学数义无不一一针锋相对：

（一）“东西史记和合”与“维邦”义相对：薛文舟的“邦”已是当时一般华人所不能及的三州府，而传教士的“邦”则是东方和西方史记的和合，如麦都思《东西史记和合》（*Comparative Chronology*，1829年巴达维亚版）一书所指：

> 该书所谓“东史”并非今天东方意义上的东方史，而是特指中国史；“西史”是指古代西方历史和英国王朝史。可以说，这是关于中西比较史研究最早的一种尝试……麦都思却在书中用了一个非常高雅的中译名“和合”，并主张通过东西历史的学习来“较量史记之和合”，这本身就体现出他深刻的历史见解。……麦都思在研究东西历史的过程中也意识到文明的冲突是客观存在的，儒家文明、佛教文明、伊斯兰教文明与基督教文明，由于各教的经典、教义、教规、仪式的差异以及风俗习惯、生活方式、价值观念、伦理道德、行为方式的不同，就会发生冲突，各教派内部也有冲突甚至战争。解决这种冲突最好的方式就是将诸多对立的元素在动态的过程中加以“和合”。承认“和合”本身就是否定“一尊”和“一律”，肯定了“多元”“多向”和“多层”。[1]

---

[1] 见邹振环：《西方传教士与晚清西史东渐：以1815至1900年西方历史译著的传播与影响为中心》，上海：上海古籍出版社，2007年，第56—62页。

从另外一个角度来说，这种“和合”的现实目的也是“为了向有着悠久历史的中国人证明：欧洲的历史可以追溯到早于中国文明史的公元前四千年”，破解中国人唯我独尊的“天下”观念，还原中国不过是“全地万国”（米怜）、“古今万国”（郭实腊）之一国，从而起到与中国、中国文明对等（甚至后来殖民）的历史作用；

（二）“典志”与“乡礼”义相对：与薛文舟的儒学仅是一乡礼层面的建庙、入祀或置冢之事不同，同一时期的传教士对儒学的认识，相当于传统儒学史部的政书类，即有“十通”之说的典章制度之学。马礼逊、麦都思、郭实腊等人的中国著作，莫不如此，表三为麦都思《中国的现状和展望》（*China: Its State and Prospect*，1838年伦敦版）一书目录。

表三：《中国的现状和展望》目录[1]

章次	章名
1	中国编年史与疆域
2—4	中国的人口
5	中国文明（礼仪、中国的智慧、指南针、印刷术、火药、天文学、植物学、医学、外科学、绘画、雕刻、丝绸、瓷器、造纸术、漆器）
6	中国的政府和法律
7	中国的语言和文学
8	中国的宗教（儒、道、佛）
9	中国的天主教会
10—11	新教在中国广东的传播
12—13	新教在马六甲、巴达维亚的传统
14—22	新教在中国其他省份的进展与总结

两相对照，薛文舟的乡礼或仅是麦都思一书第五章有关中国的“礼仪”一事，而后者对儒学的论著是以整个儒家文明的内容为前提的，相当是中国儒学史部的政书类层次，华人源流和传教士源流的儒学水平至此可

[1] W. H. Medhurst, *China: Its State and Prospects*, London: John Snow, 1840.

说是高下立判。

（三）“神启”与“仁心”义相对：如果薛文舟足堪“维邦”的乡礼之学尽本于人之“不忍之心”，那么特别是全译《四书》的高大卫和理雅各二人或会斥之为见道不透之举。在高大卫、理雅各全译《四书》的时候，打从被认为是“孔氏之遗书，初学入德之门”的《大学》开始，就明白指出“它展示出若干花哨的理论，但基本来说都建立在错误的原则之上”的共同意见。[1]按高、理二人对《大学》作为一“道德更新的体系”（the system of moral renovation）的文本的认知来说，这个“错误的原则”一方面是指“对事物的全面和精确的认识将使心灵纯洁化和行为的正直化”是这个体系本身的“一个绝大的错误”，因为不只是理论上可被驳斥，而且现实上大量有学问但丝毫不是人们行为的好榜样的例子已可以证明《大学》意义的“知”绝不足以产生道德意义的“行”，简单说认知意义的“格物致知”不足以产生道德意义的“诚意正心”[2]；同理，理雅各对《大学》的“范围与价值”之解说，也明言“中国权威体系关于知识与德行之间联系的说法是极其错谬的”。[3]与此相反，只有道德意义的“知”才是人们心灵纯洁化和行为的正直化的真正泉源（the right knowledge），而这在高大卫、理雅各看来只能是基督教的“神启”（revelation）之知。[4]

综上可见，马六甲英华书院的儒学研究，对同一时期华人源流的儒学研究来说，不仅出现层次的不同，而且整套体系也存在针锋相对的根源关系（“仁心”VS“神启”），已经到了一个近世“文明冲突”所说的

---

[1] David Collie, “Preface”, in *The Chinese Classical Work Commonly Called the Four Books* (Malacca: The Mission Press, 1828), p. iii.

[2] David Collie, “Ta Heo”, in *The Chinese Classical Work Commonly Called the Four Books*, p. 1.

[3] James Legge, “The Prolegomena: Chapter III-of the Great Learning”, in *The Chinese Classics* (Taipei: SMC Publishing Inc., 1861/1991), vol. 1, p. 33.

[4] Ibid..

时代。英华书院挟着英国伦敦布道会（London Missionary Society）的有力奥援（薛文舟等却还是清廷的化外之民），间接也得益于当时候的西方殖民政府（初是荷兰，1824年起为英国）的治理关系，不仅在体制上已有同时期的华人书院所不能及的完备，而且在学术上也有后者所没有的“东西和合”之胸襟与素养。特别是英华书院等与西方殖民政府作为一个整体的西方近世文明体系，在当时的马来西亚已经是一统治兼主流的势力，成为后来华人源流的儒学者亦不能不面对的现实挑战。

三、本时期重要儒学著作简介

承上所析，1877年前的马来西亚儒学出现华人和英国传教士源流的两个系统，从哲学角度来说分别是“仁心”和“神启”的不同传统，而以后者为大宗。这是学术史的事实，尽管传教士系统的社会基础与规模，远不若华人系统的为大而强。然而，就在华人源流的儒学还止于碑铭阶段的建庙、入祀或置冢之乡礼之学时，传教士源流的儒学不仅已遍涉经、史、子、集各部，而且还居于领先的地位。

从经部文献（小学类从略）来说，本时期最重要的著作莫过于高大卫《注解本英译四书》（*The Chinese Classical Work Commonly Called the Four Books*，1828年马六甲版）和理雅各到了迁港之后的1861年才出版的《中国经典》（*The Chinese Classics*）第一册（即《四书》），同一源流的马礼逊之《大学》译本之学术价值则较低；华人源流的薛文舟之《文舟乡礼》著作极薄，远不能和高、理二人之《四书》学相较，就是和《泰泉乡礼》等同类中国华文著作对读亦间距甚远，但因为它是另一“仁心”系统的仅有文献，故于学术史意义亦有不遑轻略的地位。从整体上来看，尽管麦都思和理雅各到了中国之后续有《书经》（*The Soo King or Historical Classic*，1846）等五经的译著，但在马六甲的此一时期可说是《四书》学的经学研究阶段，应属实事。

此一时期的史部著作，大致由诏令类、政书类、地理类三种组成，而以马礼逊、麦都思、郭实腊3人为主要作者。诏令类，散见马礼逊《中国杂记》（*Chinese Miscellany*，1825年伦敦版）和米怜《圣谕广训》（*The Sacred Edict*，1817年伦敦版）；其次为政书类，这种逼近今日“中国文明”或“中国文明史”体例的政书类著作很是不少，除马礼逊《中国大观》（*A View of China: for philological purposes*，1817年澳门版）、《中国历史和现状的对话》（*China: Dialogues between A Father and His Two Children Concerning the History and Present State of that Country*，1824年伦敦版）、麦都思《中国：现状与前景》、基德《中国文化大观》（*China, or, Illustrations of the Symbols, Philosophy, Antiquities, Customs, Superstitions, Laws, Government, Education and Literature of the Chinese*，1841年伦敦版）、郭实腊《古今万国纲鉴》（*Universal History*，1838年新加坡版）、《中国古代和近代史概述》（*A Sketch of China: Ancient and Modern*，1834）、《开放的中国》（*China Opened: or, A Display of the Topography, History, Customs, Manners, Arts, Manufactures, Commerce, Literature, Religion, Jurisprudence, etc. of the Chinese*，1838年伦敦版）等书外，论详备莫过于麦都思《中国：现状与前景》、郭实腊《开放的中国》二书，论意趣则要数麦都思《东西史记和合》一书最能把这些书的“东西和合”的企图与目的表达出来；再其次为地理类著作，也有一些，除麦都思《地理便童略传》（*Geographical Catechism*，1819）及其《王大海〈海录〉》译本（*Ong Tae-Hae, or the Chinaman Abroad*，1844年上海版）、郭实腊《万国地理全集》（*Universal Geography*, 1838）等外，还有不少游记类著作，此皆容略。

英国传教士源流的子部文献，主要是在传统儒、道、名、法、佛等子目之下，新增了一个基督宗教类，也就是来自基督宗教徒对儒学乃至一般华人学术文化的评议，是迄今马来西亚仍然不辍的学术传统。本时期的基督宗教类儒学文献，主要来自米怜和麦都思二人，其部分篇章见表四。

表四：米怜和麦都思的儒学类（中文）议论文

米怜	麦都思
《崇真实弃假谎略说》，1816年马六甲版	《中华诸兄庆贺新禧文》，1826年巴达维亚版
《诸国异神论》，1818年马六甲版	《清明扫墓之论》，1826年巴达维亚版
《生意公平聚益法》，1818年马六甲版	《普度施食之论》，1826年巴达维亚版
《赌博明论略讲》，1819年马六甲版	《妈祖婆生日之论》，1826年巴达维亚版
《受灾学义论说》，1819年马六甲版	《踏火之事论》，1828年巴达维亚版

米怜的以上各文，都是从基督教义来评议华人社会常见的社会行为与习气，如《崇真实弃假谎略说》从《圣经·以非所书》出发对华人社会种种谎言之危害及无法上天堂之议论做出驳正，《受灾学义论说》则从《圣经·以赛亚书》出发对华人社会的“错误”疾病观念做出劝诫等；麦都思的文章，则明显针对华人民俗节庆背后之“诸善奉行”“因果报应”“有求必应”等观念做出否定与诘难。[1]

至于集部文献，可能不若前述史、子文献为多，主要有米怜《张远两友相论》（1819年马六甲版）、麦都思《兄弟叙谈》（1828年巴达维亚版）和郭实腊《转祸为福之法》（1838年新加坡版）等白话文的话本小说（均为中文）。这些话本都是宗教类话本，共同特点是透过白话文的对话（如《张远两友相论》共20回）阐明基督教义，如米怜、郭实腊之基督救赎原理、麦都思之偶像崇拜等，不纯是文学性话本，一如今人所析：

> 很显然，这些传教士小说作者对自身角色的认识仍局限于16世纪以来的宗教话语，即视文字事工为宗教的中介和工具。他们对作品的艺术性、文学性并不真正感兴趣，不过是借用小说的形式而

[1] 具体分析，可见庄钦永：《十九世纪上半叶南洋基督教传教士对道教和中国民间宗教信仰的诘难》，《新甲华人史史料考释》，新加坡：新加坡青年书局，2007年，第293—316页。

> 已。由此带来的后果是，传教士小说往往情节简单雷同，内容芜杂，人物刻画肤浅，数据堆砌重复，描写粗糙——而这些还只不过是几个最明显的缺点而已。[1]

综上所述，在1877年前的马来西亚儒学已遍涉经、史、子、集四部，且子部还新增了一个基督宗教的子目。四部兼涉的是麦都思1人，其余经部可注意的是高大卫、薛文舟、理雅各3人（小学类暂略），史部有郭实腊、基德，子部亦有米怜，集部则唯米怜、郭实腊二人。按以上传教士著作还仅是当事人著作的一小部分，其余无关中国或儒学之完整书目，则见伟烈亚力《1867年以前来华基督教传教士列传及著作目录》一书。言下之意，如果单从传教士的学术背景来看，他们在和中国、儒学“和合”之外另有一完整的西方、基督宗教之体系，此方是其学问之本。

四、本时期儒学的发展特色

本时期马来西亚儒学尽管到后期渐有华人和传教士的双轨化发展的趋势，但其乡礼根基与意义，则未尝有稍异。我们知道，华人源流的儒学都发源于乡冢、乡祭、乡社，而传教士源流的儒学则立基于乡校，也就是三州府的义塾书院、英华书院、坚夏书院等就儒学典籍（教材）的研究，都是民间的儒家学术与活动，和后来士大夫阶层的儒学著作如张煜南《海国公余辑录》（1898—1899年）、辜鸿铭《尊王篇》（1901年，另题《总督衙门论文集》）等，其内容与意义很是不同。换句话说，这一时期的儒学研究，不论其内容有经、史、子、集之如何不同，均属民间议论，是一乡礼化之儒学时代。

[1] 见宋莉华：《传教士汉文小说与中国文学的近代变革》，《文学评论》，2011年第1期，第59页。

从图书的角度来说，此一时期之儒学书籍，特别是在英国伦敦布道会传入三州府后，进入印刷时代，为1600年以来华人源流的儒学所不能及。我们知道，从1600年以来的华人社会，其儒学载体之主要形式还是金石类的碑铭，纸墨仅限极有限的公共用途如青云亭之《祭祀簿》《青云亭条规簿》等，故薛文舟亦是一“石头上的儒家”。但是，打从英国伦敦布道会在1815年传入并先后建立起马六甲、新加坡和巴达维亚等三大印刷厂后，传教士学者的儒学论著均是以印本面世，且一本多地重印所在多有。如米怜《张远两友相论》于1819年、1831年马六甲初版、重版，旋于1836年起于新加坡、香港、伦敦、上海、宁波等地重印，据说“平均每两年就重刊一次，到1883年短短数十年间各类版本已达34种之多，20世纪以后还陆续再版”。[1]麦都思《东西史记和合》初亦于1829年巴达维亚刊印，后同年于马六甲再版，1833年马六甲又重刊。[2]这种例子很多，已经形成一种与中国同步的“纸本上的儒家”之图书文化了。由于传教士的儒学书籍已进入印本的阶段，易于传播，故其影响（此下一节另详）远非“石头上的儒家”之华人源流儒学的“安土重迁”所堪比拟，此如马六甲英华书院之印刷品引发中国洪秀全太平天国事件，或郭实腊《万国地理全集》之刺激中国思想家如魏源（1794—1857年）之《海国图志》（1843年初版）、徐继畬（1795—1873年）之《瀛寰志略》（1849年初版）等近现代世界地理观之著作，已众所周知，毋庸赘言。

本时期儒学的第三个特色，就是其汉语的白话化趋势，不仅与华人源流的儒学碑铭的文言汉语有异，亦为中国士大夫一时所不能接受者。本时期传教士著作包括《圣经》汉译本，主要采用通行于中国民间的演义小说之语体，且其白话之程度，如米怜《张远两友相论》所示，已与

[1] 见宋莉华：《传教士汉文小说与中国文学的近代变革》，《文学评论》，2011年第1期，第57页。
[2] 见伟烈亚力：《1867年以前来华基督教传教士列传及著作目录》，第36页。

今日汉语口语无异：

> 从前有两个好朋友，一名张，一名远，他们两个人同行路间，相论古今。远曰："我已听人说尊驾曾经受了耶稣之道理，而信从之。我看世人论说此事多有不同，且我自己不甚明白。今有两端，欲求尊驾解之。"张曰："岂敢！相公智深才盛，如何倒来求于愚弟乎？但既是相公自所愿，则弟应当尽心遵命，请相公说那两端出来。"远对曰："好说了。第一，信耶稣者，是何样人？第二，信耶稣者，日日之行如何？烦尊驾解这两端。"张曰……[1]

这种在今天来看甚为寻常的白话文行文，不但是领先后来1919年的新文化运动一百年，就是在当时受惠其著作甚巨的中国士大夫看来，亦不无"近泰西人无深于汉文者，故其文多俚俗不文"之评语[2]，其冲击由此可以想知。

话说回来，这一时期的儒学著作，史、子、集三部都没有采取注疏的形式，经部才明显受制于同一时期中国理学的模式，尤以朱子学为甚。其实，我们之视马礼逊、麦都思、基德等之史、子、集著作为儒学的一大主因，是因为他们都各自有经部的作品，如马礼逊之《大学》、麦都思之《书经》、基德之《千字文》等译作。但是，这一时期的儒家经学主要是高大卫、理雅各二人所奠下的《四书》学传统，且与中国传统的经典注疏模式无异，各以朱熹之《四书章句集注》为范本，视朱注如同经文一一译出，不敢越雷池一步，可见本时期儒学注疏的理学化或朱子学化也是一大时代特色。这点和后来辜鸿铭改《大学》之经一章、

[1] 见米怜：《张远两友相论·第一回》新加坡：坚夏书院，道光十六年（1836），第1页。
[2] 见徐继畬：《瀛寰志略·凡例》，转引自庄钦永：《郭实腊〈万国地理全集〉的发现及其意义》，《新甲华人史史料考释》，第275页。

传十章为经二章、传九章，或调动《中庸》三十三章之章次，无视朱注本身，是有很大不同的。

然而，此一时期儒学研究的最大特色，特别是来自传教士的经、史、子、集各部所见，就是把儒家、儒学视为一宗教，既与中国佛、道同列三教之一，也是基督宗教在中国的主要对话对象。自从马六甲英华书院创院人马礼逊的《中国大观》(1817)开始，就视儒家为中国宗教(religion)之一[1]，且这种把儒家建构为儒教的工作和视角一再在麦都思、高大卫、理雅各等人手上得到延续和强化，最终理雅各和近世宗教学之父的米勒(Max Müller，1823–1900)合作，将儒学列入其《东方圣书》(*The Sacred Books of the East*)之一，正式在国际舞台内将儒学作为中国宗教推介给世人[2]，再加上后来社会学三大创始人之一的韦伯(Max Weber, 1864–1920)在其"世界宗教的社会学"("sociology of world religions" project)计划等之推波助澜下，儒家作为一个世界大教的地位和形象可说是业已建构完毕。[3]言下之意，本时期之儒学研究影响后来世界儒学之发展居功厥伟者，在于其视儒学为一宗教，而不纯是一伦理学说或哲学，是谓儒学之宗教化亦为本时期之一大特色。

本时期儒学发展之另一时代特色，就是基督宗教传教士视儒学为一宗教或一文明，而为基督宗教或西方文明之"和合"对象。这种东、西和合的企图，远在马六甲英华书院的创立宗旨，即已如《英华书院计划书》(*General Plan of The Anglo-Chinese College, Formed at Malacca*)明揭为其目标如下。

---

[1] Robert Morrison, *A View of China for Philological Purposes* (Macao: The East India Company's Press, 1817), pp. 110–126.

[2]《东方圣书》的第3、16、27、28册分别为儒教的《书经》《诗经》《孝经》《易经》《礼记》，由理雅各翻译，另两册为道教类，"中国宗教"共计六册。

[3] Anna Sung, *Confucianism as A World Religion: Contested Histories and Contemporary Realities* (Princeton and Oxford: Princeton University Press, 2013), pp. 45–76.

> 本校执行双轨教育制，既教授中文，也教授欧洲文字。一方面令欧籍学生学习中国语言和文字；另一方面使恒河以东国家的学生学习英文和欧洲的文学和科学。所谓恒河以东的国家包括中国、交趾支那、东马来群岛的华人聚居区、琉球地区、高丽和日本。本校所教科目盼最终给学生以积极的影响，系统地教授学生基督教的真谛和东半球的一般文化知识。[1]

按这就是中西双轨式教育，也就是让已有“中国语言和文字”基础的中国学生“学习英文和欧洲的文学和科学”（反之亦然），同样的双轨要求也就出现在课本、师资等方面的安排上，如高大卫之译注《四书》，是出于“不仅协助学生们学习英文，还要特别引导他们去省思他们故往圣贤教诲的致命性错误”的教学目的。[2]出于这样“和合”的目的，本时期之有上揭之经、史、子、集方面之儒学或中国学论著的传教士，和尚仅止于以三州府为一“维邦”局面的封闭、保守华人源流不可同日语，且下开随后之不可挡的近代化趋势，此为本时期儒学发展之一大特色。

综上所述，本时期儒学的发展特色，本文以为至少有如上之乡礼化、印本化、白话（中文）化、理学（注疏）化、宗教化与和合化六大特点可言。

结语：本时期儒学的社会与国家影响

承上所示，本时期儒学发展既有如上所陈之六大特色，则其对当时乃至未来社会与国家之影响，亦于此可以推知。从某一方面来说，本时

[1] 中译见马礼逊夫人编、顾长声译：《马礼逊回忆录》桂林：广西师范大学出版社，2004年，第140—141页。更简要的英华书院计划，可见下页注［1］。
[2] David Collie, “Preface”, in *The Chinese Classical Work Commonly Called The Four Books*, p. i.

期之马来西亚儒学实际上是中国“双禁”政策的产物，既有严禁马来西亚华人回返中国发展的“海禁”政策，也有围阻欧美传教士进入中国宣教的“教禁”立场。可是远在中国还没有撤除“双禁”政策之前，马来西亚儒学已禁无可禁地冲进中国大地，改写后者的近现代进程。本文以下对这一进程的历史了解还很初步，暂就目前所知，依国内、国外二项史实，分述如下。

从马来西亚社会本身的角度来看，传教士源流的儒学既已远较华人源流的为先进，那么它对后者有何实质的启发和引领作用？单从薛文舟家族的发展来看，我们可以发现它促使后者的乡礼之学有进一步的乡校化、印本化的作用。从现有的证据来看，薛文舟对传教士在三州府的书院兴学活动并不陌生，他本人还和马礼逊之子马儒翰（John Robert Morrison，1814–1843）共同资助过新加坡的新加坡义塾书院（Singapore Institution Free School）[1]，这点对他及薛家后来进一步创立“读孔孟之书，究洛闽之奥”模式的崇文阁、萃英书院等学校，应有启发[2]；而且，华人社会自办的第一份华文日报《叻报》（1881年12月10日创刊）也出自薛家，是薛文舟的孙子、薛荣樾的儿子薛有礼，并自备印刷部[3]，与六十几年前的马六甲英华书院、新加坡坚夏书院之图书文化，已近同趋。换句话说，尽管二者之承继关系还有待详加考证，但华人社会后来的乡校化、印本化等发展，应该有受到传教士源流系统的启发，或属实事。

如果我们进一步将这个影响集中在学术史的层面，那么本时期儒学对马来西亚华人乃至中国社会本身的经、史、子、集各方面之作用，均

---

[1] 见*Singapore Institution Free School: Fourth Annual Report, 1837–1838* (Singapore: Printed at the Singapore Free Press Office, 1838), p. 29，转引自庄钦永：《1819—1844年新加坡的华文学堂》，《新甲华人史史料考释》，第178页。

[2] 崇文阁、萃英书院分别于1849年、1861年成立，时薛文舟已于1847年逝世，是他的次子薛荣樾（1826—1884）、三子薛茂元（1833—1879）等共襄义举的，见陈荆和、陈育崧编著：《新加坡华文碑铭集录》，第283—297页。

[3] 见吴庆棠：《新加坡华文报业与中国》，上海：上海社会科学出版社，1997年，第21—57页。

有一近代化之冲击与转型意义，殆无疑义。

本时期经学对后来的影响，马六甲英华书院末任院长理雅各很能说明问题。从英译的角度来说，后来回去中国北洋政府任职的辜鸿铭（1857–1928）对理雅各的英译很不满，他主译的《四书》（缺《孟子》，辜时对《大学》尚不满意，故正式发行只有《论语》和《中庸》二书）指出首先是出自翻译原则的考虑。

> 我的翻译标准是：彻底掌握其中意义，不仅对等译出原作的文字，而且再现原作的文体风格。因为正如华兹华斯……所说的："的确，内容是重要的，但内容均须由文体来表现。"而要能再现其风格，那种出自古代圣哲、在文学中称之为"style"的东西，就必须努力使自己具有圣哲的性情和心境……这并非一件易事。[1]

辜鸿铭认为理雅各的译本都再现不出《四书》的"内容"和"文体"，如他在1898年出版的英译《论语》就这么直接地指出：

> 任何人，哪怕是对中国语言一窍不通的人，只要反复耐心地翻阅理雅各博士的译文，都将禁不住感到它多么令人不满意。因为理雅各博士开始从事这项工作的时候，他的语文训练还很不足，完全缺乏评判能力和语文感知力……必须指出，尽管他的工作尽了力所能及的努力，是完全严谨的，但他却没能克服其极其僵硬和窄隘的头脑之限制，这是他的性情气质造成的结果。[2]

---

[1] 见辜鸿铭著，黄兴涛译：《英译〈中庸〉序》，《辜鸿铭文集》，下册（海口：海南出版社，1996），第509页。值得一提的是，时未被《辜鸿铭文集》一书收入的辜鸿铭英译《大学》一文，今已可见于http://thebamboosea. files. wordpress. com/2012/04/higher-education. pdf。

[2] 见辜鸿铭著，黄兴涛译：《英译〈中庸〉序》，《辜鸿铭文集》，下册，第345页。

而1906年出版英译《中庸》也是直指理雅各译本的不足：

> 这本书，连同另一本理雅各博士译作“伟大的学说”（Great Learning），或者准确地英译为“高等教育”（Higher Education）的书，可以被称为儒教的教义问答手册。我原打算将它们放在一起出版，但是按照我的翻译标准，另一本译著还未臻至圆满的境地。我的翻译标准是……（同前二引文，略）[1]

可见，辜鸿铭上引一说已暗示理雅各的英译《中庸》也是未符他的翻译标准的（同理，1915年才译成的《大学》序言也有同样的暗示）。[2]总结地说，理雅各上揭译经“内容”和“文体”上面的不足，或如辜鸿铭所明说的“必须努力使自己具有圣哲的性情和心境”上面的不足，表示他认为理雅各对儒家“圣哲的性情和心境”的理解还很不完善，故有重译以为替代的必要，足示其已成为世人所不可忽视之经学势力。

至于本时期史学的影响，我们也可以以后来出任槟城副总领事的张煜南（1851—1911）之《海国公余辑录》一书为例。马六甲英华书院郭实腊的史部著作，特别是《万国地理全集》为后来中国魏源《海国图志》、徐继畬《瀛寰志略》等所抄辑，前者一百卷中有六十几处明为《万国地理全集》内容，后者之引述更多，致使学人有无法胜举之烦。[3]王韬（1828—1897）曾评二书为“近来说海外掌故者，当以徐松龛中丞之《瀛寰志略》、魏默深司马之《海国图志》为嚆矢，后有作者弗可及

[1] 见辜鸿铭著，黄兴涛译：《英译〈中庸〉序》，《辜鸿铭文集》，下册，第509页。

[2] 辜言其译本“I have ventured to slightly rearrange the text as adopted by the great Chinese commentator Chu Hsi and followed by Dr. Legge”，见Ku Hung-ming, *Higher Education: A New Translation*, http://thebamboosea. files. wordpress. com/2012/04/higher-education. pdf。

[3] 详细的抄辑证据，可见庄钦永：《郭实腊〈万国地理全集〉的发现及其意义》，《新甲华人史史料考释》，第274—277页。

也"[1]，从而在士大夫阶层中掀起一股世界地理史和近代化史观之巨变风潮，就是远在印度尼西亚、马来西亚二地谋事的张煜南也不能免。张的《海国公余辑录》有六卷，附有《海国公余杂录》三卷，内有《推广瀛寰志略》《增益瀛寰近事》《辨正瀛寰志略》各一卷，旨在"近五十余年事，皆徐公目所未见，余始取诸家说以参其异，终成一家言以补其阙"（按：徐书著于1849年，张书著于1898年，相距50年），以成就"圣化由近以及远，修儒博古亦通今"之志，可见是继承徐继畬的近代化世界地理史观者。[2]本时期其他史部著作对后世的影响，本文此处虽仅提郭实腊一书，但读者也可以推知其整体情况了。

后来马来西亚儒学的研究者，特别是来自英语源流的辜鸿铭、林文庆（1869–1957）等人，很受本时期儒学宗教化的观点所影响，彼此各以儒教为一远较基督宗教文明、合理的宗教，且对基督教之儒教评论者有诸多驳斥与辩护。基督宗教的儒学研究在儒学子部占据一个稳定的学术地位与位置，已是后来的人所不能忽视的事实，且在西方文化形成一大势的近代远较独立后的现当代时期更是如此。林文庆1893年自英国毕业回到新加坡，他对基督宗教及其在西方历史的作用既有一手的接触与认识，又有民族文化认同的崇儒（尊孔）立场，林对基督宗教的批评一直到老年才稍告平息。林文庆甚至在1895—1910年的15年间，与布里奇斯（R. E. H. Brydges）、威尔金森（R. J. Wilinson）、慕雷（W. Murray）、里德利（H. N. Ridley）等人持续论战，为儒教辩护，学人曾综括此一论争如下：

[1] 见王韬：《弢园文录外编》卷九，转引自白寿彝主编：《中国史学史》（北京：北京师范大学出版社，2004年），第309—310页。

[2] 见张煜南：《自序》，张煜南辑、张鸿南校：《海国公余辑录》，梅市：张洪钧、林素琴助印，2005年，第8—9页。

林文庆挑起的世纪之交宗教辩论持续了至少15年之久，不少西人传教者和教徒参与。双方或在团体组织发表演说（如基督教青年协会、孔学堂和好学会等），或直接在前述的杂志、会刊、报章上撰文，互相批评和抗辩，非常热闹，单是本书所引用的文章已有34篇。他们争辩的重点包括：儒教是否是一种宗教？基督教教义是否荒谬和不合情理？儒教是否保守迷信（指先人祭拜）？基督教是否充满斗争和血腥？两者作为宗教信仰孰优孰劣？两者在伦理道德上孰强孰弱（以孔子的忠恕之道和耶稣的以德报怨为焦点）？何者真正尊重女性？何者经受得起科学的考验？何者对人类和文明有贡献和影响？[1]

在这方面，林文庆对基督教的评价是负面的：

林文庆反对基督教，更可从他作品中大量的批评、驳斥，甚至攻击该教的文字看出，其中有专门评论的、有借题发挥的、有通过比较褒儒贬基的，而第三种更是常见。他评论基督教的教义和圣经的内容，例如：上帝创世、亚当堕落和耶稣赎罪等说法，不合科学；上帝优待犹太人，纵容他们的罪行，无视无辜者受牵连，不合道理；耶稣教导信徒以善报恶，爱自己的敌人，忍受不公正的迫害，不合道德；基督教强调博爱，一开始就呼吁去爱所有的人，忽略爱是一种艰难的循序渐进过程，不合人情。他抨击基督教徒的好斗好战行为，形容古往今来，基督教教派之间的仇视、纷争、流血是其他宗教望尘莫及的；指责基督教徒自称文明教化，却在非洲和

[1] 见李元瑾：《东西文化的撞击与新华知识分子的三种响应：邱菽园、林文庆、宋旺相的比较研究》，新加坡：新加坡国立大学中文系、八方文化，2001年，第274页。

远东各地进行掠夺战争，自我暴露欧洲人野兽般的素质和欧洲文明的低劣性。总之，林文庆对基督教教义和基督教徒行为，一直就给予不客气的批评。[1]

而他始终推崇儒教为一个更合理、优秀的人类宗教：

林文庆认同儒教是一种宗教，而且最最优秀的宗教。其论点如下：它是由伦理、政治和宗教三者构成，宗教为不可缺乏的部分；它是一种最高级的宗教，规定了人类的责任和义务；它是合乎理性的一神教，类似18世纪欧洲哲学家提倡自然宗教，孔子对宇宙起源、神鬼、来世等都保留不可知的态度。综合他有关言论：儒教是一神教，但不对这位最高主宰的特征有所启示，这些只有靠人们的理智、知识和幻想，从自然现象中去推论。其实儒教所谓神或上帝就是绝对的理，儒教所谓天是宇宙至高者的象征，天赐人类理性和智慧，人类心思之运用于现实生活即是天之意志的间接反映，人类的心思才是决定人类命运的重要因素。儒教虽然假定神的存在和统治，但也认定世界并非神之变化无常的旨意所造成，而是由天植于人心的仁慈和美德等不变的原则演化而成。于是，儒教没有天堂和地狱，没有僧侣或圣徒，人们的成功来自对真理的献身和对责任的尽力。总之，儒教是理性的、科学的、入世的、适用的宗教，也是人类最优秀的宗教。[2]

[1] 李元瑾：《东西文化的撞击与新华知识分子的三种响应：邱菽园、林文庆、宋旺相的比较研究》，第268页。

[2] 李元瑾：《东西文化的撞击与新华知识分子的三种响应：邱菽园、林文庆、宋旺相的比较研究》，第265页。

显然，林文庆的上述言论不是针对此前的米怜、麦都思、郭实腊等儒学论著而来，实际上也无其必要，因为儒教对基督宗教批评打从开始以来就未曾间断过，所以直接响应他们的现当代发言人毋宁是更为务实的做法。

最后，本时期儒学集部著作对后世最根本的影响，就是体现在汉语文和汉文学的近现代变革上。如上所述，米怜的白话文话本小说《张远两友相论》打从1819年发表以来，就一路多地重版，到1883年已达34种版本，且“由该书创造的叙事框架深刻地影响了在华传教士的写作，不断有传教士进行仿作和续作”，致使传教士中文白话小说由此大行其道。[1]何以五四运动以来的白话文运动是“欧化的白话文”之原因，近人以为其一即是传教士对传统汉语文体的白话改造与写作结果：

> 传教士的白话写作及白话的成功推广可以视为“五四”白话之前所进行的多元准备之一，是现代白话的阶段性成品。不看到这一点，就无法对白话文运动做出准确的描述。现代文学研究者吴福辉指出，对于“五四”白话何以会发展成“欧化的白话文”，要从晚清以来的文学和语言的现象中去寻找历史的线索，特别要注重对翻译文学的研究。晚清渐渐有了中国章回体以外阅读要求的读者，很长时间里读的大部分就是翻译小说。对翻译白话的作用，不可小视，它提供了大量渗透外来词汇和句法的初步经验，并为“五四”白话直接提供了样本。传教士撰写及译述汉文小说无疑可以列为最早的样本之一。[2]

[1] 见宋莉华：《传教士汉文小说与中国文学的近代变革》，第57页。
[2] 宋莉华：《传教士汉文小说与中国文学的近代变革》，第60页。

由此可见，从米怜1819年的《张远两友相论》到1919年中国新文化运动发起白话文运动的百年之间，白话文的语体变革业已发酵成功，成为一股不可抵挡的时代风潮与趋势，可见其作用着实非同小可。除此之外，从文学性的角度来看，传教士白话话本小说的文艺性匮乏，对后来曾锦文（1851–1920）等人之从事中国古典小说的马来文翻译是否也有激发的作用，由于学者研究还很不足，本文也仅能存目于此，以俟来时。

综合如上所言，1877年前的马来西亚儒学既有如上之时代特色与意义，实已为同一时期中国士大夫所留意与正视。马来西亚儒学虽是中国“双禁”政策下的产物，它实已自19世纪40年代起陆续在中国引起今人所谓的蝴蝶效应，除太平天国事件外，士大夫如魏源、徐继畬等的近代化之世界地理史观，再加上应付洋务的需要，中国政府已注意起南洋教育与学术的存在与意义。力钧（1862—1925）在1882年中举后的1884年曾南来行医，在其《槟榔屿志略·建置志》一处曾透露士大夫之间有不少议论，以为应向南洋取才以应中国时务所需，其如：

> 欧阳炳荣《备夷策》三曰：考取洋学以广人才，而供驱使也。宜于南洋各岛兴立书院，训课洋学，翻译汉文，考试一准内地生员定制，与以顶戴；拔其尤者，咨送总理衙门以备应用。此后办理中外交涉事件情形，必能熟习措施，必无乖违。以及制造管驾诸事，取之洋学有余，较之特遣幼年子弟分投外洋学习费多人少，其效何如！
>
> 黄懋材《南洋形势论》，一曰考取洋学以罗人才。查各国互市，办理洋务，急需人才。中华特遣幼年子弟分投外国学习，为数有限，经费甚巨。不若于南洋各岛，兴立书院，训课洋学，翻译汉文，其经费由商民自筹，每隔三年考试一次，择其尤者作为生员，给以顶戴。再至三年复试之，择其尤者咨送总理衙门，学习仪节以

> 备翻译领事之用。外国语言文字，必须自幼学习，始能精通；内地学者，不能兼擅。而华人生长海外者，又多解洋文而不谙华语，求其中外兼通，足任翻译之事者，颇难其选。况乎领事之职，办理交涉事件，尤宜畅晓洋文，熟悉土语，而后情形无所睽隔，措施鲜有窒碍。若专设一科予以登进之路，彼旅居华人不致自外生成，必皆踊跃从事，而朝廷声教远被遐陬，尤足以维系人心，鼓舞人才，因时制宜，获收洋学之实效矣！[1]

从以上“考取洋学以罗人才”策论的内容来看，一再建议在南洋各岛兴立书院，训课洋学，翻译汉文，这点和马六甲英华书院的中、英双轨式教育无异。具体原因，或因“外国语言文字，必须自幼学习，始能精通；内地学者，不能兼擅”，或因“中华特遣幼年子弟分投外国学习，为数有限，经费甚巨”，所以“宜于”“不若于”南洋群岛办学“考取洋学以罗人才”来得实效。问题是，为什么当时（1884年前后）中国的士大夫已有如此的认识与策论？这不正是这一时期马来西亚的儒家教育与学术业已发酵与成功的象征吗？

（作者单位：马来西亚拉曼大学中文系）

[1] 见力钧：《槟榔屿志略》（双镜庐排版，年月不详），卷六，第1、3页。

学者访谈

人权论域中的《孟子》诠释*

——格雷戈尔·保罗教授访谈录

受访人：格雷戈尔·保罗（Gregor Paul）

访问人：韩振华

【访谈按语】格雷戈尔·保罗，德国卡尔斯鲁厄（Karlsruhe）理工大学哲学研究所教授，德中友好协会主席。1947年生于德国马格德堡，先后在图宾根、海德堡、曼海姆大学求学，主要学术兴趣集中于逻辑哲学、认识论、比较哲学、美学、人权理论。在比较哲学研究领域，擅长欧陆哲学与中国传统哲学、日本文化之比较。主要论著有《儒学诸面相》（*Aspects of Confucianism*, Frankfurt a.M.: Peter Lang, 1990）、《孔子》（*Konfuzius*, Freiburg: Herder, 2001）、《德意志启蒙与儒家的伦理学：论沃尔夫〈关于中国人之实践哲学的演讲〉》（2007），参编《人权论域中的〈孟子〉：中国、日本和西方接受〈孟子〉的里程碑事件》（*Das Buch

* 本次访谈受到北京外国语大学基本科研业务费青年创新团队支持计划资助。项目名称：1990年以来欧美儒学研究的新进展及理论回应（批准号Z016JT001）。

Mengzi im Kontext der Menschenrechtsfrage. Marksteine der Rezeption des Textes in China, Japan und im Westen, Berlin: LIT Verlag, 2011）等。

2014年9月，保罗教授应邀参加“纪念孔子诞辰2565周年”国际学术研讨会暨国际儒联第五届会员大会，期间笔者围绕西方《孟子》研究等话题与其相约进行了此次访谈。访谈时间为2014年9月26日，访谈地点为北京工人之家酒店。

本访谈以英文进行，后由韩振华翻译、整理为中文。保罗教授审校过译文，并慨允发表。本访谈中所有注释都是由韩振华添加的。

韩振华：尊敬的保罗教授，感谢您应允进行这次访谈。前几年，您与罗哲海（Heiner Roetz）、欧阳博（Wolfgang Ommerborn）两位教授合作主持了“人权论域中的《孟子》：中国、日本和西方接受《孟子》的里程碑事件”这一课题，并且出版了同名论著。我的问题是，当你们以人权视角来观照儒学和中国传统思想时，为什么会特别看重孟子而不是其他思想家？

保罗：罗哲海和我本人都认为，《孟子》一书形成并表达了一种“人的尊严”（human dignity）的观念和意识，这与西方哲学和伦理学中所谓的“人的尊严”观念非常相近。当然，“人的尊严”观念与所谓的“人权”观念还是有差别的。“人的尊严”不容侵犯，必须得到尊重，但是这并不等于说《孟子》一书中就包含了“人权”观念。我们并没有这样主张。不过我们仍然坚信，这部书中包含了一种“人的尊严”观念。依照一些西方哲学家的看法，“权利”意识植根于诸如“人的尊严”这样的价值观念之中。你或许已经知道，德国《宪法》的第一句话，也是最重要的一句话就是，“人的尊严必须得到尊重，它不容侵犯”。我们相信，《孟子》一书中的“天爵”（the Heavenly Rank / the Nobility of Heaven）观念，实际上就是我们所说的“人的尊严”观念。《孟子》一书宣称，每个人都具有源于上天赋予的一些德性或（道德）潜能，这是人之“性”

的本然状态。孟子明确区分了“天爵”和“人爵”：天爵是上天给予每个人的德性或（道德）潜能；而人爵是权势高的人给予权势低的人——比如说大臣——的爵位，其实“教授”也是这样的一种“人爵”。在孟子看来，“人爵”可被给予，也可以被剥夺，而“天爵”这种由上天赋予的、旨在成人的潜能却是不能丢弃的。接下来，孟子最重要的主张是，人们宁愿生命被剥夺，也不愿意没有尊严地活着。例如，即使是一位乞丐，也不愿意接受在丧失尊严的情况下被施舍的食物；与其没有尊严地接受食物，还不如忍受饥饿。站在哲学的视角上，我们可以比较一下孟子的“天爵”观念与西方相应的观念。有些学者认为，在《孟子》或《论语》以及其他中国经典著作之中，没有“道德自律”（moral autonomy）观念。然而，如果我们更加细心地来看康德的“道德自律”观念，那么我们可以发现，一个人要想成为道德自律的个体，就必须将其自身交给普遍的“道德律令”。这并不意味着人可以免于成为“道德人”。要想成为一个“道德人”，就必须遵从“道德律令”的要求，而并不是人可以为所欲为。——康德如此来界定“自律”，并不是一种“个人主义”式的规定。所以，依照所谓的西方哲学，遵从某种道德原则，才能成为道德自律的个体，才能成就其自身。这绝不是自由主义，或自我主义式的。而按照孟子的看法，人应该遵从“道”的要求，来决定什么是人应该坚持的（“大体”），什么是人应该避免的（“小体”），或者说，人应该把这种德性实现出来。在这个问题上，孟子与西方哲学的论说结构是完全相同的。遵从某种道德要求或道德原则，这是成为道德自律个体的关键。这就是“自律”一词的真实含义，而并不是自我主义者所认为的那样。这也是孔子的主张。孟子和康德在道德自律问题上的相似性给我们的启示是，我们确实可以在儒家文献中找到“人的尊严”观念。而如果翻开一本西方词典或百科全书，你会发现“人的尊严”是每一个人都拥有的，也是每个人至为看重的属性。如果认同这一界定，那么你会发现，孟子也将“天爵”赋予每一个人，也将其视为人的属性。这是为什么我们会主张孟子给予“道德自律”和“人的尊严”以优先权的原因。西方很多讨论儒学的学术著作中都讨论到了孟子，而关于《孟子》书中是否有“人的尊严”观念，仍然是一个存在争议的话题。有些人认为中国哲学经典中没有这些观念，我们不同意这种看法。这是我们从事此项课题的主要动机。

韩振华：很多中国学者更倾向于挖掘中、西思想的差异，就像今天上午您所在的分会场，最后大家胶着在现代汉语的“权利”跟西方语言的“right”之间是否完全对等的问题。不光中国学者是这样，很多西方汉学家也有这种倾向。罗哲海就曾批评安乐哲（Roger T. Ames）等美国汉学家的新实用主义倾向。在所谓的“语言学转向”之后，安乐哲等人往往从语言的差异入手，来凸显中、西思想之间的差异处，并反对把所谓的西方思想读入中国思想之中。与之相对，罗哲海，可能也包括您在内，则持一种不同的立场。您如何看待当前汉学研究中的弃同求异倾向？

保罗：我认为这一问题不必过度强调。如果你认真地从事比较研究，不管是比较两种文化，还是比较两台电脑，你必然会发现它们之间的相同之处和相异之处。相似和相异都是存在的。如果同时注意到相似和相异之处，这并不会成为什么问题。你总会发现两种文化之间的相似与一致之处，所有的人毕竟都属于“人”这一类。孟子也表达过类似想法，他说所有的禽兽都共享了“禽兽”之性，所有的狗都共享了“狗”之性。那么，为什么不承认所有的人都属于“人”这一类呢？安乐哲可能会觉得这一点没有什么意思吧？（笑）但是，你是否认真地对待所有人都属于“人”类这一事实，这并没有那么重要，因为，这一事实已经隐含着，我们所有人都拥有一些共同的东西。如果安乐哲认为这是无意义的一些事实，那么，一个后续的问题就产生了：到底哪些（人类的）共性（commonalities）是有意义的呢？以及，从哪个方面来说，这些共性才是有意义的？实际上，同样的质疑也可以向突出差异的人提出，并不是所有的差异都是有意义的。你可以区分出两个鸡蛋的差异，可是，没有人觉得这是多么有意义的事。所以，如果你打算找出两个事物的差异之处，或者你打算找出两个事物的相似之处，你都需要证明这样做是有充分理由的。也就是说，不管是求异，还是求同，你都要提供这样做的理由才成。在我看来，明确地讨论差异，或者明确地讨论共性，都只是在某些方面是有意义的。再说一遍，从逻辑的观点来看，你总是能找到事物之间的差异，或者事物之间的共性，当然你也可以在寻求差异的路上无限走下去。这个鸡蛋比那个大一点点儿，甚至比其他的大很多倍，诸如此类，可以说很多。我要向安乐哲提的疑问是，他并没有给出充分的理由来说明为什么某些共性没有意义，而某些差异却是很有意义的。还有另一个问题，在他和郝大维（David L. Hall）合著的书《通过孔子而思》（*Thinking Through Confucius*）中，他依然在做这样的事——这本书主要诠释《论语》，也涉及《孟子》，安乐哲在进行诠释时，不断地将《大学》和《中庸》的材料、思想包含进来。而罗哲海和我却认为，《论语》与《孟子》存在较大的差异，当然也与《大学》《中庸》迥然有别。朱熹把这四部书合在一起，从而有了“四书”一说。但是，对于某部经典的解读，必须严格依照这部经典的文本来进行。郝大维、安乐哲、杜维明却把大量的儒家经典拢在一起，进而达到对儒学的某种所谓“全面解读”。杜维明尤其如此。如果稍微夸张一点儿来说，他们解读出的一会儿全部是形上学，一会儿全部是本体论，一会儿又是对“诚”的无比推崇。但是，我并没有在《荀子》中发现这些东西，也没有在《论语》中找到所有这些东西！在我看来，他们这样做是把许多存在差异的文本资源混杂在一起了！而罗哲海和我运用不同的材料时，会做出区分。安乐哲也喜欢区分辨别，但他并没有在某些文本之间做出区分。作为一位语言学家，他在选取文本资源时本应该特别小心。既然安乐哲事实上使用文本的方法跟罗哲海和我不一样，他当然会得出不一样的结论。那么，现在重要的是什么呢？在罗哲海和我看来（我跟他的很多观点是一致的；我们是在完全各自独立的情况下得出了相似的结论，有很多年我们并不知道彼此，也没有读过对方的著作），至为重要的是要搞清楚，在中国哲学中，我们能够辨识出思想、论证、伦理学的批判性、理性基础，这一基础在原则上与其他传统是共同的。然而，安乐哲和杜维明却认为最为重要的是，儒学是本体论意义上的理论，也是精神性的（spiritual）。在我看来，这样做就把儒学神秘主义化了。他们认为，借助儒学这种替代性方案，我们西方人可以纠正所谓“逻各斯中心主义”“个体主义”或“利己主义”（egoism）带来的弊病。但是，从语言学视角来看，在西方哲学中，“个体主义”或“利己主义”是有明确区别的；而且，还有“集体利己主义”，它要比“个体利己主义”更为危险。西方哲学认为，“个体主义”与“利己主义”或“利他主义”的问题是不相关的。西方哲学有“利己主义”“利他主义”，二者是相互对立的；西方哲学也有“个体主义”，以及“社群主义”（communalism）。但是，如我刚才所说，“个体尊严”是与“利己主义”无关的。所以我认为，郝大维、安乐哲和杜维明对儒学的基本定位是有问题的。当然，“差异”本身应该指出来，也应该得到价值上的判定。在我看来，西方哲学——其实我不喜欢用“西方哲学”这么大的概念，所以我应该说——某些西方哲学与古典儒学的重要差异可以这样来描述：柏拉图主义——虽然并非所有西方哲学都是柏拉图主义的，但是柏拉图主义确实是西方哲学的主干——设定了很多对极性的二元论，比如“mind”与“heart”的区分，“feeling”和“soul”的区分；但古典儒学并没有这样做，而是对人之所是问题采取了一种整体主义的观点。你们有一个汉字“心”，对应的是mind和heart二者，所以会被译为“mind/heart”。但区分二者实际上是非常重要的。另一个例子或许没有第一个例子来得明晰：我们有审美教育的观念，然而我认为最有趣、最有价值的审美教育理论是荀子的“礼”，这一理论旨在告诉人们如何克服内在知识与外在行动之间的鸿沟。人们必须通过学习艺术、诗歌等，变得对情感敏锐起来，并且最终采取恰切的行动。人们要想塑造自己和自己的情感，就得通过艺术实践、诵读诗歌等等，演习礼仪，让自己变得有礼貌和高雅。习惯成自然，人就发展成一种类似道德的形态了。我们常常知道自己应该做什么，却不愿意那样去做，这里也存在着一个“鸿沟”。实际上谁都知道，有时我们喜欢这样做，却也知道自己不应该这样做。但是，如果你经历了全部的细节，你会发现，审美教育可以让人们更容易依照道德所允许的方式而行动，而且，人们的行为也会更为恰当，更为优美。包括《论语》在内的（中国）古典哲学，在审美教育问题上不认为存在着这样一种（意志和行为的）二元论。这是我所说的另一个必须指出来的重要差别。所以，不能说中、西哲学是全然相同的。

韩振华：您说得很好！不过，大部分中国学者仍是自然自发地，或是受到安乐哲、杜维明等学者的影响，强调中、西哲学思想之间的差异。而且，政府层面有时也有意无意地这样做，而更愿意谈中国的特殊性。可能有些中国学者不会欣赏您与罗哲海、欧阳博所主持的“人权视域中的孟子”课题，他们可能会认为，你们用“人权”等西方概念来解读《孟子》，实际上是把西方观念“读入”了《孟子》，由此孟子自身的思想反而被遮蔽了……

保罗：我完全明白你的意思，在这个问题上我写过很多文章。我可以给你一篇我的文章[1]，这只是一个例子。你看，像我这样来解读《孟

[1] 保罗教授从茶几上取了一篇抽印本论文，题为“Confucian Universalism as a Driving Force of Humanity: The Timeless Lesson of Japanese Confucianism”（《作为人文驱动力的儒家普遍主义——日本儒学的生动一课》）。此文以日本学者的《孟子》诠释为例，论证将孟子的核心观念重构为“道德自律”“人之尊严”等普世价值这一做法的正当性，并驳斥那种视这种做法为“欧洲中心主义式的误读”的看法。2013年，台北“中研院”举办以“跨文化视域中的儒学：现代发展”为主题的第四届国际汉学会议，保罗教授提交了这篇论文。

子》，并不是将某种西方观念“读入”中国经典之中。这并不是文化中心主义式的一种表达。为什么呢？因为日本学者在三百年里诠释《孟子》时也得出了跟我们相同的结论，他们当然不是欧洲人！大概从17世纪到“二战”结束，许多很有影响的日本学者和政治家认为，孟子的“天命”观念是个体主义的、利己主义的、非理性的、鼓动骚乱革命的理论，这跟罗哲海和我的诠释或多或少是类似的。但是，在某些日本学者看来，因为孟子允许废黜或诛杀君主，所以孟子的理论是邪恶的。在《孟子》一书中，诛杀暴君是有理由的；在《荀子》中，诛杀暴君也是合理的。依照这些日本学者的做法，他们最终会走向民族主义和沙文主义，因为这一诠释进路最终会支持日本的帝国主义和殖民主义主张。这些日本学者认为孟子思想是邪恶的，但是按照我们的看法，孟子的个体主义、理性观念，以及诛杀暴君（tyrannicide）的想法却是有价值的。这是日本学者与我们的唯一区别。不过，如果只是看对于《孟子》自身文本的诠释，一个明显的事实是，说我们将某种西方观念读入《孟子》之中，这是不正确的！因为日本学者在三百年时间里诠释《孟子》时得出的结论是跟我们相似的，他们当然不是欧洲人，也没有受到欧洲的影响。那种“西方误读论”的批评完全是无稽之谈！让我们仍然从逻辑的角度来看，如果你正视所有人都属于“人”类这一事实，那么，所有人之间不可能没有基本的共性。之所以如此，是因为如果不这样，在逻辑上就是自相矛盾的。你必须承认确实存在着一些共性，哪怕这些共性并没有那么重要。如果你要论证中国的独特性和中国特有的方面，那么在我看来只有一种进路是可行的：我们拥有这样那样的传统，但是，按照墨子、庄子甚至荀子等中国古典哲学家的看法，“传统”本身是没有价值的。但是你可以论证，我们拥有这样的传统，改变这一传统将会是非常困难的；即使我们的传统存在一些缺点，要想激烈地改变它，仍会造成较之于那些缺点更大的恶。而行事原则告诉我们，应该尽量少地制造恶。你可以举例说，看看苏联解体的后果，再看看伊拉克、利比亚等国的现状。简单地说，不能出于诸如违反人权等理由，就使用暴力强行改变一个传统，否则，这样做的结果可能要比现行的体制更坏。那些所谓的西方国家在近东地区做了些什么呢？如果他们真的拥有民主意图，那么这当然值得认真对待，但是，他们基本上只是撒谎，而没有什么民主意图。即便他们真的想在近东地区建立民主，他们也不能这样做，特别是不能为此采取暴力的方式！非常清楚的是，他们从一开始就应该意识到，现在的情形要比之前的情形更糟。所以，中国政府可以采取的一种正当有效的论证方案是，我们不能改变这一方面或那一方面，原因是改变之后的情况很有可能比现在更糟。这是一种可行的论证方式。然后，你才可以讨论中国的独特性。中国的这种特殊性跟精神、思想无关，也跟本性无关。“传统”本身并不是理所当然正当的，因为有可能这是一个认可谋杀的传统，也可能是一个认可严酷虐待的传统。传统本身是多元的。但是，改变传统之后，实际使得情况更糟，最终却要为了获得某种“善”，这是不可以做的。在此意义上，我们应该坚持某种传统。例如，如果在政治问题上放弃某种传统很快就会导致发生内乱，那么我们当然不能这样做，否则就会陷入像伊拉克那样的境地。这就是我的主张。

韩振华：在人们的意识里，以“五四运动”为界，新中国和旧中国之间存在一条鸿沟。“五四运动”中的新式学人激烈地批判儒学，将其视为导致中国落后、“挨打”的罪魁祸首。1949年之后，特别是在“文革”中，批判孔子，“破除四旧”的口号也不绝于耳。现在，新的领导人重新强调儒学在今天的重要性，学界也有“儒学复兴”的说法。您如何看待这一现象？

保罗：首先我想说的是，“五四”时期的学者批评宋明理学或朱子儒学，这是正确的。不过，他们对孔子、孟子和荀子的批评却是不正确的。这里我依然要对不同形态的儒学做一个区分。汉代儒学糅合了法家、儒家、宇宙论、形上学、阴阳理论等各种各样的资源，"五四"学人对它的批评也是正确合理的。现在的问题是，新的领导人所说的"儒学"到底指的是哪一种儒学呢？我已经一遍遍地强调过了，我们需要区分各种存在根本差异的儒学形态。有时，"儒学"一词并没有其具体所指，当说"儒学主张什么什么"时，"儒学"被本体论化了。但是，这种儒学跟《论语》和《荀子》有什么关联呢？没有！荀子已经批评孟子了，因为孟子具有一种形上学倾向。所以，我不知道新的领导人所说的"儒学"到底何指，可能也是"本体论"意义上的？我的意思是，必须以某种方式对儒学做出恰切分类。如果现在提倡的是汉代那种形态的儒学，那么就没有什么值得称赞的了。如果是在这种意义上说儒学的"复兴"，那么没有这种"复兴"也无妨。如果提倡的是一种理性的、批判性的儒学，那么我就会说："嗯，这很好！"不过，话说回来，问题是"复兴"到底指的是什么？儒家经典能够为当代中国政治贡献什么？又是在哪个意义上说"贡献"？就如我为本次大会提交的论文[1]中所说，你当然可以依据儒家经典，强调应该选择智慧而有道德的领导人，然而，且不说这是否可能，这种看法并不是儒家特有的。世界上每个人都有这样的期待，欧洲所有的政治理论，除了某些专制主义理论，也如此主张。按照古典儒学的观点，善好的东西应该是普适的，而普适的东西并非仅仅是儒家所主张的东西。所以，要想利用古典儒学来证成某种中国特色论，将会是难以做到的。古典儒学主张的内容应该是具有普世性的，是普遍适用的。恰恰因为这种普遍适用性，那些主张也就不仅仅是儒学特有的。假设我是一个中国人，我在解读西方哲学时也会说："看，

[1] 保罗教授提交的论文题为"Rule of Virtue and Rule of Law"（《德治与法治》），通过引述卡尔·波普尔（Karl R. Popper）的观点，讨论如何将"德治"和"法治"结合起来，以实现一种更可接受、也更为切实可行的治理结果。

西方哲学中也有德性理论，也有特别推崇‘道德人格’的观念！”我不觉得，我把中国观念读入了西方哲学文本之中，我只是想指出，中国经典同样为具有普世性的价值规范做出了正确的、恰当的辩护！所以，通过借用儒学来强调某种中国特殊性，是难以做到的。强调你的哲学是最好的，也就同样认可这一哲学具有普世性的重要性。如果你强调中国的特殊性，那么也就等于认可中国哲学并没有那么好；如果你强调德国的特殊性，那么也就等于认可德国历史上的黑暗面。我的意思是，歌德或席勒思想中那些最好的部分，并不只是属于德国，也属于全世界。说它们是德国特有的，其实是无稽之谈！

韩振华：在“人权论域中的《孟子》：中国、日本和西方接受《孟子》的里程碑事件”课题中，您主要负责日本与西方接受《孟子》的那些部分。刚刚您提到日本接受《孟子》的一个实例，我觉得这个实例很典型——通过考察孟子思想与日本某一历史时段政治思想的交互作用，更为清晰地展现出《孟子》文本所具有的特定潜能。那么，关于西方世界接受《孟子》的情况，您能否也列举几个“里程碑事件”？

保罗：如你所说，《孟子》在日本的接受情况，可以在我的这篇文章中略窥一斑。至于《孟子》在西方的接受情况，其实并没有像在东方表现得那么具备重要性。西方接受《孟子》的“里程碑事件”，其实主要是《孟子》的翻译与诠释，比如说英语世界中的理雅各（James Legge）译本，或者德语世界中的卫礼贤（Richard Wilhelm）译本。这些翻译当然也是诠释，它们构成了某些西方学者东方论述的理论基础。比如说，韦伯（Max Weber）就在这一基础上建构了他的某些社会学理论。《孟子》对西方的影响，或多或少只是限定在学者圈子里。有可能孟子的某些思想影响到了1948年联合国《世界人权宣言》的建立，但是这一点并不是非常明确。我曾读过《世界人权宣言》的完整文本，也在本次会议的论文集中认真对照过，最后发现我这样做有点徒劳。也许这一问题还需要进一步研究。我们确实有一些线索，找到《孟子》某些理念在《世界人权宣言》中发挥作用的一些可能。西方接受《孟子》的第三个例子，也是一次学术讨论，其核心话题关系到《孟子》一书中是否包含了“道德自律”和“人的尊严”观念。其中，一位美国汉学家，女汉学家，她的名字我一下子想不起来……

韩振华：您说的是华霭仁（Irene Bloom）？

保罗：是的，是她！她就围绕这个话题发表了好几篇论文。我推测，关于这一话题的讨论大概已经进行了40年，现在这一讨论仍在继续着。除了学界的讨论外，就我所知，《孟子》并没有对西方政治产生什么实质影响。

韩振华：就我的观察而言，您的这一判断基本上是准确的。不过，您并没有提到沃尔夫（Christian Wolff）……

保罗：啊，你是对的！我差点把他忘了。在书中我曾提到过他，我甚至还写过关于他的一篇文章。

韩振华：1721年沃尔夫发表了《关于中国实践哲学的演讲》，他关于中国哲学的了解，主要来自卫方济（Francis Noël）翻译的《中国六经》。[1]卫方济将《孟子》全文翻译为拉丁文，这是《孟子》在西方的第一个完整译本。

---

[1] 全称为《中国六经：〈大学〉〈中庸〉〈论语〉〈孟子〉〈孝经〉〈小学〉》，1711年出版于布拉格。

保罗：是的，我完全同意你的观点！我曾写过一篇文章，讨论沃尔夫与中国伦理学之间的关系。

韩振华：我读过您的那篇文章，何乏笔（Fabian Heubel）将其翻译为中文发表过。[1]

保罗：是的。这或许是《孟子》对西方产生政治影响的唯一例子。沃尔夫因为这篇演讲，被控告为无神论者，并被迫离开了普鲁士。

韩振华：沃尔夫发表这篇演讲时在哈雷大学，他确实因为发表这篇所谓的“无神论”演讲而引发了与虔信派的激烈争论，最终失去了教职。但是，因祸得福，这个事件其实也成为让沃尔夫名声大噪的一个契机。除了获得当时欧洲最有影响的几个科学院（如伦敦皇家学会、柏林科学院、巴黎科学院、圣彼得堡科学院、瑞典皇家科学院）机构的聘请外，他在世俗权力方面的影响由此也得到提升，比如说，他是当时俄罗斯彼得大帝（Peter the Great，1672–1725）、瑞典黑森王朝国王弗雷德里克一世（Fredrik I，1676–1751）、普鲁士腓特烈大帝（Frederick the Great，1712–1786）的仰慕者。

保罗：我同意你的看法。

韩振华：沃尔夫虽然在其演讲中不断提到孔子的名字和孔子的思想，不断列举“中国人”的做法，但很多思想其实更有可能来自《孟子》。我认为，当然我们不能过分夸大《孟子》或儒学对沃尔夫的影响，

[1] 保罗：《德意志启蒙与儒家的伦理学：论沃尔夫〈关于中国人之实践哲学的演讲〉》，何乏笔译，发表于《中国文哲研究通讯》第十七卷第二期。

但是考虑到西方研究沃尔夫的学者往往极为忽视沃尔夫思想中的中国元素，对此缺乏认真梳理、辨析，那么，这一课题也就仍有较大的开掘空间了。

保罗：我现在想起来，沃尔夫依赖的儒学资源其实来自两个译本，而不是一个。第一个是柏应理（Philippe Couplet）等人翻译的《中国哲学家孔子》，但此书好像并不包含《孟子》，也许他依赖的主要是第二个译本……

韩振华：沃尔夫在发表演讲之后撰写的文章中提到，他在准备演讲时只是参考了卫方济的译本。等他后来为正式出版演讲稿而进行修订、增补，特别是为演讲稿撰写大量脚注时，他才注意到柏应理等人的《中国哲学家孔子》。卫方济的译本包含完整的《孟子》译文，但柏应理等人的译本虽然译名《西文四书直解》，但其实并不包含《孟子》。这其实正好可以说明《孟子》与沃尔夫思想之间可能有的紧密联系。

保罗：是的，这正是我想指出的一点。这一点很关键。

韩振华：接下来的一个问题，其实我应该首先问这个问题的——您是什么时候开始涉猎汉学研究的？为什么您会选择汉学作为您的研究领域？

保罗：我的回答可能会让你感到失望，因为我感兴趣的其实主要是体系性的问题，比如说，伦理学，或者政治哲学之类，由此我的主要兴趣是那些重要的政治问题。我在为这些问题寻找解决方案时，并不在意其前提预设到底产生于德国、法国，还是中国、印度等国家。所以，我并不只是在“汉学”这一领域中从事研究工作，我在“印度学”或者“日本学”领域中做着同样的事情。我也用了很多精力来分析穆斯林世界中那些极端学者的观点。现在我从事的一个课题是“中国古代逻辑指南”，这一课题的负责人是清华大学的一位著名学者，他也是一位杰出的逻辑学家。我们曾经在阿姆斯特丹谈过三次，也曾经在天津谈过两次，这个春天我们就在天津会过一次面。我毕业时拿的是数学专业的学位，所以我对数理逻辑特别感兴趣，这是我当时考试内容的一部分，而跟哲学相关的部分是逻辑哲学。因为我对逻辑学有兴趣，所以我也探究阿拉伯文化中的逻辑学，印度文化中的逻辑学，中国文化中的逻辑学，以及日本文化中的逻辑学。现在我正在翻译一篇逻辑学文章，这与我研究中国或日本的逻辑学并没有什么矛盾。总之，我研究的领域并不限于汉学。

韩振华：我的最后一个问题是，您能否评论一下中国当下的孟子研究？以及，您可否预测一下中国国内孟子或儒学研究的未来？

保罗：去年我参加了一次关于孟子的国际会议……

韩振华：您说的一定是去年5月在孟子故里——山东邹城召开的“首届孟子文化国际学术研讨会”。那次会议除了您之外，还有几位德国学者参会，比如说欧阳博、顾彬（Wolfgang Kubin）等。很遗憾，我没有参加那次会议，不过我参加了今年5月在邹城举行的“孟子思想与邹鲁文明国际学术研讨会”。

保罗：那次会议显示出，孟子研究正在回暖。我认为这是一个好的进展，我相信中国学者会拓宽和加强对《孟子》一书的研究。而且我也认为，这会是对于世界哲学研究的一个贡献。

韩振华：再次感谢您接受我的访谈！

（访谈者单位：北京外国语大学中国语言文学学院）

青年学者论坛

东来之德先生

——浅探儒学在18世纪的欧洲

胡文婷

文章摘要： 新文化运动发轫，五四运动勃兴，西方给我们送来了两位“先生”——德先生（Democracy）和赛先生（Science）。但随着学界研究的日益深入，尤其是明清时期中西文化交通史文献资料的发现和挖掘，“民主”作为舶来品的身份开始有了新的阐释，17世纪传教士入华，他们不仅给中国带来了丰富的西学知识，也将中国全方位地展现给欧洲大陆，儒家思想开始通过传教士之口之手传到西方。18世纪法国启蒙运动的先驱们也不约而同地将目光投之于中国儒家，在孔孟思想中汲取民权、民本等思想，为近代民主的诞生和发展奠定了相关基础。本文通过梳理18世纪儒家思想在欧洲的传播，立足其与传教士及启蒙思想家的互动，以知识的多维视域考察儒家思想与启蒙运动二者之间的关系。

关键词： 孔孟　民本　民权　启蒙运动

Abstract: At the beginning of the New Culture Movement and May 4th Movement, the West has sent democracy and science to us. With the development of academic research, especially the discovery of the documents about the history of sino-west communication during late Ming and early Qing dynasty，the word *democracy* has its new explanation. When the missionaries came to China in the 17th century, they not only brought here lots of western knowledge, but also presented China to Europe all-around. The missionaries introduce Confucianism to the West, and the pioneers of Enlightenment put their eyes on Confucianism as well. They absorb thoughts of democratic rights and people-orientation from Confucius and Mencius, which benefits a lot to the development of modern democracy. This article attempts to describe the transmission of Confucianism in Europe during the 18th century and analyze the interaction with missionaries and enlightenment thinkers, so that we can study the connection of Confucianism and Enlightenment with a multi-dimensional perspective.

Keywords: Confucianism; Democratic rights; People-orientation; Enlightenment

德先生（Democracy）和赛先生（Science）之于我们并不陌生。早在19世纪，尤其是1840年鸦片战争之后，西方殖民者的坚船利炮不仅击碎了中国的海防，也碾碎了中国人“天朝上国”的自我中心之梦。一批先进的中国知识分子开始睁眼看世界，寻找救国济民之路。19世纪70年代，西方的民主、自由等现代观念开始传入中国，虽然戊戌变法失败，民主体制没有得到实践，但民主意识开始扎根于人民心中。后又经历了辛亥革命，新文化运动，“五四”青年高举民主、科学旗帜彻底反对封建统治制度和封建伦理道德，因为他们秉持的观点是如果想要引进西方国家政治制度，首先要有平等、自由等人权信仰，但这种新信仰是与封建社会的基础——孔教是不能相容相处的，故坚决地与孔教展开了斗争，认为“不塞不流，不止不行”。[1]新文化运动的领袖陈独秀对儒家亦是全盘否定，并把儒家伦理以“三纲之说”简而括之，即“儒者三纲之说，为一切道德政治之大原：君为臣纲，则民于君为附属品，而无独立自主之人格矣；父为子纲，则子于父为附属品，而无独立自主之人格矣；夫为妻纲，则妻于夫为附属品，而无独立自主之人格矣。”认为正是这种糟粕的忠孝节的封建伦理观，将人置于封建统治之下“为以己属人之奴隶道德也。”[2]可以说新文化运动中大家没有认识到儒家文化的复杂性和系统性，出于彼时中国特殊的历史社会背景，通过“打到孔家店”来树立资产阶级新文化和新思想，不得不说是新文化运动的不足所在。

儒家思想萌发于春秋，占据封建社会思想正统地位长达两千余年之久，是自成体系的复杂的学说。我们应该注意到在被先进知识分子所诟病的落后方面之外，儒家思想体系中还存在着值得借鉴和继承的先进因素。这些先进因素不仅在中国本土社会各个方面可以找到其运行和发挥作用的轨迹，甚至可以在18世纪的启蒙思想中找到痕迹。可以说孔子早在17世纪就已踏出华土，儒家思想也曾在欧洲大陆风靡一时。随着越来越多原始文献的发现以及学术氛围的宽松，中西文化交通史研究开始进入越来越多学者的视野。尤其是明清之际传教士来华这一历史，逐渐从“险学”发展为“显学”。本文将试从这一时期“东学西传”入手，立足儒家思想在欧洲的传播和影响，来探究儒家文化中的民主意识，主要以民本和民权为主，并考察它们与启蒙运动之间的历史关系。

[1] 陈独秀：《宪法与孔教》，《独秀文存》卷一，合肥：安徽人民出版社，1987年，第79页。
[2] 陈独秀：《一九一六》，《独秀文存》卷一，合肥：安徽人民出版社，1987年，第34—35页。

一、传教士与儒学

明清之际，西士东来，带来中西文化交流的第二个高峰。有记载称“万历庚辰有泰西儒士利玛窦，号西泰，友辈数人，航海九万里，观光中国。”[1]利玛窦作为西方在华传教事业的奠基人，被彼时官民尊以“西儒”之称，不仅是因为他着汉服，冠汉帽，说汉语，更是因为他具备很高的中国文化修养，深谙儒家传统。从他开始，传教士一直沿袭的传教方针是“文化适应”，传教策略则是“以书刊教”。他们用汉语撰写关于西学的知识，同时也将他们在中国的所见所闻包括地理、风俗、思想、典籍等以书信、报告甚至是译著的形式传播到西方，从而引发了18世纪欧洲的“中国热”，为启蒙运动的发展提供了相关理论依据。这里又体现出历史的悖论，传教士入华的首要任务是进行传教，为上帝的葡萄园服务，而将中国的情况反馈给西方，实属无心之举，如果论目的，也是为了向教廷说明中国的博大，中国人民若归顺上帝，对教廷的意义不言而喻，所以写信或者递交报告多是为了争取教廷或贵族对传教事业的支持。不料这些中国知识会成为西方启蒙思想家中的有力武器，对教廷甚至神权发起挑战。彼时的欧洲大陆身处政教结合的封建统治之下，正在努力冲破中世纪的黑暗。以宗教神学为核心的封建意识不仅束缚了社会的进步，亦限制了人民的自由，所以如要施行社会改革，不仅要反对封建君主的压迫，还应推翻教会的反动统治。随着人民的呼声越来越高，启蒙运动应时而起，在18世纪发展到了顶峰。这场思想启蒙运动，主要是突出个人价值，人性开始作为衡量价值的准则，神性逐渐走下祭坛，启蒙思想家们纷纷主张解放人性，追求自由平等，所有这些都是民主意识的集中表现。这个时代于欧洲而言无疑是伟大的，思想巨人辈出，各

[1] 王应麟撰《利子碑记》，《徐光启集》卷七，上海：上海古籍出版社，1984年。

种流派、观念相继诞生，激烈争辩。本文将目光投注在18世纪的法国，不仅是因为法国是启蒙运动的重镇，也因为它是那个时期派往中国传教士最多的国家。18世纪的法国思想界，主要是自由主义者和新君主主义者，这两个思想流派都提出了社会改革。他们希望法国的君主制度本身成为改革的工具，废除免税制度和扫除封建残余以达成其自救。不同于自由主义者的“回到罗马”，新君主主义者提倡“走向东方”。积极地在中国寻找他们的范例和根据。如果要问他们缘何崇拜中国，为何要抬出身着宽衣大袍的孔子来对抗手着利剑的西方贵族和掌管天堂与地狱之门的教会呢？也许他们认为西方的中世纪不必留恋，因为处处是封建主义和教权主义；也许他们认为罗马的凯撒也不足以提供帮助，因为他是民主派的领导人，提倡通过选举达到共和制度，这与他们的君主主义初衷又有所相悖。唯有大家不熟悉的东方，因为不熟悉所以可以添加想象，东方有一个国家叫中国，历史悠久，不信仰上帝，没有世袭贵族及教会的特权，人民生活安乐，政府运行良好，科举制度更是公正地为各阶层人员参与政治提供了途径。这种模式对新君主主义者来说的确是最为合适的。[1]但由于大多数的思想家并未到过中国，他们对中国的认识主要是依靠到过中国的商人、传教士等，其中传教士较之商人对中国传统文化的本质应该体会更深，他们或主动或被动地扮演起向西方介绍儒家文化的媒介角色。

正如上文提到的，传教士是担负着为罗马教廷争夺信众的任务踏上东方大地的，“其主旨既在劝人信道入教，故必须深入内地，不能以通商口岸为限，又必须以言辞劝人，不能专恃舌人，如能著书立说，则收效尤宏。况知己知彼，不特在军事上为然，传教为一种攻心之战略，尤非了解当地之文化不可。”[2]此外，据许明龙提到的传教士译汉籍的原因

[1] [英] 赫德逊著，李申等译：《欧洲与中国》，北京：中华书局，1995年，第287—303页。
[2] 方豪：《六十自定稿》，台湾：台湾学生书局，1969年，第185页。

还有：提高他们自己的汉语水平；为了积累与中国文人交往的资本；为了证明他们自己在礼仪之争中的立场和观点无懈可击。[1]学界目前对这一时期儒家经典西译的梳理如下：[2]最早向西方系统介绍中国的著作是西班牙人门多萨（Juan Gonsales de Mendoza，1545–1618）的《中华大帝国史》，该书1585年在罗马首版，文字是西班牙语，1588年出版英文本，至16世纪末，一共用了7种欧洲文字重印了46次，其影响可见一斑。虽然该书是欧洲汉学的奠基之作，但其局限性也是显而易见的，即作者本身没有到过中国，材料来源是到过中国南方福建等地的三位传教士、商人和水手的报告。但在意大利耶稣会传教士利玛窦（Matteo Ricci，1552–1610）确立了“合儒易佛”这一传教路线后，传教士作为创作主体翻译了大量中国儒家经典，比如利玛窦首先在其著作《天主实义》中征引了多处中国经籍，包括《中庸》《诗》《书》《易》《礼》等，而在1591至1594年更是翻译了朱熹注的《四书》。这段时期还有西班牙道明会士高母羡（Juan Cobo，1546–1592）翻译的《明心宝鉴》，里面涉及孔孟、朱熹等人的论述和格言。法国耶稣会传教士金尼阁（Nicolas Trigault，1577–1629）于1626年将《五经》翻译为拉丁文，意大利耶稣会士殷铎泽（Prospero Intorcetta，1626–1696）与葡萄牙耶稣会士郭纳爵（Inácio da Costa, 1603–1666）于1662至1669年合译《大学》，命名为《中国的智慧》，并且共同翻译了《论语》。殷铎泽还翻译了《中庸》并取名《中国政治伦理学》，书后附有《孔子传》和孔子画像。比利时耶稣会士柏应理（Philippe Couplet，1623–1693）在1687年于巴黎出版了《中国哲学家孔子》（*Confucius Sinarum Philosophus*），介绍的是

---

[1] 许明龙：《欧洲十八世纪中国热》，北京：外语教学与研究出版社，2007年，第111页。
[2] 关于这方面学界研究颇丰，可参阅许明龙《欧洲十八世纪中国热》、朱谦之《中国哲学对欧洲的影响》、张西平《中国与欧洲早期宗教和哲学交流史》、艾田蒲《中国之欧洲》、赵晓阳《传教士与中国国学的翻译——以〈四书〉〈五经〉为中心》、林金水《明清之际朱熹理学在西方的传播与影响》等。

宋代儒学。白乃心（Grueber）在1687年出版《中国杂记》（*Notizie Varie dell Imperio della Cina*）书末附有《孔子传》和《中庸》的译文。“卫方济（Noel Francois，1651–1740），曾以拉丁文译《四书》及《孝经》与《幼学》，其书逐字翻译，即书名亦不例外，如《大学》译为《成年人之学》，而《中庸》则译为《不变之中道》等，原文不录。”[1]集编为《中国典籍六种》（*Sinensis Imperii Libri Classici Sex*），1711年巴拉加大学出版。这些著作在欧洲的出版和流传，满足了西方人对东方的好奇，也激发了西方人对东方的兴趣，甚至启蒙思想家都研读了此书，为“中国热”的到来奠定了基础。而到了18世纪，流传于欧洲的关于中国儒家文化的著作是法国耶稣会士钱德明（Joseph-Marie Amiot，1718–1793）的《孔子传》和《孔子弟子传略》。在专著外，传教士的大量书信也都涉及儒家思想。例如为学界熟知的利玛窦的《中国札记》、李明的《中国近事报道》、安文思的《中国新志》、杜赫德的《耶稣会士中国书简集》等，并且在《耶稣会士中国书简集》中，还提到了儒家在越南的传播和影响，“这里数量极少的学者严格奉行孔子学说，不过在其他宗教礼仪上又混同于百姓。东京（作者注：东京指以河内为首都的郑氏执掌的北方政权）很少有哪个城市中不建有至少一座孔庙的。庙中最高处是这位哲人塑像，被民众置于偶像之列的他的弟子们的塑像环绕于四周；这些塑像立于祭台周围，其状表明他们对导师的尊敬和崇拜”[2]并且在祭拜时，人们高喊“噢，孔夫子！您的道德是多么伟大、卓越和令人赞美！国王们之所以公正地统治其臣民，只因为有您的律法和无与伦比的学说的佑护。”[3]所以我们还可以这样推断，儒家身居东亚文化圈的统治地位，传

[1] 方豪：《六十自定稿》，第191页。

[2] 参阅《奥尔塔神父致某伯爵夫人的信》，[法]杜赫德编、郑德弟译：《耶稣会士书简集（一）》，大象出版社，2001年，第90—91页。

[3] 同上。

教士研习儒家经典不仅是为了在中国传教，从长远来看亦是为了在整个东亚唱响福音。

从18世纪初期开始，法国统计得出，仅法国一国派往各国的耶稣会传教士寄回的信函就有34卷之多，其中16至26卷约11卷是从中国寄来的。[1]这些著作与《中华大帝国史》不同，主要是因为作者都是长期居住甚至葬于中土的传教士，他们在传教的过程中，不可避免地接触到中国社会的各个方面，包括制度、文化、风俗、地理概貌等，也通过传教路线的不断发展和成熟，他们开始通过儒家去索隐天主教义，虽然他们译著的中国经典有很浓厚的主观色彩和传教立场，但儒家的基本教义仍是以昂首挺胸之态走入欧洲大陆。

二、启蒙思想家与儒学

儒家思想虽然是中国封建社会的正统思想，但早期的儒家理论含有丰富且珍贵的民主思想，具体体现在民本和民权。春秋时期，奴隶制盛极而衰，封建制破土而出，社会思想开始冲破奴隶制的藩篱，不仅开始重视人的价值还提升了民众在政治活动中的地位。统治者将目光从天转移到民，发出“天视自我民视，天听自我民听”（《尚书·泰誓中》）的“重民”呼声。孔子生活在这一时期，自然是总结和继承了这一思想，并继续将其发扬光大。有从天地之间肯定人性的“天地之性，人为贵”（《孝经·圣至章》）和“天之所生，地之所养，人为大矣”（《孟子》）、“人者，其天地之德，阴阳之交，鬼神之会，五行之秀气也”（《礼记》）。还有从生物角度进行对比，肯定人作为灵之长的价值：“有羽之虫三百六十，而凤凰为之长；有毛之虫三百六十，而麒麟为之长，

[1] 朱静：《洋教士看中国朝廷》，上海：上海人民出版社，1995年，序言第2页。

有甲之虫三百六十，而神龟为之长；有鳞之虫三百六十，而蛟龙为之长；倮之虫三百六十，而人为之长”（《大戴礼·易本名》），这与之前的尊神崇鬼的传统形成了鲜明的对比。在孔子之后，继承其衣钵的孟子则进一步将民本思想系统化和理论化。牟钟鉴在《孟子的民本主义》中将其概括为：1. 民为邦本，得天下之道在于得民心，即“民可载舟，亦可覆舟”；2. 民之所欲，天必从之。将天意化解为民意，将“君权神授”化解为“君权民授”；3.“民为贵，社稷次之，君为轻”的民贵君轻的观念；4. 开明君主制。孟子承认君王的地位，但不能是君主个人专制。另一方面，民本思想必然会促使民权思想的发展。先是孔子的“子为政，焉用杀？子欲善而民善矣”“不教而杀谓之虐，不戒视成谓之暴，慢令致期谓之贼”，是孔子劝诫统治者要保障民众的生存权，后有孟子的“保民而王”“民为贵，社稷次之，君为轻”，更是一种对于残暴统治要勇于反抗的革命思想。而这些思想则被传教士们传播到了西方，成为启蒙运动的思想武器来源之一。利玛窦在他的信札里不仅大篇幅地介绍中国的科举制度，将任人唯才的选官制度介绍给贵族世袭的欧洲，使得不少启蒙思想家对之赞扬有加；在其信札里谈到对地方官员的处罚制度时提到“受处分者分为五类，第一类是收受贿赂或侵占公家或他人财产的贪官……第二类是惩处他人太过严酷的酷吏……第三类是羸弱者及不称职者……第四类是玩忽职守、办案不公者……第五类是其本人或家眷行为有失检点者”。[1]这虽然是在说中国官制，但儒家思想作为封建官制背后的运行力量，其主张则不可避免地展现出来，虽是为了维护封建统治，但是这其中蕴含的基本的“民权”“民本”思想想必是无人可以否认的。

伏尔泰，18世纪法国启蒙运动的旗手。认为西方哲学家在东方的收

[1] 利玛窦著，文铮译：《耶稣会与天主教进入中国史》，北京：商务出版社，2014年，第39页。

获与商人不同，东方于哲学家而言不仅是财富之地，更是新道德之所。[1]伏尔泰对孔子的思想推崇至极，不仅遍览彼时欧洲出版的孔子著作，甚至还在其小礼拜堂里挂有孔子画像，并在画像下写了这样四句诗："他是唯一有益理智的表现者，从未使世界迷惑，而是照亮了方向。他仅以圣贤而从未以先知的口吻讲话，但大家认为他是圣贤，甚至在全国也如此。"[2]伏尔泰提出"自然法"，肯定中国"人性本善"，赞赏孔子的"以直报怨，以德报德"的"仁爱"思想。《法国人权宣言》第四条："自由是指能从事一切无害于他人的行为；因此，每一个人行使其自然权利，只以保证社会上其他成员能享有相同的权利为限制；此等限制只能以法律决定之"，我们从中不难看出孔子的"己所不欲勿施于人"的影子；[3]而《法国人权宣言》第二条："一切政治结合均旨在维护人类自然的和不受时效约束的权利。这些权利是自由、财产、安全与反抗压迫。"[4]这里的反抗压迫的革命精神与儒家的"水则载舟，水则覆舟"的观点又有隔空回应之妙。魁奈，法国重农学派的创始人，人称"欧洲孔子"，从这个美誉中，我们也可得知他的儒学造诣。他与伏尔泰一样主张自然法在人类政治生活中的重要性，认为它所附带的伦理道德是国家法律的基础，自然法在中国社会运行中发挥了重要作用，值得称赞和借鉴。[5]他高度肯定了中国儒家思想，儒家思想也成为他此后学说的影响来源之一。霍尔巴赫，"百科全书"派领袖，主张唯物论，霍尔巴赫十分推崇

[1] ［法］伏尔泰著，梁守锵译：《风俗论》，北京：商务印书馆，1995年，第143章。
[2] 耿昇：《中国文化西传欧洲史》，北京：商务印书馆，2000年，第702页。
[3] 忻剑飞：《世界的中国观》，上海：学林出版社，1991年，第206页。
[4] 这两处的法律条例援引《1789年人权和公民权宣言》（王建学译）：Art. 2. -Le but de toute association politique est la conservation des droits naturels et imprescriptibles de l'Homme. Ces droits sont la liberté, la propriété, la sûreté, et la résistance à l'oppression. Art. 4. -La liberté consiste à pouvoir faire tout ce qui ne nuit pas à autrui : ainsi, l'exercice des droits naturels de chaque homme n'a de bornes que celles qui assurent aux autres Membres de la Société la jouissance de ces mêmes droits. Ces bornes ne peuvent être déterminées que par la Loi. 朱福惠、邵自红主编：《世界各国宪法文本汇编（欧洲卷）》，厦门：厦门大学出版社，2014年，第236页。
[5] 陈启智、张树骅：《儒家传统与人权、民主思想》，济南：齐鲁书社，2004年，第115页。

中国文化，定期举办沙龙，与各革命思想家进行交流和讨论，其中就为大家研究中国问题，列出书单“竺赫德《中华帝国全志》、李明《中国现状新志》《耶稣会士书简集》、阿尔韦尔（Halwell）《孟加拉事件》（*Relations des evenements de Bengale*, Part II）”[1]，他还在其代表著作《社会之体系》中提到，“中国有一位天子，当他发现自己的儿子够不上做成伟大君主的资格的时候，他便选出才德兼优的市民为后继者。他说：‘我与其使儿子幸福，人民不幸，不如使我的儿子不幸，而一切的人民得到幸福’”。[2]这种道德政治则是先儒倡导的尧舜政治，将人民的利益放在首位，亦直接体现了民主与民权。放眼启蒙思想家们所宣扬的天赋人权、自由、平等、博爱，无一不可在儒家那里找到根据。表示道德自由的“为仁由己，而由人乎哉”（《论语·颜渊》），表示政治自由的“不事王侯，高尚其事”，表示平等的“有天爵者，有人爵者。仁义忠信，乐善不倦，此天爵也。公卿大夫，此人爵也。”（《孟子·告子章句上》）表示博爱的“仁者爱人”（《孟子》）和“博施于民而能济众”（《论语·雍也》），等等。

三、余论

随着新航路的开辟，整个世界开始进入大航海时代，国与国之间的空间距离开始拉近，同时拉近的还有彼此之间的文化距离。“在文化交流中，任何一种文化对于外来文化的接受都有一个重新理解和重新解释的问题。任何外来文化与本土文化的融合都有一个变异、适应的问题。重新解释后的异族文化已经经过了解释者的加工，解释者依据自

---

[1] 朱谦之：《中国哲学对欧洲的影响》，福州：福建人民出版社，1985年，第268页。
[2] 转引朱谦之：《中国哲学对欧洲的影响》，第273页。

身的文化结构对外来文化进行了过滤。这种过滤、解释后的异族文化与原本的异族文化已经有较大的不同，在比较文学中，有些学者将其称为‘误读’；从‘哲学角度来说，这是一种正常的解释，它有其合理的根据’”。[1]这种比较文学的“他者”观点则也可以用来解释儒家思想西传的过程。当一个国家的历史不再是属于她单独的个体，一者的思想建构，依赖于外方多种思潮的发力。他者作为“一种思想，或一个象征、一个符号，甚至可以补充说，它有时是一个纯粹的‘信号’。让我们再进一步明确一下：形象不是在类比意义上（它或多或少像……），而是在参考系意义上的形象（按照先存于描述的一种思想，一个模式、一个价值体系建立起来的形象）”。[2]所以说他者的存在是为了更好地投注自身，启蒙思想家从传统儒家中汲取民主思想如民主、民权等也是为了改造彼时的欧洲，所谓的“走出东方，回到西方”，“五四”时期的西学在中国社会的盛行，同样是假西学之手治中学之体，而这种交流整整持续了一个世纪，两种文化在互相滋养中发展。而知识的世界性则表明培养多维度视角已成为深入认识历史的基本素养之一。

（作者单位：北京外国语大学中国海外汉学研究中心）

[1] 张西平：《中国与欧洲早期宗教和哲学交流史》，北京：东方出版社，2001年，第384页。
[2] 孟华：《比较文学形象学》，北京：北京大学出版社，2001年，第124—125页。

曾是洛阳花下客，野芳虽晚不须嗟

——从雅斯贝尔斯临界境遇看中国古代贬谪文学

周 津

摘要： 雅斯贝尔斯在其哲学中论述了临界境遇这一概念，将死亡、受难、抗争、负罪、偶然这些境遇列为临界境遇（临界状态）。雅斯贝尔斯认为人在处于临界状态之时可以体味自我之存在，获得自身存在的明确性，在无畏地面对受难、死亡等临界境遇的同时也进而在这种生存的“悲剧”中获得超越。而雅斯贝尔斯的临界境遇也恰恰能对中国古代贬谪文学进行一种哲学上的阐释，特别是通过贬官士人的作品和言语窥视其在特定情境中的生存样态及精神表现，揭示其贬谪后的特殊心态，透析这些失意群体在理想和现实中窘迫、奔突、异化和自省的人生求索和精神裂变，进一步揭示其在文学创作中表现的痛苦历程和心态转变，从而实现中国古代士人从庙堂到江湖的人生咏叹。

关键字： 生存哲学　雅斯贝尔斯　临界境遇　贬谪文学

Abstract: Jaspers discusses the concept about the critical situation in his philosophy,he puts the situations such as death, suffering, struggle, guilt and accident to the critical situation. Jaspers thinks people can realize their selfexistence when they are in the critical situation, get the clarity of the their own existence, they face these critical situations fearlessly, and meanwhile, they also make themselves transcend when in the survival of the tragedy.And Jaspers's critical situation can also give a kind of philosophical interpretation to the relegation literature of ancient Chinese literature. Especially through the officials'work and their words who experienced relegate to look into their survival states and mental performances in that specific situation, reveal their some special minds when they were at the adversity. Dialysis these frustrated group in the ideal and the reality of distress, rush about, alienation and probe and spiritual fission introspection of life. Further reveals its performance in the literary creation of the pain of course and change attitude, so as to realize the ancient Chinese officials'transformation from the royalty to the populace in their lives.

Keywords: Survival Philosophy; Jaspers; Critical Situation; relegation literature

引言

雅斯贝尔斯（Jaspers）生存哲学指向人的此在，他认为："哲学关涉存在的整体、关涉人之为人、关涉一经闪现出来便较之任何科学认识都更为深刻的真理。"[1]并指出，"哲学是凝聚一切的，人靠它来享有现实，才成其为人。"[2]人的存在在哲学中彰显，哲学在于使人依靠其享有现实从而成其为人。故雅斯贝尔斯哲学关注于人的存在。那么，人应

[1]［德］卡尔·雅斯贝尔斯等著，鲁路译：《哲学与信仰——雅斯贝尔斯哲学研究》，北京：人民出版社，2010年.第262页。

[2]［德］卡尔·雅斯贝尔斯等著，鲁路译：《哲学与信仰——雅斯贝尔斯哲学研究》，第262页。

当如何存在？在这个存在中，作为人，首先应当明晰的是自我的在此之在，即认识自我。关于人如何认识自我，雅斯贝尔斯提出，“人是以两重方式认识自己的：作为研究的客体与作为无法探究的自由的生存”。[1]哲学关涉人的存在，关涉人对自身存在的体认，这又引出了人应当如何在哲学中认识自己的存在的问题，这亦是雅斯贝尔斯哲学所关注的。雅斯贝尔斯生存哲学关注于人作为个体的存在，个体对于个体之生命的诸多感悟。从作为个体的“我”所感悟和体会到的关于自我的在此之在出发，明晰哲学和世界的内容与意义。

由上述便可发觉，其存在哲学所关注的是人的存在。其注重从人的存在的种种状态出发去明晰自我的存在。人，作为一个有生命有灵魂的个体，对于生之体悟，对于我之存在之体悟，必有诸多不明晰之处。我之存在何以可能被我感受，我之存在何以被我感受，我应如何体悟我之存在、感受我的此在，这些都是雅斯贝尔斯需在关涉生存的哲学中去明晰的。觉解到我之在此之在的个我相连，便构成人之为人，世界因人的存在而丰富多彩、神秘莫测。这些便是笔者企图从雅斯贝尔斯生存哲学中获得的启发。

一、存在之“临界境遇”

在雅斯贝尔斯的生存哲学中不得忽视一种境况，即“临界境遇”，临界境遇也被其视作为一种存在状态。什么是临界境遇？雅斯贝尔斯的论述如下，“我们来看看人的处境。我们总是置身于种种境遇中，种种境遇变迁不定，种种机会纷至沓来。机会一旦错过，便去而不返。我可以致力于改变境遇，但有些境遇的实质是长存不变的，即使它们在一段时间的表现会有所变化，或强大力量隐而不显。例如，我不得不死

[1]［德］卡尔·雅斯贝尔斯等著，鲁路译：《哲学与信仰——雅斯贝尔斯哲学研究》，第305页。

亡，我不得不受难，我不得不抗争，我听命于偶然，我不可避免地要卷入罪责。我们称自己生活中的这些基本境遇为临界境遇，就意味着，我们无法超出这些境遇之外，我们无法改变这些境遇。对这些临界境遇的意识，是继惊讶和怀疑之后而来的、更为深刻的哲学的起源。”[1]雅斯贝尔斯在这里提出了他的临界境遇的理论，他认为死亡、受难、抗争、负罪、偶然为一种长存不变、隐而不显的境遇，即为临界境遇。对临界境遇的意识，为哲学的起源，哲学起源于对痛苦的临界境遇的认识。徐凤林教授将临界境遇解读为：“人的存在达到边界时的处境，包括死亡、痛苦、罪孽等。”[2]达到这一边界的表征又是什么呢？这一边界可以理解为一种崩溃状态的边缘，这便与临界状态相连了。雅斯贝尔斯认为，人作为一个实存，虽可以改变某一特定的处境，却不可以改变人在处境之中这一个事实：“因为实存是一种处境中的存在，所以我永远不能跳出处境，除非我又进入另一处境去”[3]，人生就是贯穿在另一处境之中的。这就如中国古代士人从高居庙堂的声威显赫到遭遇贬谪后的落魄彷徨，这就是两种不同生存处境的转换。人总是处于一定的状态之中，使状态处在不断的变化之中，有些状态是始终不变而且是无法改变的。如人必经历死亡，必遭受受难，必奋勇抗争，必受制于机遇，等等。显然，面对不同的处境，在不同的临界状态时人会做出不同的抉择。在雅斯贝尔斯看来，临界处境“除了其表现而外，它们都并不改变。它们由于涉及我们的实存，是最终确定，不可更改的。它们是不可透视的。在我们的实存里，我看不到它们背后还有什么。它们就像一堵墙，我们撞到它们而失败。它们不能由我们来予以改变，只能弄清楚，它们是不能从另外

[1]［德］卡尔·雅斯贝尔斯等著，鲁路译：《哲学与信仰——雅斯贝尔斯哲学研究》第270页。

[2] 徐凤林：《“悲剧哲学”的世界观——舍斯托夫哲学的生存论解读》，《求是学刊》，2009年5月，第36卷，第5期。

[3]［德］卡尔·雅斯贝尔斯等著，鲁路译：《哲学与信仰——雅斯贝尔斯哲学研究》，北京：人民出版社，2010年，第307页。

一个处境来说明和推导的。它们属于实存本身。”[1]事实上，临界处境始终是我们为具体处境规定的特殊情况，但这种特殊情况恰恰也是不可随意更改的。但也恰恰是由于这种进退两难的处境才使我们震惊，才是我们看到生命存在本身的意义，才会使我们在身处临界状态时奋力挣扎。

雅斯贝尔斯认为，存在着四种临界境遇：斗争、受难、负罪和死亡。死亡是最终极也是最本原的临界状态，而前三种则是在走向死亡的临界境遇中所必然要经历的过程。斗争是在生存者之间进行的，在双方共同协作中完成。在此过程中，双方要克服各自的差异，为实现对方的完整而共同努力，从而进一步实现自我的生存。没有斗争就没有生存，同时斗争又再进一步摧毁着生存的可能。在深处临界状态时，人才可以本能的做出生存的反应，才可以激发内在固有的求生的潜能。

自我的存在在时间上是有限的，人的一生是在快乐与痛苦、恐惧与希望中度过的，人任何时候都可能是完成，而所谓的完成就是终结与没落。雅斯贝尔斯认为“人的生活是毫无意义的，人的一生就是处在他所面临的无法改变和逃避的‘末日’和‘死亡’的状态，即临界状态。人要摆脱这种状态就要学会哲学思维，通过自我超越感受内在的实存，从而真正理解自我的内在价值”。[2]哲学的价值在于开启人尚未成熟的心智，对以往的行为重新给予逻辑上的思辩。在悠悠的历史长河中，我们可以看到，当面对痛苦、绝境乃至死亡这种“临界境遇”时，先贤们所表现出来的恰恰是那种超越苦难沉沦后的勃发和随着生存处境的改变进而对人生、对生命更深刻的体悟。纵观古今中外，通过“临界状态”找到真实的自我，超越存在，达到独立自存精神境界的文人墨客不胜枚举。这在中国古代的“贬谪文学”中就可以清晰地予以反映。那是一群失意的

[1] [德] 卡尔·雅斯贝尔斯等著，鲁路译：《哲学与信仰——雅斯贝尔斯哲学研究》，北京：人民出版社，2010年，第315页。
[2] 程志民、江怡：《当代西方哲学新词典》，长春：吉林人民出版社，2002年，第162页。

士人群体在他们“临界状态”下的文学表现，是在当时特定环境、特定利益关系中一种特殊心态的彰显，他们既是官人又是文人，通过对他们笔下苦难文学的深层透视，可以深刻揭示其贬谪后在理想和现实中窘迫、奔突、异化和自省的人生求索和精神裂变，彰显其在文学创作中表现的痛苦历程和心态转变，从而实现中国古代士人从庙堂到江湖的人生咏叹。

二、贬谪文学中的“临界境遇”

中国古代的贬谪文学，从《诗经》到《楚辞》、贾谊被贬后的《吊屈原赋》《鹏鸟赋》，再到唐代的杜甫、韩愈、柳宗元、刘禹锡，宋代的欧阳修、苏轼被贬后所做的诗文，大体是在幽怨激愤的格局中发展，当然不免有杜甫《茅屋为秋风所破歌》，刘禹锡《酬乐天扬州初逢席上见赠》，苏轼的《赤壁赋》等情绪激昂，格调壮阔的不俗佳作，但由于文学创作者当时孤独、凄阴的心态和漂泊无依的处境决定了贬谪文学整体上仍无法脱离幽怨孤愤的套数，确定了贬谪文学写作的基本方式。

而正是这种将内心郁结诉诸弊端的文学创作，才使我们进一步看到了身处不同时代的文人在仕途中遭遇重大挫折之后的精神状态。贬官文学是一种隐性文化，隐约中透出士人人格中的力度，能给身处逆境的人一些启悟。曾经的他们生活在鲜衣怒马，位高权重的生活中，内心是自足甚至是有天之骄子之感的，但一旦由庙堂的风光显赫跌落到江湖的地位平庸，最难使人接受的恐怕不是地位的悬殊而是内心的落差。曾经最初的“学成文武艺，货与帝王家”的积极出世的理想态度却随着一纸圣令遍尝宦海沉浮，饱经囹圄之祸。他们之中的众多人都在身心痛苦、受难、罪过、怀疑乃至死亡的抉择中挣扎，他们的人生大致演绎了从理想主义到幻想主义最后归于悲观主义的人生悲剧，而他们的状态也经历了由昂扬蓬勃、充满希望终归于惨淡绝望的过程。虽然痛苦的处境和濒临崩溃的心理状态或使人对生活感到无望，但同时也正是由于这种在经历波折后的人生才使生命变得更加完满。“人只有在无助的‘临界状态’中才能接触到超越，从而实现自己的真实存在。正是为了改变当下的自我境遇，人才会努力寻求突破和超越，从而达到个人真实自我的实现。雅斯贝尔斯认为，临界状态是哲学的根源，正是在这样的状态中，人们能够找到关于真实存在的启示的根本冲动。正是这些失败的经验，给人带来了超越的意识。”[1]

贬官士人许国忘身的参政意识和入世实践使他们在内心深处对自我始终充满了历史使命感，这是贬官士人最突出的心态特征。庙堂和草野是古代士人所接触的最基本的生活环境，而这也正像范仲淹所言“居庙堂之高则忧其民，处江湖之远则忧其君”，古代的官卿也是“一入侯门深似海”，即使不遭贬谪，也时常因“伴君如伴虎”而心惊胆战。只能说贬谪文学所展现的只是古代士人对为官身不由己状态的显性展示，他们将自己的不得志，内心的郁结，甚至对君王朝廷的不满都宣泄而出，在他们看来，这也正是人生经历的一部分，也正是雅斯贝尔斯生存哲学中所主张的“生存就是历史性”。在我们人的生存意识里，客观实在与生存、必然与自由的统一，也是时间与永恒的统一。生存既不是永恒也不是无偿，就像“临界状态”不可能永远稳居不变，它是在有偿的变动不居的状态之中的。而雅斯贝尔斯的这种历史性概念来自于人的主观抉择，是阐明生存和达到“超越存在”的唯一方式。正如在面对苦难的生存环境时，贬官士人是选择以文抒滞气还是选择郁郁而终，这不仅是当下的选择，于他们而言也是将来的选择。中唐时期韩愈作《左迁至蓝关示侄孙湘》“一封朝奏九重天，夕贬潮州路八千。欲为圣明除弊事，肯将衰朽惜残年！云横秦岭家何在？雪拥蓝关马不前。知汝远来应有意，

[1] 李雪涛：《哲学的信仰——雅斯贝尔斯对佛教的认识》，《亚洲研究动态》，2012年9月，第18期。

好收吾骨瘴江边。”豪迈悲壮，慷慨激昂，忠魂烈胆跃然纸上，字里行间流露出韩愈“卫道献身”的坚定执着，将诗人遭贬谪后的“沉郁顿挫”“悲壮慷慨”的心境完美展现；北宋散文家王禹偁，因直言敢谏得罪君王权贵，曾三遭贬谪。在被贬黄州期间作《三黜赋》以明志“屈于身兮不屈其道，任百谪而何亏！”于他们而言岁月的蹉跎、人生的坎坷是随生存处境的变化而变化的。而他们面对痛苦与受难这种“临界处境”时的身心折磨不仅是一个实在现象，而更是生存的现象。这些苦难本身是没有意义的，只有作为生存的现象，它才获得真实的意义。

作为中国历史上第一位伟大的诗人，屈原以其忧国忧民，心系国家的深广情怀和以情谱写的“千古独绝”的鸿篇巨制使得“屈原精神”至今仍具有很强的现实意义。紧接着屈原之后的汉室文才贾谊，他与屈原极其相似的遭遇与痛苦，在中国历史中具有无限的广延性，因由他们开创了中国士人从“庙堂之高”被贬往“江湖之远”的历史，造成了以“屈原式悲剧”为主题的中国贬谪文学的诞生。[1]以屈原为源头的“贬谪文学”让我们看到了身处封建君王统治下士大夫被贬而哀，不得自由，只得“君子作歌，维以告哀”的处境和其最终魂归汨罗江的人生结局。可以说屈原是用生命谱写了他的一篇篇文学佳作。在长达十余年的放逐生涯中，屈原的身心受到了严重的摧残，精神上承受着巨大的痛苦，哀怨、忧伤、愤懑几乎成了他的终身伴侣，但他却从未屈服过，颓废过，他的生命始终处于反抗、不屈的行进过程中。执着理想信念，绝不改易操守——“虽体解吾犹未变兮，岂余心之可惩？不吾知其亦以兮，苟余情其信芳。路漫漫其修远兮，吾将上下而求索！”（《离骚》）；揭露黑暗现实，痛斥党人群小——“变白以为黑兮，倒上以为下。夫惟党人之鄙固兮，羌不知余之所臧。”“邑犬群吠，吠所怪也，非俊疑杰兮，固庸态

[1] 吕耀森：《浅谈贬官文学的形态与思想内涵》，《濮阳职业技术学院学报》，2005年8月，第3期。

也”(《怀沙》)；固守赤子之心，深深眷恋古国——“羌灵魂之欲归兮，何须臾而忘返？背夏浦而希思，哀古都之日远。”“曼余目以流观兮，冀一反之何时？……信非吾罪而弃逐兮，何日夜而忘之！”(《哀郢》)；维护人格尊严，不惜以死抗争——“既莫足以为美政兮，吾将从彭咸之所居！”(《离骚》)“知死不可让，愿勿爱兮；告明君子，吾将以为类兮！”(《怀沙》)。身处逆境，不屈不挠，坚持固有信念，高扬俊志人格，执着追求理想，愤怒揭露、抨击黑暗现实和无耻党人，深深眷恋邦国，终至以死殉国，这就是回荡在屈原作品中的主旋律。而在这里，我们不能忽视在屈原贬谪文学中所涉及的“死亡”这一命题。“亦余心之所善兮，虽九死其犹未悔”只要合乎我心中美好的理想，纵然死掉九回我也不会懊丧。可见，屈原认为死亡在忠君爱国面前并不可怕。就如同后来贬谪后，现实的忧患没有使他折服，反而是国君的昏聩，小人的奸佞，对国家前途的无望使他最终以死明志，成为汨罗江里的一缕清魂警示后人。[1]在雅斯贝尔斯看来，死亡是最本原的临界处境。如果我们执着于实在，把死亡单单看作实在的终结，那就把实在绝对化了，从而也就错失了生存。这种消亡是从属于生存现象的，如果没有消亡，作为存在的我便成为永恒的持久，不再生存了。死亡取消了实在的绝对意义，因为它证明实在不是永恒的。死亡同生命一道作为生存的现象，则表明了生存的永恒。所以，在某种程度上可以说，死亡反衬出了生命存在的终极意义。当人们面对死亡这一临界处境时，本能的或许是逃避，殊不知，真正的生存却是以死亡为前提条件的。雅斯贝尔斯认为死亡不仅是消极的事实而且是积极的现象。死亡作为临界处境，就在于它不单是客观上的不幸，而更是主观上的有幸，即人可以有幸在感受死亡中意识到本我作为生存的永恒。雅斯贝尔斯并没有将死亡局限在我们的固有理解

---

[1] 廖建国：《不朽的贬官文化》，《福建商业高等专科学校学报》，2001年，第3期。

中，认为死亡是不可知甚至是莫名的恐惧的，而是将死亡放于历史性中去理解，也就是在生存对实在的吸收中，把死亡进一步阐释为临界处境的。正如屈原在面临贬谪后，本可以随波逐流，他却选择了“举世皆浊我独清，众人皆醉我独醒”，最后以自身的死亡终结。或许在他看来，死亡并不是痛苦的，这反而是他可以获得生存的另一种方式。人的一生就是处在他所面临的无法改变和逃避的“末日”和“死亡”状态，只有在这种临界状态下人们才能真正地看清自我，得到解脱。

在贾谊的《吊屈原赋》中“国其莫我知兮，独壹郁其谁语？凤漂漂其高逝兮，固自引而远去。”可见他自身面对贬谪内心仍不能畅怀。高才博学而遭妒忌，大志未展已被弃逐，不能不使贾谊悲愤抑郁，哀怨交攻，也不能不使他将自己的命运与屈原的遭遇自觉地联系起来，并加以深层次的认同。贾谊的赴湘，也开始了他以及他身后的中国士人面对屈原困境与死境的精神历程。“及渡湘水，为赋以吊屈原。屈原，楚贤臣也，被谗放逐，作《离骚赋》，其终篇曰：‘已矣哉！国亡人兮，莫我知也。’遂自投汨罗而死”。这段文字虽为史家之言，实质上正反映出了贾谊面对屈原时的内在心境。同样的才高遭嫉，同样的忠直被毁，不唯使贾谊陷入了与屈原同在的精神痛楚中，而且也使他面临着屈原自杀的精神难题。由此，贾谊也就由经国之作转入了辞赋之作，由政治的议论转入了文学的抒情。在这种极具悲剧性的文本转变中，贾谊所步入的文学之境只能是一种文学的苦境。由此可见，在贬官士人的身上都有一种难以言说的苦楚，这种苦楚既是其对命运坎坷的无法释怀，更重要的是当面对苦难、罪责乃至死亡这种临界境遇时，他们自身的主体意识随着客体环境的变化而调整，使主体的存在与对客体条件的感知相结合，从而达到生存与意识的历史性的统一。

但同时，在中国古代的贬谪文人身上我们可以看到的还有他们深处人生低谷时，化悲痛为昂扬的积极的人生心态。就像雅斯贝尔斯曾说“尽管痛苦是难以解脱的，然而在痛苦的基础上却可能有更加欢欣的喜悦。”[1]例如唐朝诗人刘禹锡，一生中屡遭贬谪，但宦海沉浮并没有消磨他对生活的希冀，反而以乐观昂扬的生活态度创造了中国贬谪文化豪迈劲健的崭新风貌，打破了过去忧愁怨愤的局面，开辟了迁谪诗歌写作的新路径。在其刚遭贬谪之时，就借《桃源行》中渔人的形象揭示了“桃花溪满水似镜，尘心如垢洗不去”的污浊现实与美好理想之间的尖锐矛盾，否定了桃花源避世、遁世的文化传统。而后，刘梦得又作“故志复还，宝心再起，既赋形而终用，一蒙垢焉何耻？感利钝之有时兮，寄雄心于瞠视。”（《砥石赋》）借赞美经过砥砺重为利刃的佩刀，表达他百折不挠的劲节和待时而起的雄心；“多节本怀端直性，露青犹有岁寒心。何时策马同归去，关树扶疏敲镫吟。”（《酬元九侍御赠璧竹鞭长句》）借咏赞竹鞭表达自己坚贞、正直的耿介个性，寄托重返长安的迫切愿望；“人生不失意，焉能暴已知”（《学阮公体三首》其一）、“不因感衰节，安能激壮心”（《学阮公体》其二）的坚强不屈；“沉舟侧畔千帆过，病树前头万木春”（《酬乐天扬州初逢席上见赠》）、“莫羡三春桃与李，桂花成实向秋荣”（《乐天所寄咏怀且释其枯树之叹》）的通脱自适；“千淘万漉虽辛苦，吹尽狂沙始到金”（《浪淘沙九首》其八）、“马思边草拳毛动，雕眄青云睡眼开。天地肃清堪四望，为君扶病上高台”（《始闻秋风》）的圆融豁达，无不表现出一种撼人心魄的力量。刘禹锡亢奋而不狂躁，悲愤而不沉沦，洒脱而不放浪，执着而不拘泥，是离现实人生最近的诗人。刘禹锡人生态度最少偏执，既不高蹈出尘，又不哀伤消沉；既保持积极进取的锐气，又保持着相对开朗豁达的心态。

同样，宋代大文豪欧阳修也于宋仁宗年间贬谪夷陵（今宜昌市），欧阳修踏上这片“僻远之地”,看到的是“州居无郭郛，通衢不能容车马；市无百货之列，而鲍鱼之肆不可入”“县楼朝见虎，官舍夜闻鸮”的景

[1]［德］维尔纳·舒斯勒著，鲁路译：《雅斯贝尔斯》，北京：中国人民大学出版社，2008年，第65页。

象，对于“曾是洛阳花下客”的欧阳修，定有遭贬后的失落感。可他毕竟是文人，对旧的宫廷生活的留恋并没有引起太多的消沉和伤感。相反，他从“僻远之地”看到了“江山秀美”，他从“既陋且穷”中看到了“绿丛红橘”，他从“民俗简陋”中看到了古朴民风，他的才华被三峡的美景陶醉了，“西陵山水天下佳”，一篇篇千古绝唱从诗人的心中宣泄出来。“一生风流半在兹”，清代彭松毓对欧阳修在夷陵文学成就的评价，实在不为过分。我们可以如此假设：如果欧阳修在京城春风得意，不到夷陵，哪会有“雪压残枝犹有橘，冻雷惊笋欲抽芽”的奇妙诗句，哪会有“荆楚先贤多胜迹，不辞携酒问邻翁”的生活感悟，哪会有“须信春风无远近，维舟处处有花开”的豁达风骨，哪会有“节既晚而愈茂，岁已寒而不易”的刚强品格。我们也可以作这样的假设：如果欧阳修不来夷陵，就没有《夷陵九咏》，就没有描写北宋夷陵瑰丽诗文。

由此可见，贬谪士人在政治上有某种程度上的失意，在仕宦的斗争中经历了腥风血雨，在某种程度上可以说他们政治攫夺中的牺牲品，他们自身具有“悲剧性”的色彩。如果说有所谓的圣者，那就是这些悲剧性的贬谪士人抑或文人在挫折中，在经受失败的痛苦中，精神和意志取得了胜利，雅斯贝尔斯将这种失败中人的胜利又称为“失败中人的伟大”。他认为，人不是全能的上帝，因此人是渺小的，特别是当人在面临受难，罪责和死亡这些临界境遇时，内心对世界的恐惧感会无限放大，同时也会由此激发他们对自身和社会的反省。贬官士人的伟大体现在他们的抵抗、斗争和勇敢当中，可以说他们是时代环境塑造下的“悲剧英雄”，而这些所谓的“悲剧英雄”也是通过体验边缘处境而进一步成长和蜕变。而这些在雅斯贝尔斯看来，正是他们通过对身处的悲剧处境的顽强抵抗、不屈斗争中，通过挫折、失败或者毁灭而表现出自身的伟大，使精神境界得以提升。在周遭的磨砺抑或自身的自我激励中他们完成了由政治感怀向文学抒情的转变，不论是像如苏轼“莫听穿林打叶声，何妨吟啸且徐行。竹杖芒鞋轻胜马，谁怕？一蓑烟雨任平生”般的超脱旷达，还是如白乐天“同是天涯沦落人，相逢何必曾相识”般的满怀感伤，抑或柳宗元“晓汲清湘燃楚竹”“独钓寒江雪”的幽谧孤寂，等等，在他们的文学创作中无一不真实地表露出遭贬后的心理状态。但不论这些贬官文人的写作形式如何，但终究都体现了贬谪文学中最突出的特点“位卑未敢忘忧国”，虽濒临绝境，身处逆境，却傲然独立，风姿绰约，文章忧国忧民之情油然而出。而这也正如雅斯贝尔斯所说的“人们不会因绝望而精神分裂：他安详地忍受折磨，甚至对死亡也毫无恐惧；没有无望的郁结，没有阴郁的受挫感，一切都基本上是明朗、美好和真实的。”[1]

结语

中国古代贬谪文学所体现的是一种历史现象，在其中它体现的是中国古代士人面对国家和百姓所体现出的家国情怀。虽然他们之中众多的人不乏在经历了由“庙堂之高”到“江湖之远”的颠沛流离后已然“心似已灰之木，身如不系之舟”，但他们身上所表现出的“赵魏胡尘千丈黄，遗民膏血饱豺狼”体恤民忧的态度，以及“君是南山遗爱守，我为剑外思归客”的思乡忧愁，都使这些饱经风霜血泪的贬谪佳作在中国古代文学史上留下了浓墨重彩的一笔。或许在贬谪文学的背后一定会有那些文人墨客的辛酸和苦楚，一定会有这些贬官士人在遭受打击后身处临界状态时的失落与彷徨，这些注定是一种时代的悲剧。雅斯贝尔斯这样认为，人在经历的苦楚和死亡后转而化之的新生的感受相对于一切实存生命的内容是最为本己的感受。成就贬谪文学的也恰恰是我们所认为的

[1] [德] 卡尔·雅斯贝尔斯等著，鲁路译：《哲学与信仰——雅斯贝尔斯哲学研究》，北京：人民出版社，2010年，第270页。

一切逆境与磨难，这是那些文人的生活环境，是他们生命中所必然要经历的临界境遇。不可否认，在实在意义上，死亡带给我们的只是恐惧和绝望，但这也正激发着我们去突破从而实现生存的意义。因而伴随着对临界状态的正确感悟，伴随着对实在生命的有限认识，生存的永恒就显露出来了，生命也变得更加有价值。将对临界境遇的感受贯穿到实在生命之中，雅斯贝尔斯就将对临界状态的恐惧转化为面对它时的勇气，不论是否身处此种处境，我们都需要以勇敢作为支撑。贬谪文学中表现的正是这种大无畏的勇气，一曲曲悲壮悠远的感怀之作震动了无数人的心灵，净化了人们的灵魂，或许也正是文学背后心忧天下的情感色彩，才使贬谪文学有了别样的厚重和魅力。它代表的是中国古代士人心中的力量，并不仅仅只有自我的感伤。“如果我只是我自己，我就得荒芜。”雅斯贝尔斯如是说。贬谪文学成就的不是一个个失意文人的梦，更多的是一种人生智慧的展现，一种在风雨中岿然不动的精神状态，这或许也是雅斯贝尔斯的生存哲学与中国古典文学的精妙之处相契合的所在吧。虽然那个时代早已过去，但那一篇篇隽永的佳作却给我们留下了吟咏无尽的风骚和令人品味不绝的人生哲学。

（作者单位：北京外国语大学中国海外汉学研究中心）

试论儒家思想爱满天下的情怀

陈　胜　周子渲

摘要： 儒家作为我国传统文化的重要组成成分，其“仁者爱人”的思想对后世为人处世哲学产生了重大影响。其实，儒家对爱的阐释很质朴，可以用“亲亲而仁民、仁民而爱物”这样一句言简意赅的话来阐述，涵摄三层意蕴，即亲亲、仁民与爱物，其中，孝悌为仁爱之始，祭祀是爱的延伸，三者互为一体获得“安身立命”的情感皈依。

关键词： 儒家思想　爱满天下　情怀

Abstract: Confucianism as an important component of China’s traditional culture, the benevolent thought have a major impact on later philosophy.In fact, the Confucian interpretation of love is very simple, three Meanings of subsumption, including family care, and the public's love, a love of all things.Actually the love of family is the most essential, Which constitute the basis of human emotion.

Keywords: Confucianism; Love over the world; Emotion

引言

儒家仁者爱人的思想最早起源于我国古代的司仪文化，有着爱满天下的情怀，倡导在日常生活中去弘扬这种精神理念，而不是空洞地说教。儒家所涵摄的仁爱思想是发自人内心最原始的阐释与表达，亦是人良知与本能的体现。儒家爱满天下的情怀从对父母的孝开始，但又不仅仅局限于此，而是把这种溢满家庭内部的仁爱精神扩大到对芸芸众生与对天地万物的爱，即达到爱人与天人合一的境界，不难看出，其思想的逻辑脉络是亲亲、仁民，而爱万物，呼吁培育人与自然、社会和谐相处的精神理念，按照现代的说法，是主张走可持续发展的道路。

一、儒家“亲亲”思想内涵的界定

儒家，亦可称之为儒家思想，孔子与其弟子们对儒家思想的弘扬与传承起到了举足轻重的作用，足以彪炳史册。追踪溯源，儒家仁者爱人思想的形成与构建并不是一蹴而就的，其肇始于古代的司仪文化，孔子的教育理念打破了古代“学在官府”的社会教育制度，孔子以“有教无类”[1]的思想去发展教育，使其具有了广泛而又坚实的社会心理基础。儒家提倡与强调爱满天下的情怀，同时，其最令人为之尊崇的是它这种追求的境界不是空洞与抽象的，而是主张要在日常的生活中具以彰显与体现。“儒家追求一种爱满天下的境界，但儒家的仁爱却发端于我们身边最普通的血缘亲情，也就是对父母兄弟、对亲人的爱”。[2]孔子对此有言所述，即“立爱自亲始”[3]，简而言之，爱满天下的情怀要从最质朴的对

[1]《论语·卫灵公》。
[2] 赵士林著：《国学六法》，南京：江苏文艺出版社，2010年，第8页。
[3]《礼记·祭义》。

亲人的关心与爱护开始，具体而言就是对父母的孝敬与尊重，正所谓是“君子务本，本立而道生，孝悌也者，其为仁之本欤”[1]。这句话体现了以孔孟为首的儒家思想希冀以伦理血缘为基础构建社会道德体系的根本诉求与呼吁。孝侧重于亲情之间纵向的表达与眷注，最为聚焦的是晚辈对长辈的敬爱之情，悌侧重于亲情之间横向的关心与爱护，如弟对兄长的尊重。无论是孝抑或是悌，均体现了儒家思想对人伦道德的一种要求与规范，突出的核心是家庭或者家族血缘关系之间的仁爱精神。儒家思想教育我们为人处世最为重要的是要有孝敬之心，正因如此，中国的传统文化在很大程度上可以称之为孝文化，正所谓是“百善孝为先”，儒家对此亦有经典式解读，即“夫孝，始于事亲”。儒家对孝的阐释是围绕着现实生活而展开，是从人之常情的亲情而因材施教。“子夏问孝，子曰：‘色难’”[2]，意指子女或者说晚辈对父母孝敬的体现是要能够做到和颜悦色的恭敬。“子游问孝，子曰：‘今之孝者，是谓能养，至于犬马，皆能有养，不敬，何以别乎。”[3]人们之所以很认同与遵循孝文化，在于孝是人世间最伟大、最质朴的情感之一，亦是对父母之爱的回报。儒家这种建构在亲情伦理基础上的孝体现了人类道德的本原与善根，亦对世界其他文化产生了重要影响，如源于古印度的佛教主张“四大皆空”，其主观思维认为要摆脱生死、斩断尘缘，务必做到“六根清净”，然而在与儒家思想交流与融合后，对孝文化保留了认同，正如《坛经》所云：“恩则孝养父母，义则上下相怜。”

儒家思想倡导的仁爱是发自人内心最原始的阐释与表达，可以说是人的一种良知，正所谓是“人之所不学而能者，其良能也；所不虑而知者，其良知也。孩提之童，无不知爱其亲者；及其长也，无不知敬其兄

[1]《论语·学而》。
[2]《论语·为政》。
[3]《论语·为政》。

者”[1]。客观而言，这种发自人内心最诚挚的孝敬之情，可以在一定程度上理解为人的恻隐之心，人人都会老这是一个客观存在的生死规律，每一位老人均需要细心的呵护与赡养，所以“人皆有不忍之心”[2]具体可以体现为“知爱其亲、知敬其兄”，即对孝悌的诠释与把握。其实，从人的本性来看，人人亦均有敬养之心，如同佛教所言“一阐提也有佛性”，这种敬养之心是儒家德性的集中体现，儒家“三不朽”中亦包含着德的要求，自然涵摄着子女对父母的孝养之心与回馈之情。儒家的精神理念是一个不断践仁与彰显爱的过程，由人的情感可以演绎到对动物本能的升华，如乌鸦反哺与羊羔跪乳，鉴于此，在日常生活中，我们经常说人若不孝敬父母，连畜生都不如。在儒家看来，仁爱思想的累积与沉淀主要取决于个体主观的作为抑或不作为，正如孔子所云：“仁远乎哉，我欲仁，斯仁至矣”。[3]从宗教学的意义上而讲，儒家所看重与尊崇的祭祀亦是孝的具体体现与延伸，对于父母，在现实生活中要恭敬有礼，逝世之后亦须以礼待之，即切实做到葬之以礼，祭之以礼，而不能有所违，孔子对此曰：“生，事之以礼，死，葬之以礼，祭之以礼”。[4]从表面看来是礼，然而从本质来讲却是仁的体现与表达，否则就沦为《论语·八佾》所记载“人而不仁，如礼何？”的境地。爱的情怀需要发自肺腑的真情实感，正如谈到礼的根本，孔子对此云：“礼，与其奢也，宁俭；丧，与其易也，宁戚”。[5]这样类似的仁爱理念在儒家思想中的记载并不少见，“子曰：‘父在观其志，父没观其行，三年无改于父之道，可谓孝矣”。[6]“汉代确立儒学的独尊地位，主要是把它看作政治学说和伦理学

[1]《孟子·尽心上》。
[2]《孟子·公孙丑上》。
[3]《论语·述而》。
[4]《论语·为政》。
[5]《论语·八佾》。
[6]《论语·学而》。

说”。[1]我们从中不难看出，儒家思想不仅强调对亲人的爱，而且非常关注内在情感的真实倾诉。

二、儒家“仁民”理念的弘扬

儒家爱满天下的情怀从对父母的孝开始，但又不局限于此，而是把这种溢满家庭内部的仁爱精神扩大到对芸芸众生的爱，即达到爱人的境界，亦是儒家思想所表达的推己及人的精神理念。在儒家看来，要实现对大众的爱与关怀，应该恪守两个基本标准，其一就是我们耳熟能详的一句话，即“己所不欲，勿施于人”[2]，也就是我们日常所说的将心比心的意思，这样可以达到“在邦无怨，在家无怨”的社会效果；其二是“己欲立而立人、己欲达而达人”[3]，其阐述的核心思想是要有一种宽容豁达的情怀，这也就是孔子所指的“仁之方也”。把这两条爱人的思想精炼成一句话，其实就是告诫我们为人处世务必要达到博爱大众的思想境界。儒家告诉我们的这种仁爱道理，看似很简单，其实要真正地践行起来亦是一个需要坚韧毅力的过程。具体到对大众的爱，儒家认为最重要的是让大众获得幸福，可操作的原则可以用四个字来概括，即富之教之，儒家对此有明确的记载：“子适卫，冉有仆。子曰：‘庶矣哉！’冉有曰：‘既庶矣，又何加焉？’曰：‘富之。’曰：‘既富矣，又何加焉？’曰：‘教之。’”[4]治理国家与调整社会，亟须的是先让民众在物质上富裕起来，然后才去教育他们，这集中体现了儒家的仁爱思想有着坚实的社会物质基础，而不是简单空洞的概念游戏，孔子把对大众的仁爱

---

[1] 张成权著：《道家与中国哲学》，人民出版社，2004年，第69页。
[2]《论语·颜渊》。
[3]《论语·雍也》。
[4]《论语·子路》。

置放在一个物质层面上来考虑。

儒家树立的对大众的爱亦直接体现了对人性的尊重与强调，在传统社会的中国，并不是所有学术流派均重视对人之为人的尊重，但儒家做到了，从保障与维护人的尊严角度出发，孔子曾说“始作俑者，其无后乎”[1]的言辞，孔子之所以对此现象深恶痛绝，根本原因在于认为这样作为是对人性的玷污与侮辱。作为儒家亚圣的孟子更是从君臣平等的角度呼吁对人性的尊重与强调，正所谓是“君之视臣如手足，则臣视君如腹心；君之视臣如犬马，则臣视君如国人；君之视臣如土芥，则臣视君如寇仇。”[2]在孟子民主思想的范畴里，君民关系应该是平等的，其思想的逻辑是认为人的尊严是一样的，孟子甚至提出了“民为贵，社稷次之，君为轻”[3]的观点，集中凸显了儒家对人的尊严的维护与强调。

儒家这种对大众的仁爱思想亦深深地影响着后世做人的道理，业已成为中国优秀文化的重要组成部分，最典型的一个例子发生在唐朝时期，当时有一个叫道州的地方，因为本地的水土问题，在当地出生的孩子多是侏儒，唐朝宫廷为了取乐，每年都会让道州的刺史进贡众多的侏儒，几乎每年均是如此，事情的转机发生在一个名叫阳城的人担任道州刺史期间，他大义凛然地反对朝廷的旨意，即我国历史上著名的阳城抗疏事件，白居易对此写诗颂云：道州水土所生者，只有矮民无矮奴（《道州民》）。阳城罢矮奴贡集中体现了儒家仁爱思想对人性的尊重，《新唐书·阳城传》为此作了详备的记载：“州产侏儒，岁贡诸朝，城哀其生离，无所进。帝使求之，城奏曰：‘州民尽短，若以贡，不知何者可贡？’自是罢。州人感之，以阳名子。”儒家思想的另一重要代表作《孟子》更是突出对人性的尊重，民主至上的精神理念贯穿始终：“庖有

[1]《孟子·梁惠王上》。
[2]《孟子·离娄下》。
[3]《孟子·尽心上》。

肥肉，厩有肥马，民有饥色，野有饿殍，此率兽而食人也。兽相食，且人恶之，为民父母，行政，不免于率兽而食人，恶在其为民父母也？”[1]讥讽与批判统治者的残暴与社会的黑暗，呼吁对民众人性的维护。

三、儒家“爱万物”思想的传承

儒家爱满天下的情怀推己及人，其逻辑脉络是亲亲、仁民，而后爱万物。儒家思想对宇宙万物的爱，可以在一定程度上说是对一切生命的尊重与爱护，培育了人与自然、社会和谐相处的精神理念，从本质上体现了我国传统文化的核心思想，即天人合一，具体来说就是人类的存在、发展与宇宙万物的和谐统一，“儒家从爱亲人推广到爱大众，从爱大众又推广到爱天地万物”。[2]按照现代的说法，就是走可持续发展的道路，正所谓是“天地之大德曰生”。儒家强调宇宙万物与人之间融为一体的途径是对生命的呵护与珍爱。这在儒家思想中有诸多的记载，亦留下了很多的佳话，如宋代大儒程颢在《秋日偶成》中云：“闲来无事不从容，睡觉东窗日已红。万物静观皆自得，四时佳兴与人同。”集中体现了儒家那种倡导人与万物和谐共存的精神理念，亦是“天地之大德曰生”本质内涵的一种呈现。时至如今，随着人类对自然环境的无序征服与改造，环境恶化、诸多物种濒临灭绝等业已是人类面临的一个不得不解决的问题，当我们处于这种严峻的事实面前，儒家思想倡导对天地万物的爱，更加具有重大的现实价值与文化意义。

我们应该以儒家爱万物的思想来处理人与自然的关系，视宇宙是生命的鼓动，是情趣的流淌，是严正的秩序与圆满的和谐。正如苏东坡

---

[1]《孟子·梁惠王上》。
[2] 赵士林著：《中华传统文化开讲》，中华书局2014年版，第36页。

在《醉落魄·一斛珠》中的主张："须将幕席为天地，歌前起舞花前睡。"儒家这种仁爱万物的思想在历史上亦产生了重大的文化影响，正如辛弃疾在《贺新郎》中所抒发的情怀："我见青山多妩媚，料青山见我应如是。"大诗人李白更是对自然充满了无限的向往与尊崇，在《月下独酌》中亦有诗云："花间一壶酒，独酌无相亲。举杯邀明月，对影成三人。"儒家文化所呈现出的这种宇宙观，即对万事万物的爱，其核心是在阐释人类应该对大自然持有心理上的认同感与归属感，在其精神理念里，宇宙是一个富有情感、虚实结合、动静相宜的家园，正因如此，我们可以说"仁，天心也"。

当前，人们更多的是被物质利益所蒙蔽，而在一定程度上迷失了思想、道德视域的自我，对此，可以用古语"天下熙熙皆为利来，天下攘攘皆为利往，夫千乘之王，万家之侯，百室之君，尚犹患贫"[1]来概括时下部分人的心态。物欲横流、红尘十丈，人与人之间的关系更多的是一种利用与被利用的关系，最为常见的是邻里之间、婆媳之间以及兄弟之间经常为诸多的小事而闹得鸡飞狗跳不得安宁。其实，我们说这种理应是和睦无间的亲友关系、朋友关系在很大程度上被浸淫在利害计较之中，这样的社会情形与人生百态是可怕的，亦是令人遗憾与寒心的，最后导致的不是财富的累积，而是社会道德的沦丧、人与人之间情感的冷漠，说到底是爱的缺失。正是在这样的一个时代境况下，我们亟须儒家情满天下仁爱思想的滋润与培育，爱是生存的需要，亦是社会发展与人格完善的需要，正如西方哲人赫斯所言"爱不管在任何地方出现，总比利己主义更有力量"。儒家倡导对万事万物的爱并不需要感天地泣鬼神的举止，而是倡导从日常生活小事做起，即便是在沙滩上捡起一个小海星将其重新放进大海里均是仁爱切切实实的体现与表达。因此，我们可

[1]《史记·货殖列传》。

以说，儒家作为我国传统文化的重要组成成分，其“仁者爱人”的思想对后世为人处世哲学产生了重大影响，不仅具有重大的历史文化价值，而且充满了现代化的人文情怀。

结语

儒家思想在强调对亲人关爱的基础上，倡导对他人与天地万物的爱护，具有广泛而又坚实的社会心理基础，如无论是孝抑或是悌均体现了儒家思想对人伦道德的一种要求与规范。同时，儒家告诫我们的这种仁爱道理，看似简单，其实要真正地践行起来亦是一个需要坚韧毅力的过程，特别是对大众的爱，对天地万物的敬畏与爱护均需要我们有一个仁者的情怀。

（陈胜，中国人民公安大学讲师；周子渲，中央民族大学硕士）

典籍译介研究

森舸澜《论语》阐释中"无为"思想的德性伦理解读*

刘亚迪

摘要：将"无为"作为《论语》的核心思想是加拿大学者森舸澜（Edward Slingerland）的新见，但国内学界对其研究甚少。本文在对森舸澜《论语》英译本（*Confucius Analects with selections from traditional commentaries*）等相关著作进行文本细读的基础上，详尽阐释了森舸澜这一具有创新性的见解。通过研究发现森舸澜所谓的"无为"并不是无所作为，而是"不刻意、不自知、无意识；不费力、轻而易举"的行为，它源自中国古代的天人观，并在努力修身过程中，将"德"反复练习内化成一种身体本能，以至于在面临相关环境时能不自觉地做出反应。

关键词：《论语》 森舸澜 "无为"思想 德性伦理

---

* 本文的研究和撰写受到北京外国语大学基本科研业务费青年学术创新团队支持计划资助。项目名称：1990年以来欧美儒学研究的新进展及理论回应（批准号2016JT001）。

Abstract: "Wu-Wei" as the core thought of *The Analects* is Canadian scholar Edward Slingerland' s new academic perspective, but a few domestic scholars research it. This paper was based on a close reading of Confucius Analects with selections from traditional commentaries and other related writings, elaborate Slingerland' s creative review. Through this study, I found that: Slingerland' s "wu-wei" is not "doing nothing" but "spontaneous, unselfconscious; effortless, free of strain". It originated from the ancient Chinese view of nature, and the "De" internalized into a kind of instinct in the process of self-cultivate, so that our body can respond automatically in the face of external environment.

Keywords: *The Analects*, Edward Slingerland, "wu-wei", Virtue Ethics

作为对中国思想文化影响最深远的思想著作,《论语》是外国学者了解中国文化的重要窗口,对其进行翻译及研究也一直方兴未艾。《论语》外译始于16世纪末,1809年新教传教士马歇曼节译《论语》并出版,标志着《论语》英译的正式开始。1861年英国传教士和汉学家理雅各的《中国经典》第一卷出版,成为《论语》英译的一个里程碑。而20世纪以来的英译作品更是如雨后春笋般出现。加拿大学者森舸澜[1]于2003年翻译的《论语》是近年来英译本中非常有特色的一部,这不仅在于森舸澜采用了"厚重"翻译的方法,使《论语》能够为更多的普通读者所理

[1] 森舸澜(Edward Slingerland),加拿大当代汉学家,自中学时起便爱好中国文化。1986—1988年在普林斯顿大学学习生物和古汉语;1988—1989年在台湾东海大学中文系研修;1991年后获斯坦福大学汉语专业学士学位;1994年获加州大学伯克利分校古汉语专业硕士学位;1998年获斯坦福大学宗教研究专业博士学位,主攻中国古代思想。现为加拿大英属哥伦比亚大学(The University of British Columbia)亚洲研究系教授,人类进化、认知、文化研究中心主任。森舸澜教授研究兴趣广泛,并且在每个领域都有所建树。2003年,森舸澜将《论语》翻译成英文,由Hackett出版社出版。译本英文名为*Confucius: Analects*,该译本除了《论语》英语译文外,还包含前言、导论、中国朝代年表、参考文献以及5个附录。

解；更重要的是森舸澜以一种新的视角发掘了《论语》的思想。

“无为”在中国传统文化中通常被当成是道家思想的核心概念，儒家则是以主张实行仁义道德、积极参与社会政治事务而著称，然而在森舸澜看来“无为”是贯穿于先秦思想——儒、道、墨、法诸家的共同思想。[1]“无为”在各家思想中同中有异，儒家思想中的“无为”思想特别值得注意，森舸澜最早是在翻译《论语》的过程中提出的“无为”思想，且将《论语》视为“无为”境界的典范。“无为”在《论语》中出现只有一次，“无为而治者，其舜也与？夫何为哉？恭己正南面而已矣。”[2]朱熹解释：“圣人德盛而民化，不待其有所作为也。”[3]清代学者刘宝楠在《论语正义》里解释为：“任官得其人，故为无为。”[4]由以上两个例子可见，传统评论家对《论语》中“无为”的解释皆停留在政治层面，基本上等同于儒家“德行仁政”的主张。而森舸澜作为一个文化“他者”，脱离了中国传统思维定式的语境，重新发现并解读了《论语》中的“无为”思想。

在森舸澜的《论语》翻译中，“无为（wu-wei）”直接出现就有26次，[5]而对于“无为”的解释说明贯穿了整篇文章，成为他对《论语》理解的一个关键词。森舸澜以程树德的《论语集释》为翻译底本，接触到了各家的思想，但他对这些思想采取了选择性的接受，创造性地阐释了“无为”思想，建构了一个新的诠释体系。

---

[1] Edward Slingerland, *Trying not to try: the art and science of spontaneity*. Crown publishers, 2014.Edward Slingerland, *Effortless action——Wu-wei as conceptual metaphor and spiritual ideal in early China*. Oxford University press, 2003. 二书均有论述。

[2] 杨伯峻：《论语译注》，北京：中华书局，1982年，第126页。

[3] 朱熹：《四书集注》，成都：巴蜀书社，1985年，242页。

[4] 刘宝楠：《论语正义》，北京：中华书局，1990年，615页。

[5] 这26处分别出现在《论语·学而》（第十、第十二）、《论语·为政》（第一、三、四、十八、二十一）、《论语·八佾》（第十一、二十三、二十五）、《论语·公冶长》（第十）、《论语·述而》（第三十）、《论语·里仁》（第一、八、十八）、《论语·子罕》（第十八、十九）、《论语·先进》（第二十六）、《论语·颜渊》（第十三）、《论语·子路》（第六）、《论语·宪问》（第三十五）、《论语·卫灵公》（第五）、《论语·季氏》（第八）、《论语·阳货》（第二、十九）。

一、森舸澜《论语》阐释中“无为”的基本含义

森舸澜在《论语》的导言里对“无为”进行了解释：

> “无为”最好译作“不费力行动”，因为它并不表示什么都没有做，而是一种行为方式，在这种行动中，看似什么都没有做，但其实事情已经被做好了。[1]

由此可见，他认为“无为”不能照字面理解为“什么都不做”，而实际上应该指的是一个行动者在行动的过程中所体现出的状态——行动者毫不费力地、无意识地去行动，结果十分有效，并且达到人与天的和谐统一。这是个人修身的目标，同时，也是社会改良的完美形态。

接着森舸澜又说：“如果一个行为是自发地、无意识地、十分有效地，那么这种行为是‘无为’的行动。‘无为’代表着人内心想法与外在行动之间的和谐，在这个行动中，行为者感到‘毫不费力’并且毫无压力。”[2]

从这段话语中我们可以看出森舸澜的“无为”的基本含义：一是不刻意、不自知、无意识（spontaneous, unselfconscious）；二是不费力、轻而易举、毫无压力（effortless, free of strain）。

（一）不刻意、不自知、无意识（spontaneous, unselfconscious）

“不刻意、无意识”是表明主体的行为是他内心想法的自然流露，是人的内在精神与外在行为之间的和谐。如：

---

[1] Edward Slingerland, *Confucius Analects with selections from traditional commentaries*. Cambridge: Hackett Publishing Company, 2003, p. xix.（原文：“‘Wu-Wei’ might be best translated as ‘effortless action’, because it refers not to what is or is not being done, but to the manner in which something is done.”）

[2] 同上。（原文：“An action is wu-wei if it is spontaneous, unselfconscious, and perfectly efficacious. Wu-Wei action represents a perfect harmony between one’s inner dispositions and external movements, and is perceived by the subject to be ‘effortless’ and free of strain.”）

> 子见齐衰者、冕衣裳者与瞽者，见之，虽少必作；过之，必趋。[1]（《论语・子罕》）

森舸澜在注释中写道，孔子情不自禁地想要去停下脚步或是加快步伐，这源于他内心对弱者的同情，是他内心情感的真实流淌，并非刻意为之，这正是“无为”的境界。

这种“不自知”的行为在《论语・为政》中表现得最为明显：

> 子曰：吾十有五而志于学，三十而立，四十而不惑，五十而知天命，六十而耳顺，七十而从心所欲，不逾矩。[2]

除此之外，《论语》中经常出现的“乐”“忘”（forget）就对应着“无意识、不自知”的境界。如：

> 子曰：“饭疏食，饮水，曲肱而枕之，乐亦在其中矣。不义而富且贵，于我如浮云。”[3]（《论语・述而》）
>
> 叶公问孔子于子路，子路不对。子曰：“女奚不曰，其为人也，发愤忘食，乐以忘忧，不知老之将至云尔。”[4]（《论语・述而》）

这两个例子说的是孔子虽然物质条件贫乏，虽然年老体衰，却浑然不觉，“the unconscious joy”[5]（无意识的快乐）从心里油然而生，能够不

---

[1] 杨伯峻：《论语译注》，北京：中华书局，1982年，第89页。
[2] 杨伯峻：《论语译注》，北京：中华书局，1982年，第12页。
[3] 杨伯峻：《论语译注》，北京：中华书局，1982年，第70—71页。
[4] 杨伯峻：《论语译注》，北京：中华书局，1982年，第71页。
[5] Edward Slingerland. *Confucius Analects with selections from traditional commentaries*. Cambridge: Hackett Publishing Company, 2003, p. 71.

改其乐的精神境界，这也就是“无为”状态的表现。

（二）毫不费力、轻而易举、毫无压力（effortless, free of strain）

当人处于“无为”的状态时就意味着他不再耗费精力做事，它包含着主体的“无为”和客体的“自发”。如“为政以德，譬如北辰居其所而众星共之。”[1]（《论语·为政》）森舸澜在翻译“北辰居其所”的时候，将其翻译为“it simply remains in its place”[2]，“simply”突出了行为者“无为”的特征——行为者轻而易举地就能获得众人的拥戴。《论语·为政》中说：“子张问干禄。子曰：‘多闻阙疑，慎言其余，则寡尤；多见阙殆，慎行其余，则寡悔。言寡尤，行寡悔，禄在其中矣。’”[3]在森舸澜看来，只要主体不需要再去刻意追求职务，职务会自发而来。因此森舸澜将“禄在其中”翻译为“an official position will follow naturally”[4]，“follow naturally”（自然而然地随之而来）这个动作表明了客体的“自发性”，客体受到主体“德”的感染，对主体产生依附和向往，自发聚拢，依照主体的意愿运作。

二、中国古代哲学中的天人观对“无为”思想的影响

历代众多评论家在解释《论语》中的“无为”时，都认为其来源于老子，如李泽厚在《论语今读》中认为“无为而治者”表明，儒道本源于原始的巫风文化，[5]此处的“无为”实际上是儒家借用了道家的学说。而在森舸澜看来，《论语》中的“无为”有自己发展的源头，有自己的

[1] 杨伯峻：《论语译注》，北京：中华书局，1982年，第11页。
[2] Edward Slingerland. *Confucius Analects with selections from traditional commentaries* . Cambridge: Hackett Publishing Company, 2003, p. 8.
[3] 杨伯峻：《论语译注》，北京：中华书局，1982年，第19页。
[4] Edward Slingerland. *Confucius Analects with selections from traditional commentaries*. Cambridge: Hackett Publishing Company, 2003, p. 14.
[5] 观点引自李泽厚：《论语今读》，合肥：安徽文艺出版社，1998年，第357页。

体系，要了解这个体系，首先要了解“天”。森舸澜有一段对“天”的描述，在他看来：“天”不仅是一个浑然庞大的物理范畴，它更是一个掌管世界的统治者，它的意志被称为“天命”（mandate, fate）。[1]他又说道，天就是以“无为”的方式来统治世界的。所谓“天何言哉？四时行焉，百物生焉，天何言哉？”[2]（《论语·阳货》）天虽然不直接下达指令，但是四季更替，万物繁衍，运行不止。森舸澜认为作为人世间的统治者——“天子”也应该以“无为”的方式来进行统治。尧、舜等就是这样的贤君，他们统治下的社会是一种完美的社会形态，具体体现为整个社会秩序的内在和谐，以及天人关系的和谐。另外，天命虽然不能违背，但是人可以与天交流，向天献祭，与天和谐，从而了解天的意志，找准自己在宇宙中的位置。森舸澜解释说，与天和谐，人们就获得了一种能力，这种能力不仅带给他们个人的好处，而且使他们更好地了解天的意志。表明“无为”的含义就是了解天的意志的关键。森舸澜“无为”为的是了解“天命”，了解人在宇宙中的位置，带有更强烈的形而上的色彩。“无为”也不再仅仅是统治者所应有的统治方法，而且也是民众所应追求的目标。它的适用范围从政治层面扩展到社会层面，从极少数的个人延伸到整个社会群体。

森舸澜认为，到了孔子的时代，随着礼的破坏，人性缺点逐渐暴露，人与天之间的和谐关系破坏了，社会的和谐秩序也被破坏，整个社会陷入衰败堕落（“fallen”）的境地，孔子是上天派来的“木铎”用来警醒世人的。孔子毕生的目标都在致力于教导人们如何达到“无为”，进

---

[1] Edward Slingerland. *Confucius Analects with selections from traditional commentaries*. Cambridge: Hackett Publishing Company, 2003, p. 239.［原文：“refers to an anthropomorphic figure: someone who can be communicated with, angered, or pleased , rather than a physical place. Heaven possessed all of the powers of the Lord on High and in addition had the ability to charge a human representative on earth with the ‘Mandate’(ming 命)to rule. ”］

[2] 杨伯峻：《论语译注》，北京：中华书局，1982年，第187—188页。

而通过个人的“无为”达到整个社会的“无为”，还原社会的和谐状态。

既然“无为”是一种最终理想的状态，那么通过何种方式可以实现它呢？孔子自我修炼的过程是：通过“学”塑造认知，通过“礼”规范行为，最后通达“乐”——将行为和认知都内化成为人无意识地、毫不费力地行动——“无为”境界。

因此森舸澜认为，《论语》告诉我们实现“无为”最主要的两个途径就是：“学”和“礼”。“学”和“礼”是自修的途径，森舸澜认为“学”（“learning”）的范围很广，包括学习诗书礼乐，包括向他人学习。通过“礼”和“学”能获取“德”，达到了“德”，成为一个有德的人，就能进入“无为”的状态，非刻意地、轻而易举地行动。在森舸澜看来，修德的最终目标就是达到“和”和“成”（“harmony and perfection”），而“成”与“仁”是息息相关的。

三、“无为”思想自身的悖论

在叙述孔子的“无为”思想时，森舸澜也提出了“无为”的悖论[1]（“the paradox of wu-wei”），他认为矛盾主要可以归结为两点。

第一，如何使并不真心热爱夫子之道的人去自发地、真心地热爱夫子之道。森舸澜认为达到“无为”就要真心热爱夫子之道，并且能够付诸实践，但《论语·公冶长》中记述了“宰我昼寝”的事情就表现了“无为”的悖论。

如在“宰我昼寝”的注释中，森舸澜评论道，只有一个人真心热爱“道”的时候才能获得它，那么如何教导一个本性不爱“德”的人去

[1] “the paradox of wu-wei”是文中常用的概念，首次出现在Edward Slingerland, *Confucius Analects with selections from traditional commentaries* . Cambridge: Hackett Publishing Company, 2003, p. 13。

自发地、真心地热爱道呢？在《论语》中，孔子、颜回这些人是本性就热爱“德”的，但是现实中还有大部分的人本性并不爱“德”，如孔子曾感叹“吾未见好德如好色者”（《论语·子罕》）[1]。既然本性并不热爱“德”，就无法自发地去热爱“德”，那么孔子如何去改变一个人的本性？如果本性无法改变，那么孔子提出的自修方法意义又何在呢？

第二，如何理解刻意自修和“无为”之间的关系。孔子在文中多次提到，要想进行有效的统治，必须有“德”所带来的力量，从这个层面上来说，人们需要努力自修，从而获取德。如“譬如一山，未成一篑，止，吾止也；譬如平地，虽覆一篑，进，吾往也”（《论语·子罕》）[2]。学习夫子之道（道路最终目的是“无为”）就如同堆山一样，需要持续不断地努力和不屈不挠的决心。然而，在刻意地追求德的过程中，他的行为不再是自发地、无意识的了，这与孔子的“effortless”（“无为”）相矛盾。如何通过有为而达到无为？如何通过艰难努力达到毫不费力？这看来似乎就是一个无法调和的悖论。

四、西方德性伦理视角下的“无为”思想

自18世纪以来，理性模式已被西方大部分学院哲学（包括伦理学）确立为唯一的、合宜的认知模式。但随着认知科学而衍生的关于人类逻辑思维的决策的研究，如何引起关于客观主义——理性主义的基本假设的疑问，继而引申至对建基于“理性至上”思维伦理模式（主要是功利主义和义务论所推崇的模式）的疑问。

有意识的理性决策模式，前提是假设有一个单一的、有意识的自

[1] 杨伯峻：《论语译注》，北京：中华书局，1982年，第93页。
[2] 杨伯峻：《论语译注》，北京：中华书局，1982年，第93页。

我存在，这个自我接受外界信息，经过一系列统筹计划、分析，然后做出决定。然而，近期的脑神经科学和认知科学的研究表明，人脑中并没有这样一个单一的，肩负搜集和处理所有信息的总汇区域存在；相反人脑由多个系统组成，它们相互联系，相互分工，又在各自的区域搜集和处理信息。这样一个单一的、有意识的自我控制人的行为的前提被打破了。事实上，我们也经常会出现不能完全意识到或者控制我们自己的行为，我们在日常生活中的反应和行为并非完全依赖于绝对的理性，对于周遭环境的感知和直觉反应在行动中扮演了不可忽视的重要作用，主动注意虽然是人类的重要能力，但是也不是唯一可靠的。而这一点正好成为德性伦理对抗以康德为代表的义务论和以边沁为代表的功利主义的有力证据，因为德性伦理的特征就是较少依赖认知控制和推理。

森舸澜认为《论语》中的这种“不费力行为”“无为”与受到理性控制的“主动注意”不同：它并不“源于理性地、有意识地遵从规条或计算，而是源于稳定的、自发的、与情绪有关的性情，让人面对某些特殊情况时能做出合乎道德的反应，也能以一些较合乎规范的方式，可靠地感知这个世界。”[1]也就是说，一个有德性的人在面对具体问题时，他并不是经过精密的计算得失，也并不是检查行动的结果是否符合道德伦理的规范，他仅仅是受到外界事物的触发，做出自然的反应。正如同前文中所提到的，孔子在见到“齐衰者、冕衣裳者与瞽者”时，不由地加快脚步，这完全是孔子内心德性在感知外界环境以后生出的自然反应。森舸澜也提到了，这种德性并非全都是随着人生来就有的，经过后天的文化训练，是可以逐步改变和塑造人的“天性”的。这些文化训练也涉及了一些普遍的道德原则——譬如孔子所提倡的诗、书、礼、乐等一列的

[1]［加］森舸澜著，马鼎当译：《迈向经验上可信赖的伦理学：认知科学、德性伦理与中国早期思想里的“不费力注意”》，载于《中国哲学与文化（第九辑）》，桂林：漓江出版社，2011年。

修身方式，但是由于其最终目的是为了培养人的内在的性情，并且在行为发生的过程中，理性不参与其中，因此仍是一种德性伦理模式。

“不费力行为”/“无为”模式在行为中可能更为可靠有效，因为面对复杂万变的世界，它比套用固定的道德原则和精密计算有更大的灵活性，并且人在行动的过程中，是受到无意识的习惯驱动，才感到“毫不费力”。也就是在这个基础上，贯穿于中国先秦时期的思想，特别是在《论语》中表现得尤为明显——“不费力行为”“无为”——就成为德性伦理的理想模式。

这个观点不仅解释了上述的矛盾——“在刻意地追求德的过程中，他的行为不再是自发的、无意识的了，这与孔子的‘effortless’（‘无为’）相矛盾。”——通过费力达到不费力是修身阶段性的问题，反映出了森舸澜对待“无为悖论的问题”认识的一个变化。更为重要的是，他还将《论语》中的这种“不费力行为”视为德性伦理的一个理想模式，成为他对抗功利主义、义务论的重要支撑点。

结语

在森舸澜的论述下，“无为”“不费力行为”上升为儒家最高的修身境界，并且是孔子一生所追求的最高理想——通过自修获取德，达到个人的“无为”，进而通过个人的“无为”恢复整个社会的“无为”，达到天人的和谐，挖掘了《论语》新的内涵。在森舸澜的论述下，“无为”不再仅仅是统治者所应有的统治方法，也是普通民众自修所应追求的目标，“无为”的适用范围从政治层面扩展到社会层面，从极少数的个人延伸到整个社会群体，极大地丰富了“无为”的内涵和外延。

同时，森舸澜认为儒家在修炼的初期可能会非常费力，但是一旦把这些道德内化成为德性，就是“毫不费力的行为”了。因此“无为”其实就是一种不受积极认知控制的德性伦理的行为模式，并且由于在实际生活中的有效性，这种行为模式应该被视为德性伦理的理想模式，这对我国古代经典著作研究和西方伦理学研究都具有一定的启发性。不仅如此，森舸澜在最新的著作[1]里还提出修德对当今社会的价值，他认为“德”是中国文化软实力中的重要内容，重视德行，对提高个人的生活质量，加强文化凝聚力，以及民族身份的自我认同都大有裨益，这是一个文化“他者”将我们传统思想和当今社会的问题融合在一起所做的努力。

（作者单位：北京外国语大学中文学院）

[1] Edward Slingerland, *Trying not to try: the art and science of spontaneity*. Crown publishers, 2014.

新书评论

俄罗斯《中国精神文化大典》的缘起*

刘亚丁

摘要： 本文的目的是向学界介绍俄罗斯科学院季塔连科院士主编的6卷本《中国精神文化大典》。文章以俄罗斯汉学历史和现状的史料为关注对象，在此背景上分析《大典》的观念和主要编撰人员的贡献。首先，"新欧亚主义"观念消除俄罗斯原来自恃的东正教文化的傲慢，为《大典》的写作营造了舆论氛围，为对话提供了话语空间。其次，季塔连科本人的学术成就和学术组织才能，是《大典》问世的最重要条件。再其次，以李福清、佩列洛莫夫、卢基扬诺夫、科布杰夫等汉学家，长期潜心于中国精神文化研究，他们成为《大典》写作的精英团队。此三者，如三足擎举起《中国精神文化大典》之鼎。

Abstract: The purpose of this paper is to introduce for academic areas value of *The Encyclopedia of Spiritual Culture of China* (six volumes),

* 本文获得国家社科基金重大项目"俄罗斯《中国精神文化大典》中文翻译工程"（12&ZD170）资助。

chiefly edited by the academician Titarenko.In view the past events and the present material of the Russian Sinology, the Main idea of *The Encyclopedia* and Titarenko's contribution and author's role are analyzed. First of all, it owes to Titarenko's positive initiation of the "Neo-Eurasianism" which eliminates the original Orthodox's arrogance, creating a consensus atmosphere and a discourse space for this classic as well as the cultural dialogue in equality. Secondly, the most important reason of the success of *The Encyclopedia* is contributed to the academic achievements and organized talents of Titarenko himself. Last but not least, there rich Sinologist talents and innumerable great achievements in Russian, like Riftin, Perelomov, Lukyanov and Kobdzev, who concentrate themselves on the Chinese spiritual culture for a long time, have grouped themselves into an elite team for *The Encyclopedia*. Thus all these factors lead to the birth of this great classic.

Keywords: *The Encyclopedia of Spiritual Culture of China*; Neo-Eurasianism; Titarenko; Russian sinologists.

由国际儒联理事长季塔连科（Mikhail Titarenko，1934—2016）院士主编的《中国精神文化大典》(Духовная культура Китая. Энциклопедия)，规模宏大，煌煌六卷，历时近十载，襄助者数十人，诚为俄罗斯汉学界的学术巨献。[1]2010年《中国精神文化大典》已经出齐了6卷。2009

[1] 中国学者对《中国精神文化大典》的评论介绍文章，请参见：刘亚丁《鸿篇巨制传友谊》,《人民日报》2010年2月12日；刘亚丁:《"永乐大典"在海外——俄罗斯科学院〈中国精神文化大典〉侧记》,《中外文化交流》2011年4期；刘亚丁:《俄罗斯〈中国精神文化大典〉: 翻译与思考》,《俄罗斯文艺》2013年3期；刘亚丁:《探究中国哲学 溯源华夏心智——〈中国精神文化大典·哲学卷〉》,《甘肃社会科学》2013年4期；李志强、谢春燕:《踵事增华 汉学奇葩——评〈中国精神文化大典〉》,《中国俄语教学》2010年1期；李明滨:《俄罗斯汉学的百科全书传统》，何培忠主编:《国际视野中的中国研究——历史与现状》，北京，中国社会科学出版社，2013年，第99—102页；柳若梅:《评俄罗斯科学院〈中国精神文化大典〉》,《国外社会科学》2009年6期；Лю Ядин. Понимание и диалогичность: значение энциклопедии «Духовная культура Китая» // Проблемы Дальнего Востока, №4, 2014；Ли Чжисян, Се Чуньянь. Важный мост между культурами. Об энциклопедии «Духовная культура Китая»//Проблемы Дальнего Востока, №1, 2014.

年6月前国家主席胡锦涛访俄期间授予《中国精神文化大典》主编季塔连科院士“中俄关系60周年杰出贡献奖”。[1] 2011年主编季塔连科，副主编科布杰夫（Artiom Kobzev，1953-　）、卢基扬诺夫（Anatoli Lukryanov，1948-　）因“在发展祖国和世界汉学中，在编纂具有重大价值的、科学院本的《中国精神文化大典》中的杰出贡献”荣获俄罗斯国家奖[2]，是年6月12日——俄罗斯国庆日，当时的梅德韦杰夫总统亲自为他们颁奖。2013年3月23日习近平主席首次访俄，在会见俄罗斯汉学家时，《中国精神文化大典》副主编卢基扬诺夫介绍了这本书，习近平主席赞扬说：前几年，俄罗斯科学院出版了6卷本《中国精神文化大典》，全面诠释了中国五千多年博大精深的文化，集中体现了俄罗斯汉学研究的成果。[3]

我们四川大学当代俄罗斯研究中心是国家社科基金重大项目“俄罗斯《中国精神文化大典》中文翻译工程”的第一承担单位。中心是由教育部国际司确立的中俄人文合作工作机制框架内的三个研究机构之一。中心主任为李志强教授，我任中心学术委员会主席。2010年秋中心成立之际就注重与俄罗斯科学院远东所等学术机构保持学术联系，中心聘请远东所所长季塔连科院士、该所东亚文明比较研究中心主任卢基扬诺夫等任学术顾问。我本人早就开始关注季塔连科及其团队的中国文化研究工作。2001年我在莫斯科大学做高访时就买了季塔连科主编的《中国哲学百科词典》。2007年我在彼得堡的俄罗斯科学院东方学分所（现东方文献研究所）查资料时，所里的研究人员向我介绍了刚出版的《中国精神文化大典》，我设法买到了第一卷《哲学卷》。这使我开始关注这一套

[1] 吴绮敏、张光政：《回顾历史寄语未来——记胡锦涛主席出席中俄建交60周年庆祝大会》，《人民日报》2009年6月18日。

[2] Указ Президента Российской Федерация от 8 июня 2011г. № 724//Российская газета, 10 июня 2011 г.

[3] 杜尚泽、施晓慧、林雪丹、谢亚宏：《“文化交流是民心工程、未来工程”——记习近平主席会见俄汉学家、学习汉语的学生和媒体代表》，《人民日报》2013年3月25日。

书的后续出版。2010年9月四川大学当代俄罗斯研究中心成立时，我的老朋友卢基扬诺夫率俄罗斯汉学家代表团前来祝贺，赠送给中心一套完整的《中国精神文化大典》。当天我在私下对卢基扬诺夫表示，无论有多大的困难，我们都会设法把这套书翻译成中文。在2011初发表的一篇介绍《中国精神文化大典》的文章的末尾，我写道："《中国精神文化大典》将出多少个译本，确实值得期待。至少我们期望《中国精神文化大典》中译本早日问世。"[1]我把由我们出面组织翻译这套书的想法告诉了李志强教授，得到了他的赞同。这就结下了我们中心与这套书的"情分"。

2012年4月25日四川大学党委常务副书记罗中枢教授出席了四川大学当代俄罗斯中心与俄罗斯科学院远东所"《中国精神文化大典》中文翻译合同"签字仪式。我和李志强教授分别撰文评介《中国精神文化大典》。中国社科院外国文学研究所俄罗斯文学研究室主任、俄罗斯文学研究会会长刘文飞研究员两次主持支持这项翻译工作的会议。2012年10月我作为首席专家，会同国内的俄罗斯文学研究家们，成功夺标，获得国家社科基金重大项目——"俄罗斯《中国精神文化大典》中文翻译工程"。北京师范大学夏忠宪教授、我本人、中国社科院外国文学研究所刘文飞研究员、北京外国语大学张建华教授、四川大学李志强教授、南开大学王志耕教授分别担任《哲学卷》《神话·宗教卷》《文学·语言与文字卷》《历史思想·政治与法律文化卷》《科学·技术·军事思想·卫生·教育卷》和《艺术卷》的翻译负责人。北京大学李明滨教授，中国社科院吴元迈研究员，四川大学项楚教授，远东所季塔连科院士、卢基扬诺夫教授，俄科学院东方学所科布杰夫教授任翻译顾问，南开大学阎国栋教授、北京外国语大学柳若梅教授、四川大学何剑平教授为翻译专

[1] 刘亚丁：《"永乐大典"在海外——俄罗斯科学院〈中国精神文化大典〉侧记》，《中外文化交流》2011年4期。

家组成员。全国多家高校、科研机构57位专家学者共襄此举，拟用5年的时间把这本著作译成精品。

一部厚重的、集体创作的学术著作的产生，必定有多种因素共同促成。庞朴先生认为，世界万事万物，终究可以归结为三。他描述“一分为三”的第二种形态是两实一虚，比如经济活动中的买方、卖方和“看不见的手”——供需规律。[1]揆诸此理，一虚两实，成就了《中国精神文化大典》。所谓一虚者，促成《中国精神文化大典》之思想观念之谓也，即新欧亚主义；两实者，完成《中国精神文化大典》的两种力量之谓也，即主编季塔连科和优秀的汉学家写作群体。若《中国精神文化大典》为鼎，此三者则为擎举鼎之三足。

一、一种思想观念

在《中国精神文化大典》第一卷《哲学卷》的总论“中国精神文化”中尚有一小标题“新欧亚主义与文化和谐”，作者指出：“俄罗斯精神自我反思激活并具体化了新欧亚主义思想。应该特地指出：当代俄罗斯的欧亚主义是客观的天文事实，是地理学的、人文的、社会的现实。俄罗斯囊括了欧洲和亚洲空间的部分，并将它们结合在欧亚之中，因而它容纳欧洲和亚洲的文化因素于自己的范围内，形成了最高级的、人本学、宇宙学意义上的精神文化合题。”[2]所谓新欧亚主义，其核心观念为：俄罗斯在地理上和文化上处于欧洲和亚洲两大板块，因而能够吸收欧洲文化和亚洲文化各自的优长之处，从而形成新的文化空间。

从《中国精神文化大典》的内涵来看，新欧亚主义是其立论的基

[1] 庞朴：《中国文化十一讲》，北京：中华书局，2008年，第146页。
[2] Духовная культура Китая. Энциклопедия. Главный редактор М. Л. Титаренко, М., Восточная литература, 2006, т. 1, Философия, с. 29.

础，从《中国精神文化大典》的产生历程看，新欧亚主义则为其创造了舆论环境和话语空间。新欧亚主义也是《中国精神文化大典》主编季塔连科从20世纪90年代中期以降始终不懈宣扬的一种思想观念。1995年5月“现实主义者”俱乐部主持彼得罗夫（Urii Petrov）主办了“欧亚主义方案：现状、问题、概念”论坛，邀请俄罗斯的政治家和学者出席。鞑靼斯坦共和国副主席利哈乔夫（Vasili Likhachiov）认为，欧亚主义让多民族的鞑靼斯坦共和国的居民倍受鼓舞，欧亚主义既可以平衡俄罗斯国内中央与各联邦主体的关系，也可以平衡国际关系。[1]季塔连科在论坛上发表了题为“欧亚主义与文明”的演讲，他指出：“欧亚主义不仅是地理的，而且是政治和经济的概念。”[2]他还提出，在欧亚主义的框架下，“我们应该评价自己的过去，保留优越的东西，扬弃陈旧的、过时的东西。还需要学习。要向别的文明学习——向土耳其、伊朗、法国、德国学习，向整个欧洲文明、美洲文明学习。学习适合我们的东西，而不是机械地照搬。最后，其他文明的经验，如日本、韩国、中国、印度的经验，不正好说明了这一点吗？”[3]

季塔连科在自己1998年出版的《俄罗斯面向亚洲》（*Россия лицом к Азии*）一书中，将这个讲稿收入其中（作了大幅度的修改），即为该书的第一章“新欧亚主义——亚洲的观点”。季塔连科首先讨论了苏联解体之后俄罗斯的意识形态选项问题。他分别考察了苏联时代的马克思列宁主义、苏维埃式爱国主义，作为保守主义的资产阶级自由主义，作为俄罗斯君主制的三原则的东正教、专制制度和民族性，俄罗斯式的民族主义和爱国主义，认为这些思想或意识形态都不能成为俄罗斯国家观

---

[1] См., В. М. Лихачев. Евразийский проект: Баланс интересов государств и регинов//Клуб «Реалисты», №16, М., 1996, сс. 5-12.
[2] М. Л. Титаренко. Евразийство и цивилизационость//Клуб «Реалисты», №16, М., 1996, с. 21.
[3] Там же, с. 22.

念的公约数，不能保障各民族、各集团和各职业的利益。[1]进而他具体论证了新欧亚主义的内涵和价值，“俄罗斯文化中的欧亚主义是客观事实，不管我们是否喜欢它，是否谈论它”。“作为一种强调文明开放性的原则，一种注重不同性质的东西方文化和谐对话和融合的原则，欧亚主义不仅仅具有俄罗斯的、俄国的特征。它，这种原则，具有全球性。欧亚主义，这是一种选项，即一类文化、文明、民族，可以吸收、同化另一类文化、文明和民族。欧亚主义是未来全球文明的基础，它保证文化和文明的生态，保存民族和文明的多样性。”[2]他采用第二代欧亚主义者列·古米廖夫（Lev Gumiliov）的论证策略，认为在俄罗斯文化中本来就具有东方文化，尤其是中国文化的因素，这是由成吉思汗进军给俄罗斯带去的。[3]季塔连科在分析俄罗斯在东北亚的政治、经济利益后，指出新欧亚主义可以为俄罗斯带来光明的未来：“欧亚主义不仅是俄罗斯保种图存、团结和复兴的条件，而且对她而言是世界的召唤和历史的使命。”[4]丘多杰耶夫（Urii Chudodeev）指出：“近些年（从1994年开始）季塔连科以惊人的执着坚定捍卫和发展‘新欧亚主义’思想，这种思想同当代俄罗斯的地缘政治自我认同的迫切问题有机相连，因为俄罗斯是横跨欧洲和太平洋的大国。”[5]

季塔连科在新世纪前后大力倡导新欧亚主义理论，具有不同层面的针对性。首先，从俄罗斯国家的国际关系定位的层面着眼，新欧亚主义纠正国家领导层倾向西方的指向。[6]从俄罗斯民族文化自我认同的层面

---

[1] См., М. Л. Титаренко. Россия лицом к Азии. М., «Республика», 1998, сс. 14–15.

[2] М. Л. Титаренко. Россия лицом к Азии. М., «Республика», 1998, с. 24.

[3] М. Л. Титаренко. Россия лицом к Азии. М., «Республика», 1998, сс. 27–28. См., Л. Н. Гумилев. От Руси до России, М., АСТ, 2008, глава II «Лицо на Восток», сс. 168–203.

[4] М. Л. Титаренко. Россия лицом к Азии. М., «Республика», 1998, с. 79.

[5] Ю. В. Чудодеев. Внешнеполитическая ориентация России: евроцентризм или евразийство? //Азия и Африка сегодня, № 9, 2012.

[6] 这个层面的问题，不是本文的要点，故从略，请参见刘亚丁采写的访谈录《“米沙同志”》，载《人民日报》2014年3月23日。

着眼，这种新欧亚主义观念纠正以东正教为传统的指向。这一点与后来季塔连科本人组织撰写《中国精神文化大典》有密切关系，所以在这里略加申说。我在一篇文章中，将俄罗斯文化认同的东正教起源说，归结为三个要点：第一，俄罗斯人是诺亚的子孙说。在最早的俄罗斯典籍中，俄罗斯民族的自我认同是与亚当夏娃的后代诺亚相联系的。在12世纪俄罗斯最早的历史著作《往年纪事》（*Повесть временных лет*）中，俄罗斯民族的起源一直追溯到《旧约·创世纪》（*Genesis of the Old Testament*）中的诺亚那里。在15—16世纪的《弗拉基米尔大公家族纪事》（*Сказание о князьях Владимирских*）中，作者则极力构建从诺亚的儿子雅弗到古代俄罗斯的弗拉基米尔大公（Great Prince Vladimir）之间的“事实联系”：诺亚的子孙统治着希腊、中东和古代俄罗斯。《弗拉基米尔大公家族纪事》写道，俄罗斯最早的王公留利克大公（Great Prince Rurik）则是奥古斯都皇帝（Uagustus Caesar）的后裔。第二，莫斯科是第三罗马说。在15世纪中叶，俄罗斯的东正教僧侣提出了“莫斯科——第三罗马”的理论，按照基督教的选民观念，上帝总要确定一个民族来为其代言。15世纪中叶，当时的第二罗马——君士坦丁堡被穆斯林占领，于是俄罗斯自然就成了东正教的堡垒。在这样的背景下，普斯科夫修道院的菲洛费（Filofei）在给沙皇的上书中提出“莫斯科——第三罗马”的宏大宗教救世方案。该方案的实质是，俄罗斯的君主是拜占庭皇帝和罗马帝国皇帝的真正继承人。这个理论的基本预设是，当君士坦丁堡被阿拉伯人占领后，继承了东正教的俄罗斯民族成了选民，被赋予了拯救人类的使命。第三，泛斯拉夫主义说。泛斯拉夫主义最早出现在西斯拉夫人中。19世纪30年代末俄罗斯知识分子波果金（Michail Pogodin）提出了斯拉夫人优越于其他民族的观念。俄罗斯的泛斯拉夫主义者认为，俄罗斯人在斯拉夫人中占统治地位。在1848年欧洲革命前夕，尤其是在1853—1856年的克里米亚战争和1863—1864年的波兰起义等历史事件中泛斯拉夫主义尤其高涨。对斯拉夫民族历史发展的独特性的理论预设，成了俄罗斯的泛斯拉夫主义者建立以俄罗斯为核心的整个斯拉夫民族联盟的合法性论证。[1]在这样一些观念的影响下，俄罗斯的主流思想一般容易产生向西看的倾向，而比较忽视东方。从这一历史背景着眼可知，新欧亚主义力图纠正俄罗斯民族起源的西方决定论，增加东方因素在俄罗斯文化中的比重。

正是在新欧亚主义观念的指导下，季塔连科一直注意挖掘属于东方的中国哲学的价值，终于组织领导了《中国精神文化大典》的写作。在此过程中新欧亚主义观念发挥了如下作用：首先，消除俄罗斯原来自恃的东正教（基督教）文化的傲慢和居高临下，为《中国精神文化大典》的写作营造了舆论氛围。其次，为中国文化同俄罗斯文化以及世界文化的对话创造了条件。也正是在这个意义上，在《中国精神文化大典》中，俄罗斯汉学家将中国文化的元命题“道”同其他民族文化的元命题相提并论。“道”在《哲学卷》中被提到了“本体论”的高度，作者还将它同俄罗斯文化中的“Глагол（语言、言语、言说，呼唤）”相比较。他们认为，俄罗斯的“Глагол”同中国的“道”、印度的“奥义”和希腊的“逻各斯”一样，都是文化的原型。[2]其次，新欧亚主义理论是贯穿《中国精神文化大典》的理论红线，使它弥漫着对历史上的和当今的中国文化的尊敬、理解和赞赏。在这种精神浸润下的《中国精神文化大典》，对俄罗斯而言，使俄罗斯的知识分子和普通民众有了正面理解中国历史和现实的好书；对世界学术界而言，将经过俄国学者阐释的中国的经验化为了人类的经验，进而发挥消解西方汉学（中国学）界在解释中国问题上的霸权的作用。在某种意义上说，贯穿着新欧亚主义精神的《中国精神文化大典》既有突出的学术价值，又有不容忽视的政治意义。

---

[1] 详见刘亚丁：《观象之镜：俄罗斯建构中国形象的自我意识》，载乐黛云、[法] 李比雄主编：《跨文化对话》，20辑，南京：江苏人民出版社，2007年，该文的第70—75页部分。

[2] См., *Духовная культура Китая. Энциклопедия. Главный редактор* М. Л. *Титаренко*, М., *Восточная литература*, 2006, т. 1, *Философия*, с. 31.

二、一位学术帅才

《中国精神文化大典》得以完成，季塔连科院士居功至伟。我们知道，一项重大的学术成果，必定有一位主要的思想创意者、发起人、组织者。玉成如此规模的学术巨作，总其事者，其学术水准之高，学术眼识之明，学术人脉之广，学术资本之厚，领导能力之强，自非寻常学者可比。

除其他学术成就（如俄罗斯对外战略、俄中关系、俄中发展战略对比等研究领域）而外，仅在中国精神文化领域，季塔连科已取得了很高的学术成就。

1934年4月，季塔连科出生在远东的布里亚特州拉克马亚·布达村一个农民家庭。1953年，他考进莫斯科大学哲学系。大二时，他偶然得到了俄文版《道德经》和《阴符经》译本，捧读之后，非常喜欢，于是大胆地给郭沫若先生写了一封信，表示自己要学中国哲学。没想到，两三个月后，他居然收到了郭沫若的回信。郭沫若赞赏他学中国哲学的想法，同时告诉他，要学中国哲学，必须学汉语，而且要学古代汉语。于是，他向系里提出请求，随后他开始跟着两位老师学习汉语。1957年，周恩来总理访苏，希望苏联向中国派留学生。季塔连科有幸成为第一批苏联到中国留学的55名学生之一，到北京大学学习。北大派田老师、高老师教他学汉语，冯友兰、任继愈成了他中国哲学的老师。任继愈还将自己研究墨子"非攻"思想的一本著作赠送给他。季塔连科说："我看后非常喜欢，立志要研究墨子。"1959—1961年，他又前往复旦大学哲学系，在胡曲源教授等指导下学习中国哲学。有了老师和同学们的帮助和关心，他顺利地毕业了。[1]

1961—1965年季塔连科在苏联驻上海总领馆、苏联驻华使馆工作。

---

[1] 刘亚丁：《"米沙同志"》，载《人民日报》2014年3月11日。

这个时期他在莫斯科大学哲学系函授研究生班学习，研究墨子及其学派。

1965年季塔连科获得副博士学位。1985年季塔连科的学术著作《中国古代哲学家墨子及其学说》（*Древнекитайский философ Мо Ди, его школа и учение*）出版。该书共8章：墨子学派诞生和消亡的历史条件；墨子生平和墨家；《墨子》的诞生及其内容；墨家的思想起源；墨家的社会政治观点及其对儒家"礼学"和贵族遗产的批判；早期和晚期墨家的伦理学说；早期墨家的认识论。季塔连科写道："墨子（前5世纪）是中国古代伟大的思想家、政治家，他在自己国家的哲学和政治思想史上占有重要位置。在标志中国社会进入宗法—农奴制崩溃的暴风雨般的社会政治震荡的时代，他是自由劳动者的代言人。墨子和他所创立的哲学流派在前5—前3世纪的思想斗争中产生了突出的作用，一开始是同早期儒家做斗争，后来又同名家和庄子哲学中的相对主义原理做斗争。"[1]他指出："早期墨家观念以其复杂、折中和矛盾性而著称。墨子及其早期门徒的自然观（'天'）和世界观整个罩着旧的宗教外衣，但是创造性的思想已经向摆脱神秘主义和神话思维方面迈出了重要一步。作为'兼爱'思想的鼓吹者，在墨子的思想中，还保留着体现善的最高标准和超越性力量的'天命''鬼神'等传统观念，但是在墨子的学说中，已经包含了明显的唯物主义倾向，尤其是在一系列观点中，在克服先天'命定'论的同时，鲜明地表达了对人的积极的、改造性的活动的认知。"[2]季塔连科不但分析了墨子的认知论价值，而且对墨子及墨家的"兼爱"原则的社会政治价值，作了深入分析。季塔连科的这本书不但在俄罗斯产生了比较大的影响，1996年其日文译本已在东京出版。[3]

除了自己研究中国精神文化的成就而外，季塔连科对中国精神文化

---

[1] М. *Л. Титаренко. Древнекитайский философ Мо Ди, его школа и учение. М., «Наука»*, 1985, с. 203.

[2] Там *же*.

[3] РАН. *Михаил Леонтьевич Титаренко*. М., «Наука», 2004, с. 27.

在俄罗斯的推广也做出了特殊贡献。1972至1973年莫斯科出版了由杨兴顺（Yang Xingshun）主编、布罗夫（V. Burov）和季塔连科等任编委的《古代中国哲学》第1、2卷（*Древнекитайская философия I,II*），包括《诗经》《尚书》《道德经》《论语》《墨子》《孙子》杨朱学派、《孟子》《庄子》以及《国语》《荀子》《韩非子》和《商君书》等俄文选译、提要和注释。1990年出版了杨兴顺主编、布罗夫和季塔连科等任编委的《中国古代哲学·汉代卷》（*Древнекитайская философия.Эпоха Хань*）。该书收录了苏联汉学家翻译的《黄帝内经》《淮南子》《春秋繁露》《盐铁论》《论衡》《太平经》等著作片段。至此，苏联的读者可以直接读到中国哲学著作的俄文译文。

1990年由季塔连科主编的《中国哲学百科词典》（*Китайская философия.Энциклопедический словарь*）出版，该书574页。该书的作者认为，中国哲学和社会政治思想的特点是：1. 在中国，关于人和世界的哲学观点在社会发展的远古时期就产生了。2. 在中国，哲学知识是同伦理学和政治密不可分的。3. 尽管中国思想的某些学说是在宗教的范围内产生的，但在中国，哲学与其说是奉神的，不如说是奉传统的。4. 中国智慧看待事物的特点是在整体中、在发展的连续性中观物，把人、自然和精神看成是互相联系的有机整体，特别强调现实结构中的有机性和整体性。5. 中国哲学的范畴和概念体系具有独特性，具有悠久的历史。在中国思想近三千年的发展历程中，关于自然和社会的独特观念有机地形成了概念体系。6. 在中国哲学和传统观念同质性和稳定性的背景下，中国哲学又积极回应同文明间交往相联系的外来的观念，如纪元之初外来的佛教，再如19世纪初中国文化同西方文化的交往。[1]《中国哲学百

[1] *Китайская философия. Энциклопедический словарь*. Главный редактор М. Л. Титаренко, М., «Мысль», 1994, сс. 5–8.

科词典》对从先秦到当代的中国哲学的流派、人物作了全面介绍。后来，季塔连科组织《中国哲学百科词典》作者的原班人马投入了《中国精神文化大典》第一卷（《哲学卷》）的写作。

除了积极推广中国精神文化而外，季塔连科开创中国研究哲学的学派，致力于培养中国精神文化研究人才。1970年由季塔连科提议，在莫斯科大学哲学系开办了中国文化讲习班，讲授中国文化和汉语，当时在苏共中央国际部工作的季塔连科、远东所的费奥克季斯托夫（Valelii Feoktistov）、科学院哲学所的布罗夫去讲课，莫斯科大学亚非学院的教师们，如尼科利斯卡娅（L.Nikoliskaia）、卡拉佩强茨（Artiom Karapetiach）、谭傲霜（Tan Aoshuan）、刘凤兰（Liu Fenglan）、波麦纳采娃（Larisa Pomeratseva）、波兹涅耶娃（Lubovi Pozneeva）等任教。从这个班上毕业了7名学生，现在他们中的一些人成了教授，成长为俄罗斯研究中国哲学的中坚力量。比如，俄罗斯科学院蒙古学、藏学和佛教研究所的扬古托夫（L. Yagutov）、俄罗斯科学院东方学所的科布杰夫和远东所的卢基扬诺夫，即《中国精神文化大典》的两位副主编。这几位学者都把中国哲学当成自己的志业，而不仅仅是自己赖以生存的职业，因而津津有味、孜孜不倦，都做出了很大的贡献。学者们肯定了季塔连科的功绩，“借中国智者的话说，季塔连科和费奥克季斯托夫成了这个学派的开山祖师”。[1]

1985年季塔连科任苏联科学院远东所所长，1997年被选为俄罗斯科学院通讯院士，2003年被选为俄罗斯科学院院士。[2]这使他具有相应的

[1] *Философский мир ДАО в ИДВ РАН//Проблaмы Дальнего Востока, №5,* 2006. См., М. *Л. Титаренко*, А. Е. *Лукьянов*, А. В. *Ломанов. Филосовский МИР ДАО//Люди и идеи. Ответственный редактор* А. В. *Островский,* М., *ИДВ* РАН, 2006, с. 143.

[2] 若干处所载季塔连科被选为通讯院士和院士的年份有误，请参见俄罗斯科学院出版的介绍院士的丛书《季塔连科》：РАН. *Михаил Леонтьевич Титаренко*, М., «Наука», 2004, сс. 17, 23. 以及 *ИДВ* РАН. *К 70-летию академика М. Л. Титаренко. Труды и годы. Сост. Журавлева*, М., 2004, с. 29, с. 40.

学术组织号召力，为他的学术组织才干施展提供了更加广阔的空间，成为他组织写作《中国精神文化大典》丰厚的“学术资本”。

回顾季塔连科的学术经历，环顾俄罗斯汉学界，以学术声望、学术眼识、组织驾驭才能而论，实无能出其右者。《中国精神文化大典》的创意者、发起人和组织者，非季塔连科莫属。

三、一群学术精英

《中国精神文化大典》有几十名作者，他们来自莫斯科、圣彼得堡、乌兰乌德、海参崴和新西伯利亚的汉学研究机构的知名学者，其中核心人物多名列季塔连科院士组建的编委会，他们也人物众多，但限于篇幅，仅叙及副主编卢基扬诺夫、科布杰夫、老一代汉学家中的杰出人物李福清院士（Boris Riftin，1932–2012）、佩列洛莫夫（Leanid Perelomov，1928–　）等四位，他们既担负分卷编委的重责，又把自己的科研成果转化为《中国精神文化大典》的有关文章和词条。

李福清[1]，1955年毕业于列宁格勒大学东方系中国语文科，1965—1966年在北京大学进修。俄罗斯科学院院士，俄罗斯科学院高尔基世界文学研究所首席研究员。1961年以《万里长城的传说与中国民间文学体裁问题》(*Сказание о Великой стене и проблема жанра в китайском фольклоре*)获副博士学位，1970年以《中国讲史演义与民间文学传统——论三国故事的口头和书面异体》（*Историческая эпопея и фольклорная*

[1] 关于李福清的学术成就，请参见钟敬文、马昌义为《李福清神话故事论集》（台北，学生书局，1984年）写的序言；李明滨先生在为《古典小说与传说——李福清汉学论集》（北京，中华书局，2003年版）写的序言；刘亚丁：《“我钟爱中国民间故事”——俄罗斯汉学家李福清院士访谈录》（上、下），《文艺研究》2006年7、8期，刘亚丁：《历史形态学的启示——李福清院士的文学研究方法》，《国外社会科学》，2013年3期；Лю Ядин. Методика литературоведа Б. Л. Рифтина:синтез типологии и исторической поэтики//Общество и государство в Китае. Том XLIV, часть 1, Институт Востоковедения РАН, 2014.

традиция в Китае: устные и книжные версии "Троецарствования"）获博士学位。他的著作的中文本主要有：《中国古典文学研究在苏联》（1987）、《中国神话故事论集》（1988）、《汉文古小说论衡》（1992）、《李福清论中国古典小说》（1997）、《关公传说与三国演义》（1997）、《三国演义与民间文学传统》（1997）、《神话与鬼话——台湾原住民神话故事比较研究》（2001）、《古典小说与传说（李福清汉学论集）》（2003）、《中国各民族神话研究外文论著目录》（2007）、《东干民间故事传说集》（2011）、《李福清中国民间年画论集》（2012）等。2003年荣获我国教育部颁发的"中国语言文化友谊奖"。李福清的学术成就涉及若干领域，除了中国民间文学、中国神话、中国当代文学而外，还对中国年画、中国古籍珍本在世界的流传进行考索。

他研究中国文学的主要方法是大量搜集原始材料和比较研究，从中找出规律性的东西。从对有关孟姜女的大量材料的搜集、整理、对比、研究，他发现了一个很重要的现象，中国汉族的民间文学中，同一个情节往往会在各种体裁中反复出现，这是中国的一笔极其宝贵的财富。孟姜女的故事，有民歌，有鼓词，有宝卷，还有大量的地方戏等，这就构成了李福清的副博士论文《万里长城的传说与中国民间文学体裁问题》的主要内容。他研究孟姜女故事在各种体裁中是如何变化的，宝卷中的孟姜女故事有很强的佛教色彩，传说中孟姜女到长城的行程叙说得很简略，而在戏曲里则很详尽，因为在戏曲里，可以用各种唱腔来表达人物在去长城中的思绪和情感。在《三国演义与民间传统》中，李福清实际上是以三国的题材为核心，展开对这个题材的历史流变考察。他对三国题材的流变史是从三个层面来加以研究的，即研究意识形态层、描写层和叙述层。在第一部分，李福清分析了《三国志》及裴松之注，民间的《三国志平话》，认为它们是《三国演义》的源泉。在第二部分，李福清以丰富的材料考察了书面的《三国演义》向民间的各种体裁"回流"的过程。

李福清也曾参加大型工具书的组织和写作工作，如参加1980年苏联大百科全书出版社出版的塔科列夫（Sergei Tokarev）主编《世界各民族神话百科全书》（*Мифы народов мира*）（两卷本）的若干项工作。在这本书中，李福清的作用非同寻常，他三种身份兼备，既是10位编委之一，又是14位编审委之一，还是73位作者之一。除佛教神话的词条而外，中国神话的词条基本上是李福清一人写的。1990年他同《世界各民族神话百科全书》的若干作者荣获苏联国家奖。李福清出任《中国精神文化大典》编委，负责《神话·宗教卷》，他的很多前期研究成果都融汇在此卷以及《文学·语言与文字卷》的文章和词条中。

嵇辽拉·佩列洛莫夫[1]的父亲是中国人，叫嵇直，他与恽代英、任弼时共同组织工人运动，1924年被党派到莫斯科共产主义劳动大学学习。1925年“五卅”运动爆发，嵇直回到上海，在腥风血雨中加入中国共产党。1926年嵇直第二次来到苏联，在海参崴爱上了教自己俄文的西伯利亚姑娘佩列洛莫娃，并成就了一段异国姻缘。1928年，嵇辽拉出生了。嵇直多次往来于苏联和中国，并加入了苏联共产党，曾受苏共委派化名潜回新疆从事地下工作。“二战”期间参加过莫斯科保卫战，战功显赫。1955年在张闻天的帮助下，嵇直回到祖国参加新中国建设。

父母分离后，嵇辽拉·佩列洛莫夫留在了苏联。他1946年毕业于莫斯科第一炮兵学校，1951毕业于莫斯科东方学院，1951—1972年在苏联科学院中国学研究所工作。在那里通过题为《秦帝国的诞生及其在农民起义中的覆亡（前221—前207）》[*Образование империи Цинь и её крах в результате крестьянского восстания (221–207 гг. до н. э.)*]的副博士

---

[1] 关于佩列洛莫夫其人其事，请参见李明滨：《嵇辽拉：莫斯科的孔夫子》（中文）载Л. С. *Переломов. Конфуций. Лунь юй.* М., «*Восточная литература*», 1998；阎国栋《俄罗斯有个儒学大师》，《环球时报》，2006年01月13日；*Янь Годун. Корифей Конфуцианства//Проблемы Дальнего Востока*，№2，2006，а так *же:Люди и идеи. Ответственный редактор* А. В. *Островский*, М., *Памятник исторической мысли.* М., *ИДВ* РАН, 2006, сс. 83-86.

论文答辩，1970年通过题为《法家与中国第一个集权国家之形成》[*Легизм и проблема становления первого централизованного государства в Китае (V-III вв. до н. э.)*] 的博士论文答辩。1973年调到苏联科学院远东所工作，为首席研究员、俄罗斯儒学基金会主席。

他的《孔子及论语》(*Конфуций·Лунь юй*) 1998年在莫斯科出版。该书有三大部分："孔子研究"，翻译、注释的《论语》和附录。"孔子研究"部分，包括孔子时代中国的政治经济制度、孔子生平事迹、孔子学说、孔子学说的命运等内容。在孔子学说这部分，佩列洛莫夫对儒学中的若干重要概念作了深入的探讨，而且列出了"仁""义""礼""道""三纲""五常""中庸""大同"等概念，还作了比较辨析。佩列洛莫夫的孔子研究引经据典，征引了程树德、杨树达、钱穆、范文澜、冯友兰、杨伯峻、赵纪彬、匡亚明、成中英、毛子水、陈立夫等人的相关研究，体现了其学术之严谨，也显示作者对相关研究成果的全面占有。如在研究孔子生平的"任司寇"一节中，佩列洛莫夫引用了《论语》之语："子曰：'禄之去公室，五载矣；政逮于大夫，四世矣；故夫三桓之子孙，微矣。'"接下来佩列洛莫夫引用杨伯峻的研究，列出了"五载""四世"和"三桓"的具体人物。[1]佩列洛莫夫的《论语》翻译也很有特色，可称之为"研究性翻译"，他反复比较他所见到的各种译本、注本，才落笔译出。比如《论语》某些句子，他引述阿列克谢（V. Alekseev）、克里夫佐夫（V. Krivtsov）、谢麦年科（I. Semenenko）、马良文（V. Maliavin）的俄文翻译，理雅各（James Legge）、亚瑟·韦利（Arthur Waley）、刘殿爵（D. C. Lau）、莫利兹（Ralf Moritz）、程艾兰（Anne Cheng）等的英、德、法文翻译，以及中文的现代汉语翻译，甚至日文、韩文的翻译后，经过比较，推敲斟酌，

---

[1] Л. С. Переломов. Конфуций. Лунь юй. М., «Восточная литература», 1998, с. 101.

才译出俄语句子。

2004年佩列洛莫夫主持的《四书》(*Конфуцианское «Четрверокнижие»*Сы шу)由莫斯科东方文献出版社出版。[1]该书包含了科布杰夫翻译注释的《大学》、卢基扬诺夫翻译注释的《中庸》、佩列洛莫夫本人翻译注释的《论语》,以及100年前俄国汉学家柏柏福(P. C. Popov)翻译的《孟子》。每种书的译文之前,都有译者写的小序[《孟子》的小序和注释是麦罗夫(V. Mairov)做的]。小序包括对这四种书的基本内容的概括,介绍它们在欧洲和俄罗斯的翻译情况。书的前面有我国前驻俄大使、曾任"上合组织"秘书长的张德广所写序言《理解中国,认识孔子》。佩列洛莫夫写了长达60页的序言《〈四书〉:认识儒学的关键》。该文详尽论列了孔子的学说。关于孔子对人的论述,他认为,孔子把人分为三类:君子、人、小人。孔子详细分析了君子的四种品性——仁、文、和、德。关于文,佩列洛莫夫举例说:"文,即是'社会的精神文化',孔子在他的时代捍卫了这个概念的原初意义。孔子离开卫国去陈国,被匡的暴民围攻,他在危急时刻说的话,就证明了这一点。'子畏于匡。曰,文王既殁,文不在兹乎?天之将丧斯文也。后死者不得与于斯文也。天之未丧斯文也,匡人其如予何?'"[2]佩列洛莫夫挖掘了孔子对社会的讨论,他指出:"孔子认为理想的社会是建立在氏族社会(община)的道德规范和道德价值之上的,孔子本人对远古社会的道德规范作了新的解释和规范。"[3]这就是"仁""孝""礼""智"。佩列洛莫夫还讨论孔子关于国家的观点。他认为,孔子非常注重"礼"在国家

[1] 关于俄罗斯从18世纪到新世纪的儒学研究,参见刘亚丁:《孔子形象在俄罗斯文化中的流变》,《东北亚外语研究》,2014年第2期;刘亚丁:《20世纪90年代俄罗斯对中国智者形象的建构》,《俄罗斯研究》2009年第3期。

[2] Л. С. Переломов. «Четрверокнижие»-ключ к пониманию конфуциансова//Конфуцианское «Четрверокнижие»(Сы шу). М., Восточная литература, 2004, с19.

[3] Там же, с. 21.

管理中的作用：“上好礼，则民易使也。”[1]佩列洛莫夫还详细讨论了孔子的语录对国家司法的影响：“在孔子建构的国家管理模式中，对乡党（община）的理解具有非常重要的地位。这里不仅涉及教育，还涉及乡党的法律特权：‘吾党有直躬者，其父攘羊，而子证之。’子曰：‘吾党之直者异于是，父为子隐，子为父隐，直在其中矣。’在那个时代，这段语录表明，孔子肯定了乡党领导人的司法权力。……此后孔子的这句话不仅对中国，而且对儒家文化圈的司法实践有很大的影响。”[2]显然这里不乏以俄罗斯的文化模式来解读孔子学说之意。佩列洛莫夫的序言还涉及孔子与商鞅的关系，孔子和孟子在20世纪70年代中国大陆的命运，小康与中国当代社会等方面。佩列洛莫夫的孔子研究、儒学研究的不少成果直接转化为《中国精神文化大典》，如《孔子的论语》和《〈四书〉：认识儒学的关键》的一些内容经过修改转化为了《中国精神文化大典》的相关文章和词条。2004年这部《四书》作为国礼由普京总统赠送给了胡锦涛主席。

《中国精神文化大典》的副主编卢基扬诺夫[3]是国际儒联副会长。他1975年毕业于莫斯科大学哲学系，1978年研究生毕业，1979年答辩题为《中国古代哲学的发生学研究》（*Становление Древнекитайской философии*）的副博士论文，1991年答辩题为《早期道家之道与德》（*Дао и дэ: философия раннего даосизма*）博士论文。曾在各民族友谊大学任教，1997年任远东所东亚文明比较研究中心主任。在《哲学在东方的发祥·古代中国、印度》（*Становление философии на Востоке. Древний Китай и Индия*）一书中，他提出，在中国和印度都有过前哲学

[1] Там же, с. 25.
[2] Там же, с. 31.
[3] 参见刘亚丁：《咏中华经典，探文化精髓——访俄罗斯汉学家、〈中国精神文化大典〉副主编卢基扬诺夫》，《人民日报》2013年11月17日。

时期，这就是氏族内的神话—典礼—禁忌混合发挥作用的时期，他比较了《易经》和《奥义书》：自然之体与人的融合提供了微观世界和宏观世界同一的观念。在人和自然之间形成了精神和形体的相互协调：身体的部分和颂诗意识形成交互关系。这种平衡就是古代中国人和印度人的前哲学世界观的基本特点。[1]卢基扬诺夫比较《道德经》中的“道”和《奥义书》中的“奥义”。本书还附了卢基扬诺夫翻译的《易经》的“系辞传”。

2001年卢基扬诺夫出版了《老子和孔子的道之哲学》(*Лао-цзы и Конфуций:Философия ДАО*)，这实际上是两本书，即《老子的道之哲学》(*Философия Дао Лао-цзы*)和《孔子的道之哲学》(*Философия Дао Конфуция*)，附有作者自己翻译的《道德经》和《论语》。在《老子的道之哲学》中，卢基扬诺夫研究了老子哲学与宇宙观、道的诞生、道与名、道的本体论、道的认识论、道的心理学和道之君子、天下的和谐、老子与孔子、老子与赫拉克利特和恩培多克勒、老子的哲学自传等问题。他的一些见解是值得关注的，比如他写道：“在自然领域，老子、赫拉克利特、恩培多克勒与无名的本质相嬉戏，在同人类文明交往时，他们不得不将自然的和谐倾倒进语言——逻各斯和道。它在同样的程度上既是肉体的，同时又是精神的、理想的。它的言语同时是身体行为、精神信仰和绝对思维。它当然是魔鬼式的（更准确地说是开创式的）宇宙语言、生产式的语言。赫拉克利特、恩培多克勒和老子连同它们的逻各斯和道被视为从地心里钻出来的先知、黑魔法师、魔术师、预言家、估价师、诗人、智者、学者、哲学家和魔鬼。但是他们的语言不是自然本身，而是自然在文明环境中的反射性本质。”[2]在《孔子的道之哲学》

[1] См, А. Е. Лукьянов. Становление философии на Востоке. Древний Китай и Индия. М., УДН, 1989, с. 107.
[2] А. Е. Лукьянов. Лао-цзы и Конфуций:Философия ДАО. М., Востчная литература, 2000, с. 155.

中，卢基扬诺夫研究了《论语》与孔子、新人概念、君子和理想、孔子之道、道的精神原型与天下之国、《易经》和老子等问题。卢基扬诺夫认为道的精神原型，即是德、仁、义、礼、信。[1]卢基扬诺夫将中国文化与外国文化作汇通研究的成果，在《中国精神文化大典》的文章和词条中得到了再现。

科布杰夫，1975年毕业于莫斯科大学哲学系本科，1978年研究生毕业，同年通过题为《王阳明的哲学（1472—1529）》（*Философия Ван Ямина* 1472–1529）的副博士论文答辩，1989年通过题为《中国古典哲学的方法论》（*Методология китайской классической философии*）的博士论文答辩。从1978年开始在俄罗斯科学院东方学所工作，2011年起任该所中国部主任，并兼任俄罗斯人文大学东方哲学科教中心主任，他还任国际易联理事。科布杰夫专治中国哲学和中国文化，著述宏富。1993年出版《中国古典哲学的象数学》（*Учение о символе и числах в китайской классичесой философии*），在该书中，科布杰夫研究了中国哲学与科学的关系，认为象数学内容丰富，是古代中国哲学和科学认识世界过程中广泛运用的方法。他区分了显性的和隐性的象数学，分析了象数学与逻辑学的关系，具体研究了“三”与天文学的关系，研究了五行的本体论和认识论价值。在科布杰夫此书中，他还研究了中国象数学与西方哲学的关系，比如着重分析了它与毕达哥拉斯学说的相似关系。[2] 2002年科布杰夫出版了《中国新儒家哲学》（*Философия китайкого неоконфуцинства*），在该书里，科布杰夫研究了10世纪至20世纪初的新儒学。他分析西方汉学界的“新儒学”概念，将其同“宋学”等概念作比较辨析。他着重研究了王阳明的哲学，将其同朱熹、陆九渊学说比

---

[1] См., там же, сс. 253-259.

[2] См, А. И. Кобзев. Учение о символе и числах в китайской классичесой философии. М., Восточная литература, 1993.

较，同道家哲学和佛教相对比，借此建构王阳明的主观本体论的基本结构；他还分析了王阳明的“德”“善”“道”“太极”“仁”“义”等概念，分析了王阳明关于知行的价值认识论，他进而观照了异族统治下的新儒学（清代），分析了蛮夷入侵时的儒学遗产（晚清）。[1]科布杰夫在《中国精神文化大典》中写了大量词条。

结语

上述三种因素，成就了《中国精神文化大典》这样一本大书。我们还注意到，中国文化部、驻俄使馆、中国国家开发银行，以及一些企业、基金会对这本书的问世，也有不同程度的贡献。

今天，《中国精神文化大典》的写作人员面临着新的挑战和困难：一方面他们中的多数人已然皓首苍颜，渐渐老去，另一方面，俄罗斯政府正在大力推进科学院改革，其大方向是务实避虚，厚今薄古。《中国精神文化大典》似乎成了俄罗斯汉学界的天鹅绝唱，因而弥足珍贵。

孔子曰：“德不孤，必有邻。”清人张潮云：“著得一部新书，便是千秋大业。注得一部古书，允为万世弘功。”俄罗斯汉学家们的《中国精神文化大典》，注释中国五千余年文化这本大书，让这古老文化在北方之邦流溢出现代光彩，功业昭著，感奋我辈。我们只有译好它，方才不辜负俄罗斯同行的美意盛情。

（作者单位：四川大学中国俗文化研究所、四川大学中文系、

四川大学当代俄罗斯研究中心）

[1] См, А. И. Кобзев. *Философия китайкого неоконфуцинства*. М., Восточная литература, 2002.

学术会议综述

理雅各的香港岁月——纪念理雅各200周年诞辰国际学术研讨会（香港）综述

杨慧玲

今年是中国经典翻译的巨匠、英国汉学家理雅各（James Legge, 1815-1897）200周年诞辰。2015年3月31日至4月2日，香港浸会大学宗教及哲学系、北京外国语大学中国海外汉学研究中心、香港联合教会在香港浸会大学共同举办了纪念理雅各200周年诞辰的国际学术研讨会。继香港研讨会之后，北京将接力举办“理雅各与中国典籍英译”专题国际研讨会。

香港纪念理雅各诞辰的研讨会由国际理雅各研究的著名学者费乐仁（Dr. Lauren Pfister）组织，共邀请来自中国、美国、英国、加拿大、日本等国家的20余名学者参与研讨，议题涉及理雅各的学术背景和神学思潮，理雅各在香港时期在教育、政治、社会等方面的作为与影响，理雅各在中西文化交流中的作用，理雅各传记评述以及对其生平的研究等四个方面展开。学者们积极参与讨论，研讨会气氛活跃，中外参会学者对理雅各都有较为深入的研究，通过研讨和沟通，加深了对理雅各研究的认识。

首场主题报告由来自伦敦亚非学院、现执教山东大学的狄德满教授

（Dr. R. Gary Tiedemann）主讲，他发表题为“理雅各和博罗教案——19世纪中期中国南方传教事业的局限”的报告，根据伦敦会档案以及当时中国文人著述中对基督教的误读，以车锦江在博罗遇害的教案透视不平等条约保护下的传教活动与民众排外的对立冲突，对作为伦敦会传教士理雅各的香港岁月传教生涯进行了反思。第二场主题报告由美国圣·约翰大学亚洲研究中心主任李查德·伯尔（Richard Bohr）教授主讲，他深入探讨了太平天国运动中干王洪仁玕与理雅各等基督教传教士的交往、洪仁玕基督教思想的来源以及1853—1858年理雅各对洪仁玕的影响，以此呼吁更多学者更深入探究洪仁玕与理雅各的关系以及对洪仁玕改革思想的分析。

第一天下午的研讨会有6位学者发言。福建师范大学岳峰教授、林峰的“评估理雅各中国经典翻译”的文章引起了与会学者的兴趣；北京外国语大学杨慧玲副研究员对理雅各《中国经典》附录后的“中国汉字与词语”进行了考察，探究理雅各未竟的汉英双语引得和中国经典词典计划的可行性以及科学性；北京外国语大学的顾钧教授在汉学史的脉络中对理雅各英译《论语》中“子罕言利与命与仁”有分歧句子的翻译进行了剖析；日本东京大学博士研究生黄叶蕾（Yerem Hwang）研究了国际上最流行的两部关于理雅各的人物传记，解构了吉拉德（N. J. Girardot）的《朝觐东方——理雅各评传》中的“吉拉德程式”，与费乐仁的理雅各传记进行了比较；台湾东华大学贝克定博士（Dr. Timothy D. Baker, Jr）梳理了理雅各宗教信仰以及他的神学观念对汉学研究的影响；纽约大学亚当·斯瓦茨（Adam Schwartz）博士从字源说入手解读“帝”和“孔”的意义，分析理雅各的翻译方法。紧张而充实的第一天研讨会值此结束。

理雅各在香港的影响，迄今仍有迹可寻。第二天，在费乐仁的带领下，与会学者在香港探访了与理雅各有关的文化场所。英华书院最早由伦敦会的马礼逊（Robert Morrison）和米怜（William Milne）于1818年在马六甲创办，1840年理雅各接管英华书院后在1843年将其迁入英人管辖下的香港，并将其命名为“伦敦会中国神学院”。理雅各掌管时期“伦敦会中国神学院”最杰出的学生代表是吴文秀、宋佛敛、李剑麟，他们1848年被理雅各带回英国后受到维多利亚女王的接见。然而，受第二次鸦片战争的影响，1858年理雅各停办该校。现今复建后的英华书院经过历代教育家的努力，是香港教会学校中享有盛誉的一家男子中小学校，仍采用“英华书院”旧名。香港名为“皇仁书院”的中学也与理雅各有关，理雅各向英国香港政府提出“教育革新计划”，将香港三家皇家书院合并为一家中央书院，得到积极响应并于1862年建校，这就是“皇仁书院”的前身。香港大学图书馆特藏室以及香港浸会大学图书馆举办了理雅各著述及研究文献展览，向与会学者展示了香港馆藏的一批原始文献的基本情况，分享了理雅各研究相关论著的索书号。理雅各的后人克里斯多夫·理雅各（Christopher Legge）结合家族故事以及家族藏品向其先人理雅各致敬，香港联合教会安德森博士（Greg Anderson）介绍了在理雅各倡导的非宗派基督教运动影响下的香港联合教会历史，加拿大米兰·波曼（Marilyn Bowman）教授多年来搜罗理雅各的原始文献和图片，正在撰写一部全新的理雅各传记，从心理学的角度分析理雅各经历各种磨难时的反应，以此透析理雅各的性格以及这些极端事件对他人生的影响。

会议最后一天同样精彩不断。香港中文大学梁元生教授对两位重要人物——牛津大学首位汉学教授理雅各和剑桥大学首位汉学研究者威妥玛（Thomas F. Wade）进行了研究，将他们置身于19世纪后半叶中英交流史中，展现他们对英国汉学的贡献和影响。香港浸会大学吴有能教授对理雅各在翻译两部儒家经典时的诠释方法进行了反思；福州师范大学潘琳博士追溯了理雅各在香港时期翻译《中国经典》（*The Chinese Classics*）和牛津时期翻译《东方圣书》（*The Sacred Books of the East*）中所体现出的对道教的观念的变化，展现理雅各看待道教思想的矛盾之处。香港浸会大学郭伟联教授分析了理雅各对基督教中“罪”的理解与阐释；山东对外经济贸易大学的姜燕对理雅各三个不同的《诗经》译本进行了细致的文本研究，揭示理雅各作为译者的基督教观念对其儒家经典翻译的影响。扬州大学陆振慧对理雅各基于中国经学传统，在《中国经典》翻译时采用的深度翻译策略进行了评述，这也是理雅各采取的向西方读者介绍中国文化最有效的方式之一。香港浸会大学黄文江教授评述了理雅各在香港生活期间对中国经典翻译、教育、传教等方面的贡献。最后，费乐仁教授全面总结了当前理雅各研究中存在的不足和问题，揭示了被人们所忽略的理雅各中文著述的内容、性质和价值。

香港浸会大学饶宗颐、国学院院长陈致教授、香港联合教会的安德森、北京外国语大学中国海外汉学研究中心代表共同向与会学者、会务组以及主办人费乐仁致以感谢，“理雅各的香港岁月”——缅怀理雅各200周年诞辰的国际学术研讨会圆满闭幕。

（作者单位：北京外国语大学中国海外汉学研究中心）

中国经典西译的巨匠——纪念理雅各200周年诞辰国际学术研讨会（北京）综述

高莎　顾钧

2015年4月11日至12日，由国际儒学联合会、北京外国语大学中国文化走出去协同创新中心、北京外国语大学中国海外汉学研究中心、香港浸会大学宗教系联合举办的“中国经典西译的巨匠：纪念理雅各200周年诞辰国际学术研讨会”在北京外国语大学召开，来自中国大陆、香港、英国、加拿大、澳大利亚等国家和地区的50多位学者参加了本次会议。国际儒学联合会秘书长牛喜平先生带领国际儒联各部门负责人出席了开幕式。理雅各的曾孙克里斯多夫·理雅各（Christopher Legge）先生及其夫人特地从英国前来参加会议。

11日上午举行开幕式，由北京外国语大学中国海外汉学研究中心副主任顾钧教授主持。北京外国语大学副校长闫国华教授，国际儒学联合会副会长、北京外国语大学中国海外汉学研究中心主任张西平教授，香港浸会大学费乐仁（Lauren Pfister）教授分别代表主办方致辞。开幕式后，北京外国语大学中国海外汉学研究中心副主任梁燕教授主持了大会的四场主旨演讲，分别是张西平教授、费乐仁教授、北京师范大学刘家和教授、清华大学钱逊教授。张西平教授以“中国经典翻译的学术大师：理雅各”为题，从“理雅各在中国经典西译史上的地位”“理雅各《中国经典》评略”和“从跨文化视野理解理雅各的翻译与思想”三个方面全面评价了理雅各汉学翻译成就，称赞理雅各为“中国经典翻译的学术大师”。费乐仁教授站在沟通中西文化的立场上，怀着景仰的心情，客观、理性地分析了理雅各对中国经典的跨文化阐释的九种诠释限制。刘家和教授透过理雅各的重大翻译成就，深度剖析作为行为主体的理雅各的境界、学问和人格，提出对前人所做的翻译工作应该怀有“同情之理解”。钱逊教授回归到儒学本体，阐释了“仁”的价值内涵。北京外国语大学中文学院院长魏崇新教授对大会主题发言做了精彩点评。

主题发言后，与会学者围绕“理雅各英译中国典籍研究”“中国典籍外译理论研究——以理雅各翻译为中心”“理雅各英译中国典籍的影响与接受研究”以及“理雅各其他活动的研究”四个主题进行了四场研讨会。四场研讨会分别由香港城市大学张万民博士、暨南大学叶农教授、洛阳师范学院王国强副教授、澳大利亚国立大学范圣宇博士主持，由山东财经大学姜燕副教授、青岛科技大学李玉良教授、上海交通大学刘华文教授、中国石油大学任增强教授进行评议。

“理雅各英译中国典籍研究”一直是学者关注的热点，多名学者或宏观或微观地对理雅各英译中国典籍活动进行了深入研究。上海交通大学刘华文教授将理雅各对《易传》的阐释作为研究对象，运用自证法和旁证法，从词汇、句法、哲学主旨等层面，考察了理雅各译本对中国典籍中文本性的含糊现象的处理方法，最终得出结论：理雅各的译文弱化了《易传》的政治立场。山东财经大学姜燕副教授以理雅各《诗经》译本为中心，探讨了理雅各对儒家祭祀礼的解读。香港中文大学张万民博士分析了理雅各《诗经》的散译本和韵译本，通过对译本产生的英语文化背景、理雅各的翻译理念以及译文细节的研究，揭示这两个译本的异同，考察译本各自的历史地位。上海师范大学丁大刚博士以“译者翻译话语关照下的翻译批评——理雅各翻译语料的整体考察”为题，以理雅各的整个翻译和书写为语料，从整体观念出发，探讨理雅各论述翻译策略、翻译目的、读者对象和重译等问题的话语，并结合其译文和现代译论做双重阐释，揭示其论述对于当今翻译实践者和研究者的意义。北京外国语大学杨慧玲副教授讨论了理雅各《中国经典》附录中的“汉字与短语”部分，探讨其作为词典的可能性，以此反观理雅各的经典翻译。沈阳师范大学姜哲副教授将过去150年间理雅各《中国经典》的五个版本作为研究对象，探讨五个版本的主要差别和形成原因，从而证明真正的文化交流从来都是双向的和互动的。北京外国语大学吴礼敬博士将目光聚焦于理雅各对《易经》中“帝”和“上帝”的翻译，认为理雅各的翻译策略一方面在一定程度上体现了他沟通基督教和儒家思想的努力，另一方面他一以贯之的翻译方法不可避免地歪曲和改变原文的含义，使原文增加了本身并不具备的基督教色彩。

本次会议的另一大热点是以理雅各翻译为中心，对中国典籍外译理论进行学理探讨。南京农业大学王银泉教授将理雅各和辜鸿铭的《论语》英译本进行对比研究，通过分析二者对原文本核心关键词、文化负载词和文化现象的翻译策略，察觉出理雅各的异化倾向和辜鸿铭的归化倾向。北京外国语大学韩振华副教授关注理雅各对《道德经》的解读，认为在解读《道德经》时，理雅各虽然仍以“抑中扬西”为基调，但其理念与论证方法都具有很强的学术严谨性，其对《道德经》所包含宗教因素的讨论，涉及了中西语言、神学比较领域的某些深层次问题，而这些问题至今仍是中西比较哲学的热点话题。对外经济贸易大学康太一博士以英译《论语》为切入点，考察从马士曼译本到理雅各译本儒学概念的翻译与变化，取舍与阐释，试图还原中英对话“经典”之语境的形成过程，呈现早期中西跨文化交流之历史样貌。苏州大学张萍博士全面考察了理雅各的忠实观，揭示其忠实观形成的缘由，挖掘其思想精髓，以期待更好地促进中国典籍外译的理论构建。中国矿业大学王梦景副教授以《庄子·内篇》篇名的英译为切入点，以理雅各、冯友兰、林语堂对篇名的翻译为例，以小见大，发掘具有不同文化身份的译者的翻译策略和文化选择。复旦大学谢雨珂博士通过剖析“君子”一词在理雅各《诗经》译本中所对译的系列语词在各自文化语境中特有的含义，揭示理雅各“以意逆志”的翻译原则背后的文化语境，分析以译词为载体的异质文化在相互接触时，原生文化与接受文化之间的博弈、转化、变异以及妥协的图景，进而说明词语对译谱系建立的复杂性，指出不同文化传统之间的沟通和理解不得不通过语言的“差异翻译”、文化的“情景移位”和“误解”（“过度诠释”“欠缺诠释”）得以实现。

部分学者讨论了理雅各英译中国典籍的影响与接受问题。上海交通大学王金波副教授从影响研究的角度，分析理雅各英译中国典籍的策略与方法对第一部《红楼梦》英译本在思想和文本层面的影响。上海师范大学王宏超副教授同样选择影响研究的角度，但关注点是中国索隐派对西方易学研究兴起的影响，认为理雅各的思想可视为中国索隐派之后继者，易学研究在西方的兴起与来华的传教士，特别是中国索隐派有密切关系。青岛科技大学李玉良教授整体评价了理雅各作为儒学研究者、翻译家和国际译学传播者所取得的学术成就与影响，认为理雅各虽然取得巨大成就，但囿于诸多局限，其对儒学的理解有不少地方与先秦儒学的原旨是不相吻合的。因此，从儒学对外传播的立场看，理雅各对国际儒学研究的影响功过参半。

另外，还有一些学者关注了理雅各其他活动的研究。加拿大西蒙弗雷泽大学的马瑞玲·褒曼（Marilyn L. Bowman）教授全面考察了理雅各翻译活动背后的种种因素，包括协助其翻译的助手、翻译过程中参考的资料、写作的手稿等，为理雅各研究活动提供了重要依据。中国石油大学任增强教授以理雅各1893年撰写的《中国小说及神箭养由基》为中心探讨理雅各的中国文学观与作品译介，认为在经典译介之外，理雅各在研究志趣上出现了世俗化的倾向，将目光投注到市井流行小说。福建师范大学潘琳博士从原始文献出发，探寻牛津汉学建立过程中的政治、经济背景，各方阻力和推动力量，分析理雅各在牛津大学汉学讲席建立过程中的处境。上海大学李强博士以理雅各的媒介形象为切入点，认为《新会新报》《万国公报》对理雅各的双重形象塑造有助于给中国民众带来有关基督教会和传教士的信息，并在一定程度上得到了后者的认同。洛阳师范学院王国强副教授聚焦侨居地汉学家，以理雅各为中心探讨文献翻译与汉学研究的关系，指出侨居地汉学家的文献翻译工作扩大了中国文献西译的范围，拓宽了汉学研究的视野。

在研讨会举行的两天时间里，与会的专家、学者围绕理雅各中国典籍英译进行了广泛、深入、多层次的交流、讨论，会议气氛热烈。此次会议是中国大陆首个纪念理雅各200周年诞辰的学术会议，是学术界近年来理雅各研究的一次高质量的学术研讨会，为中外学者的学术交流提供了平台，拓宽了视野。专家、学者们对于理雅各典籍英译的研讨，既有宏观的理论阐释，又有具体的个案解读，既有文献考证，又有学理思考，通过分析理雅各一生及其中国文化经典翻译的学术成就，从汉学史、翻译史等角度总结了中国文化与世界文化交流互鉴的历史经验。此次会议是国际儒学联合会和北京外国语大学为促进中国文化走出去所贡献的又一重要成果，是国际儒联和北外展开的又一次成功合作。这次会议为今后进一步推动以儒学为核心的中国传统文化在世界的传播积累了经验，同时也为翻译专业、比较文学与跨文化研究专业的发展开阔了思路。

（作者单位：北京外国语大学中国海外汉学研究中心）

学术动态

比利时根特大学博士论文答辩——“现代性的视野：在历史与思想中观察新儒家哲学”

［比利时］巴德胜（Bart Dessein）

编者按：为及时反映国际儒学研究的最新进展，本刊特设栏目，对世界各国儒学教育情况进行报道。日前，比利时根特大学汉学系方浩博士通过了博士论文答辩，本期特对其论文主要内容进行介绍。巴德胜，比利时根特大学汉学系教授、布鲁塞尔欧洲亚洲研究所研究员、比利时皇家海外科学院研究员、欧洲中国学学会理事，主要从事佛教阿毗达摩、般若学、新儒学等方面研究。

2014年末，方浩（Ady Van den Stock）完成了他有关两位最重要的新儒家哲学家——唐君毅和牟宗三的博士研究。

方浩于2008年获得比利时根特大学东方语言与文化专业硕士学位，从2010年至2014年，在根特大学攻读博士学位。2015年1月23日，他就其博士论文《现代性的视野：在历史与思想中观察新儒家哲学》（*The Horizon of Modernity: Observations on New Confucian Philosophy in History and Thought*）进行了公开答辩。

这一研究揭示了唐君毅和牟宗三的论著如何在根本上贯穿着历史

和社会政治考量，研究的主线是两位哲学家对黑格尔（Georg Wilhelm Friedrich Hegel, 1770–1831）辩证哲学的选择性借鉴。研究聚焦于唐君毅的“超越”概念和牟宗三的“良知的自我坎陷”说，二者是反击他们所认定的现代“物化”和把价值简化为事实（reduction of value to fact）的概念对策。这篇目前正准备出版的论文还利用了熊十力、梁漱溟、贺麟和冯友兰等其他哲学家的著作，并尝试将新儒家哲学的出现与诸如20世纪20年代末的“社会史论战”、1923年的“科学与玄学论战”等智识论战联系起来。总体来说，通过对新儒家哲学这一复杂个案的考察，该研究有助于了解现代性这一问题。

（作者单位：比利时根特大学汉学系）

国外中国传统文化研究前沿目录

2014年越南重要学术报刊发表的有关儒学研究文章目录

[越南]黎芳惟　阮俊强*

为了向各位读者提供2014年越南儒学研究的成绩报告，我们已对2014年在越南刊行的6种重要学术报刊（包括：《汉喃杂志》《哲学研究杂志》《文学研究杂志》《宗教研究杂志》《中国研究杂志》《研究与发展杂志》等）的有关儒学研究的文章进行考察与统计。调查中，我们选得了20篇有关儒学研究的文章，立为目录。这20篇文章的研究范围包括很多方面，可分为5个主题：1. 儒学思想（儒学的“孝”“义”“忠”等道德范畴，以及人道、家道问题，王阳明的哲学）；2. 儒学人物（形象与行状、思想）；3. 儒家经典（儒家经典传入越南的时间、在越南流传的儒家经典的版本学问题、易经的研究）；4. 在越南的儒教；5. 越南思想史中的三教之关系问题。本目录按作者姓名拼音顺序排列。

* 黎芳惟（Lê Phương Duy），越南河内国家大学文学系汉喃教研室讲师。阮俊强（Nguyễn Tuấn Cường）越南社会科学翰林院所属汉喃研究院，《国际儒学研究通讯》越南通讯员。

1. [越] 陈氏针（Trần Thị Châm）:《黎朝圣宗皇帝下的三教管理》（“Quản lý tam giáo dưới triều vua Lê Thánh Tông”），载《宗教研究》，2014年第8期，第96—104页。

2. [越] 陈越胜（Trần Việt Thắng）:《阮朝再独尊儒教思想（19世纪上半叶阶段）》[“Tư tưởng tái độc tôn Nho giáo dưới triều Nguyễn（Giai đoạn nửa đầu thế kỷ XIX）”]，载《哲学研究》，2014年第9期，第79—81页。

3. [越] 慧启（Huệ Khải）:《三教与高台教中的“善”字》（“Chữ ‘Thiện’ trong Tam giáo và đạo Cao Đài”），载《宗教研究》，2014年第5期，第114—118页。

4. [韩] KIM SEA JIEONG:《王阳明对生的哲学》（“Triết học sự sống của Vương Dương Minh”），载《哲学研究》，2014年第10期，第45—53页。

5. [韩] KIM SEA JIEONG,《王阳明对生的哲学（续）》[“Triết học sự sống của Vương Dương Minh”（tiếp）]，载《哲学研究》，2014年第11期，第56—67页。

6. [越] 黎时新（Lê Thời Tân）:《狂儒杜少卿的形象与〈儒林外史〉的主题》（“Hình tượng cuồng nho Đỗ Thiếu Khanh và chủ đề tác phẩm *Nho lâm ngoại sử*”），载《文学研究》，2014年第6期，第107—113页。

7. [越] 阮氏酸（Lê Thị Toan）:《全日禅师与越南思想史中“三教同源”精神创造的接变》（“Thiền sư Toàn Nhật với sự tiếp biến sáng tạo tinh thần ‘tam giáo đồng nguyên’ trong lịch sử tư tưởng Việt Nam”），载《哲学研究》，2014年第5期，第34—42页。

8. [越] 黎文酸 (Lê Văn Toan):《中国“孝”的文化与日本“忠”的文化》（“Văn hóa chữ ‘Hiếu’ Trung Quốc và văn hóa chữ ‘Trung’ Nhật Bản”），载《中国研究》，2014年第2期，第46—51页。

9. [越] 枚氏妙翠（Mai Thị Diệu Thuý）:《从〈皇越律例〉皇越律例中的若干规定，论家庭婚姻关系的“孝—义”问题》（“àn về vấn đề

'hiếu-nghĩa' trong quan hệ hôn nhân gia đình qua một số quy định của *Hoàng Việt luật lệ*"），载《研究与发展》，2014年第3—4期，第151—159页。

10. ［越］潘氏秋姮（Phan Thị Thu Hằng）：《明命皇帝对为人之道的观念》（"Quan niệm về đạo làm người của vua Minh Mạng"），载《哲学研究》，2014年第8期，第60—67页。

11. ［越］阮俊强（Nguyễn Tuấn Cường）：《对〈四书约解〉的版本学研究》（"Tiếp cận văn bản học với *Tứ thư ước giải*"），载《汉喃杂志》，2014年第2期，第27—45页。

12. ［越］阮克援（Nguyễn Khắc Viện）：《率循家道》（"Noi theo đạo nhà"），载《研究与发展》，2014年第6期，第85—92页。

13. ［越］阮氏论（Nguyễn Thị Luận），《初期儒教对义—利之关的观念》（"Quan niệm của Nho giáo sơ kỳ về mối quan hệ nghĩa–lợi"），载《哲学研究》，2014年第6期，第74—82页。

14. ［越］阮氏寿（Nguyễn Thị Thọ）：《孝：越南人的饮水思源之道的一个根本价值》（"Đạo hiếu–một giá trị căn bản trong đạo lý uống nước nhớ nguồn của người Việt "），载《哲学研究》，2014年第10期，第25—31页。

15［越］阮廷秋（Nguyễn Đình Thu）：《行道儒家作者模式的陶晋》（"Kiêu tác giả nhà Nho hành đao Đào Tân"），载《文学研究》，2014年第12期，第92—100页。

16. ［越］阮忠淳（Nguyễn Trung Thuần）：《〈易经〉的若干特点》（"Vài nét về *Kinh Dịch*"），载《宗教研究》，2014年第2期，第69—81页。

17. ［越］陶雨雨、武越朋（Đào Vũ Vũ, Vũ Việt Bằng）：《世宗大帝对〈训民正音〉中道与人的观念》（"Quan niệm của Se Jong đại đế về đạo và con người qua tác phẩm *Huấn dân chính âm*"），载《哲学研究》，2014年第7期，第83—91页。

18. ［越］吴文享（Ngô Văn Hưởng）：《从李陈到黎初时代的思想转变过程中的儒佛关系》（"Quan hệ Nho–Phật trong quá trình chuyển biến hệ

tư tưởng từ Lý–Trần sang Lê sơ”)，载《哲学研究》，2014年第1期，第86—94页。

19. [越] 武氏草(Vũ Thị Thảo):《陆王心学及其对16—17世纪一些越南儒家的影响》(“Tâm học Lục–Vương và ảnh hưởng của nó đến một số nhà Nho Việt Nam thế kỷ XVI–XVII”)，载《哲学研究》，2014年第1期，第77—85页。

20. [越] 杨俊英(Dương Tuấn Anh):《儒家经典传入越南的时间》(“Thời điêm kinh điển Nho gia du nhâp vào Viêt Nam”)，载《汉喃杂志》，2014年第2期，第46—52页。

1986年越南改革开放以来在越南出版的儒学综观研究重要著作目录

[越南] 阮俊强

这一书目包括越南改革开放以来（1986—2014年）在越南出版的综观研究著作，未收越南文的儒家经典翻译书、对儒家各部经典的研究等材料。本书目包括两个部分：（Ⅰ）越南撰写著作，（Ⅱ）越南翻译著作。书目以出版年代为序。

I. Nhóm tài liệu biên soạn tại Việt Nam（越南撰写著作）

1. Vũ Khiêu chủ biên, *Nho giáo xưa và nay*, Hà Nội: NXB Khoa học Xã hội, 1991, 348 tr. //武跳 主编：《古今儒教》，河内：社会科学出版社，1991年，348页。

2. Nguyễn Khắc Viện, *Bàn về Đạo Nho*, Hà Nội: NXB Thế giới, 1993, 114 tr. // 阮克院：《谈谈儒道》，河内：世界出版社，1993年，114页。

3. Trần Đình Hượu, *Đến hiện đại từ truyền thống*, Hà Nội: NXB Hà Nội, 1994, 250 tr. // 陈廷厚：《从传统走进现代》，河内：河内出版社，1994年，250页。

4. Nguyễn Thế Long, *Nho học ở Việt Nam: Giáo dục và thi cử*, Hà Nội: NXB Giáo dục, 1995, 232 tr. // 阮世龙：《儒学在越南：教育与考试》，河内：教育出版社，1995年，232页。

5. Viện Triết học, *Nho giáo tại Việt Nam*, Hà Nội: NXB Khoa học Xã hội, 1994, 570 tr. // 武跳：《儒教在越南》，河内：社会科学出版社，1994年，570页。

6. Quang Đạm, *Nho giáo xưa và nay*, Hà Nội: NXB Văn hoá, 1994, 496 tr. // 光淡：《古今儒教》，河内：文化出版社，1994年，496页。

7. Trần Ngọc Vương, *Loại hình học tác giả văn học nhà Nho tài tử và văn học Việt Nam*, Hà Nội: NXB Giáo dục, 1995, 394 tr. // 陈玉王：《才子儒家这一文学作者类型与越南文学》，河内：教育出版社，1995年，394页。

8. Vũ Khiêu chủ biên, *Nho giáo và đạo đức*, Hà Nội: NXB Khoa học Xã hội, 1995, 244 tr. // 武跳主编：《儒教与道德》，河内：社会科学出版社，1995年，244页。

9. Vũ Khiêu chủ biên, *Nho giáo và gia đình*, Hà Nội: NXB Khoa học Xã hội, 1995, 106 tr. //武跳主编：《儒教与家庭》，河内：社会科学出版社，1995年，106页。

10. Vũ Khiêu, *Đức trị và pháp trị trong Nho giáo*, Hà Nội: NXB Khoa học Xã hội, 1995, 263 tr. // 武跳：《儒教中德治与法治》，河内：社会科学出版社，1995年，263页。

11. Đào Phan, *Đạo Khổng trong văn Bác Hồ: Trích lục và chú giải 1921–1969*, Hà Nội: NXB Văn hoá Thông tin, 1996, 378 tr. // 陶攀：《胡伯伯著作中德孔道：1921—1969年间著作摘录与注解》，河内：文化通讯出版社，1996年，378页。

12. Cao Tự Thanh, *Nho giáo ở Gia Định*, TP HCM: NXB TP HCM, 1996, 254 tr.; tái bản có bổ sung: 2010, 462 tr. // 高自清：《儒教在嘉定》，胡志明市：胡志明市出版社，1996年，254页；修订版：2010年，462页。

13. Nguyễn Tài Thư, *Nho học và Nho học ở Việt Nam: Một số vấn đề lí luận và thực tiễn*, Hà Nội: NXB Khoa học Xã hội, 1997, 264 tr. // 阮才书：《儒学与在越南的儒学：理论与实践若干问题》，河内：社会科学出版社，1997年，264页。

14. Vũ Khiêu, *Nho giáo và phát triển ở Việt Nam*, Hà Nội: NXB Khoa học xã hội, 1997, 198 tr. // 武跳：《儒教与越南的发展》，河内：社会科学出版社，1997年，198页。

15. Nguyễn Đăng Duy, *Nho giáo với văn hoá Việt Nam*, Hà Nội: NXB Hà Nội, 1998, 376 tr. // 阮登惟：《儒教与越南文化》，河内：河内出版社，1998年，376页。

16. Phan Đại Doãn chủ biên, *Một số vấn đề về Nho giáo Việt Nam*, Hà Nội: NXB Chính trị Quốc gia, 1998, 296 tr., tái bản: 1999, 312 tr. // 潘大允：《越南儒教的若干问题》，河内：国家政治出版社，1998年，296页；再版：1999年，312页。

17. Trần Đình Hượu, *Nho giáo và văn học Việt Nam trung cận đại*, Hà Nội: NXB Giáo dục, 1999, 548 tr. // 陈廷厚：《儒教与中近代越南文学》，河内：教育出版社，1999年，548页。

18. Trần Thị Hồng Thuý, *Ảnh hưởng của nho giáo đối với chủ nghĩa yêu nước Việt Nam truyền thống*, Hà Nội: NXB Khoa học xã hội, 2000, 176 tr. // 陈氏红翠：《儒教对越南传统爱国主义的影响》，河内：社会科学出版社，2000年，176页。

19. Lê Nguyễn Lưu, *Nguồn suối Nho học và thơ ca Bạch Vân Cư Sĩ*, Huế: NXB Thuận Hoá, 2000, 319 tr. // 黎阮流：《儒学泉源与白云居士的诗歌》，顺化：顺化出版社，2000年，319页。

20. Trần Đình Hượu, *Các bài giảng về tư tưởng phương Đông*, Hà Nội: NXB Đại học Quốc gia Hà Nội, 2001, 312 tr. // 陈廷厚：《东方思想讲义》，河内：河内国家大学出版社，2001年，312页。

21. Hà Thúc Minh, *Đạo Nho và văn hoá phương Đông*, TP Hồ Chí Minh: NXB Giáo dục, 2001, 170 tr. // 何叔明：《儒道与东方文化》，胡志明市：教育出版社，2001，170页。

22. *Confucianism in Vietnam*, Ho Chi Minh City: Vietnam National University – Ho Chi Minh City Publishing House, 2002, 276 ps. (Kỉ yếu Hội thảo khoa học giai đoạn 1997–2001 tại TP Hồ Chí Minh, do Harvard-Yenching Institute tài trợ). //《儒教在越南》，胡志明市：越南胡志明市国家大学出版社，2002年，276页（哈佛燕京学社资助的1997—2001年在胡志明市举办的国际研讨会论文集）。

23. Nguyễn Hoài Văn, *Tìm hiểu tư tưởng chính trị Nho giáo Việt Nam từ Lê Thánh Tông đến Minh Mệnh*, Hà Nội: NXB Chính trị Quốc gia, 2002, 340 tr. // 阮怀文：《从黎圣宗到明命皇帝越南儒教政治思想探讨》，河内：国家政治出版社，2002年，340页 。

24. Nguyễn Thị Nga, Hồ Trọng Hoài, *Quan niệm của Nho giáo về giáo dục con người*, Hà Nội: NXB Chính trị Quốc gia, 2003, 266 tr. // 阮氏娥、胡仲怀：《儒教对培训人才的观念》，河内：国家政治出版社，2003年，266页 。

25. *Nho giáo ở Việt Nam*, Hà Nội: NXB Khoa học Xã hội, 2006, 526 tr. (Kỉ yếu Hội thảo khoa học năm 2004 tại Hà Nội do Harvard-Yenching Institute tài trợ). //《儒教在越南》，河内：社会科学出版社，2006年，526页（哈佛燕京学社资助的2004年在河内举办的国际研讨会论文集）。

26. Tống Nhất Phu viết, Phan Hà Sơn, Đặng Thu Hằng dịch, *Nho học tinh hoa*, Hà Nội: NXB Văn hoá Thông tin, 2004, 674 tr. // 宋一夫著，潘河山、邓邱恒译：《儒学精华》，河内：文化通讯出版社，2004年，674页。

27. Nguyễn Tài Thư, *Vấn đề con người trong Nho học sơ kì*, Hà Nội: NXB Khoa học Xã hội, 2005, 172 tr. // 阮才书：《早期儒学中的人的问题》，河内：社会科学出版社，2005年，172页。

28. Nguyễn Tôn Nhan, *Nho giáo Trung Quốc*, Hà Nội: NXB Văn hoá Thông tin, 2006, 1614 tr. // 阮尊颜：《中国儒教》，河内：文化通讯出版社，2006年，1614页。

29. Hoàng Tăng Cường, *Triết lý Nho giáo về quan hệ cá nhân - xã hội*, Hà Nội: NXB Chính trị Quốc gia, 2006, 200 tr. // 黄增强：《儒教对个人与社会之间的关系的哲理》，河内：国家政治出版社，2006年，200页 。

30. Trịnh Khắc Mạnh, Chu Tuyết Lan chủ biên, *Thư mục nho giáo Việt Nam,* Hà Nội: NXB Khoa học xã hội, 2007, 756 tr. // 郑克孟、朱雪兰主编：《越南儒教书目》，河内：社会科学出版社，2007年，756页。

31. Chương Thâu, *Góp phần tìm hiểu Nho giáo - nho sĩ - trí thức Việt Nam trước 1945*, Hà Nội: NXB Văn hoá Thông tin & Viện Văn hoá, 2007, 352 tr. // 章收：《对越南1945年前儒教、儒士、知识分子的若干研究》，河内：文化通讯出版社与文化研究院，2007年，352页。

32. Nguyễn Mạnh Cường, Nguyễn Thị Hồng Hà, *Nho giáo – Đạo học trên đất kinh kì*, Hà Nội: NXB Văn hoá Thông tin & Viện Văn hoá, 2007, 496 tr. // 阮孟强、阮氏红河：《儒教—道学在京都》，河内：文化通讯出版社与文化研究院，2007年，496页。

33. Nguyễn Thanh Bình, *Học thuyết chính trị xã hội của Nho giáo và ảnh hưởng của nó ở Việt Nam từ thế kỷ XI đến nửa đầu thế kỷ XIX*, Hà Nội: NXB Chính trị Quốc gia, 2007, 252 tr. // 阮清平：《儒教的政治社会学说及其对十一到十九世纪上半叶的越南的影响》，河内：国家政治出版社，2007年，252页 。

34. Trần Quang Thuận, *Triết học chính trị Khổng giáo*, TP HCM: NXB Văn hoá Sài Gòn, 2007, 306 tr. // 陈光顺：《孔教的政治哲学》，胡志明市：西贡文化出版社，2007年，306页。

35. Nguyễn Thị Tuyết Mai, *Quan niệm Nho giáo về con người, về giáo dục và đào tạo con người*, Hà Nội: NXB Chính trị Quốc gia, 2009, 192 tr.

// 阮氏雪梅:《儒教对人与培训人才的观念》，河内：国家政治出版社，2009年，192页。

36. Đinh Khắc Thuân, *Giáo dục và khoa cử Nho học thời Lê ở Việt Nam qua tài liệu Hán Nôm*, Hà Nội: NXB Giáo dục, 2009, 616 tr. // 丁克顺:《越南黎朝儒学教育与科举（通过汉喃资料）》，河内：教育出版社，2009年，616页。

37. *Nghiên cứu tư tưởng Nho gia Việt Nam từ hướng tiếp cận liên ngành*, Hà Nội: NXB Thế giới, 2009, 858 tr. (Kỉ yếu Hội thảo khoa học năm 2007 tại Hà Nội do Harvard-Yenching Institute tài trợ). //《跨学科角度下的越南儒家思想研究》，河内：世界出版社，2009年，858页（哈佛燕京学社资助的2007年在河内举办的国际研讨会论文集）。

38. Phạm Đình Đạt, *Học thuyết tính thiện của Mạnh tử với việc giáo dục đạo đức ở nước ta hiện nay*, Hà Nội: NXB Chính trị Quốc gia, 2009, 256 tr. // 范廷达:《孟子性善说与我国目前道德教育》，河内：国家政治出版社，2009年，256页。

39. Nguyễn Ngọc Quỳnh, *Hệ thống giáo dục và khoa cử Nho giáo triều Nguyễn*, Hà Nội: NXB Chính trị Quốc gia, 2011, 214 tr. // 阮玉琼:《阮朝儒教科举与教育制度》，河内：国家政治出版社，2011年，214页 。

40. Nguyễn Đức Sự, *Nho giáo và khía cạnh tôn giáo của Nho giáo*, Hà Nội: NXB Văn hóa Thông tin và Viện Văn hóa, 2011, 278 tr. // 阮德事:《儒教与儒教的宗教角度》，河内：文化通讯出版社与文化研究院，2011年，278页。

41. Nguyễn Kim Sơn chủ biên, *Kinh điển Nho gia tại Việt Nam*, Hà Nội: NXB Đại học Quốc gia Hà Nội, 2012, 354 tr. // 阮金山主编:《儒家经典在越南》，河内：越南河内国家大学出版社，2012年，354页。

42. Trần Thị Hạnh, *Quá trình chuyển biến tư tưởng của Nho sĩ Việt Nam trong 30 năm đầu thế kỉ XX*, Hà Nội: NXB Chính trị Quốc gia, 2012, 324 tr. //

陈氏幸：《二十世纪开头三十年中越南儒士思想转变过程》，河内：国家政治出版社，2012年，324页。

43. Lê Văn Tấn, *Tác giả nhà Nho ẩn dật và văn học trung đại Việt Nam*, Hà Nội: NXB Lao động Xã hội, 2013, 398 tr. // 黎文晋：《隐儒作者与越南古代文学》，河内：劳动社会出版社，2013年，398页。

44. Trịnh Văn Thảo, *Xã hội Nho giáo Việt Nam dưới nhãn quan của xã hội học lịch sử*, Hà Nội: NXB Tri thức, 2014, 220 tr. // 郑文草：《历史社会学视阈下的越南儒教社会》，河内：知识出版社，2014年，220页。

45. Dương Văn Sáu, *Hệ thống di tích Nho học Việt Nam và các Văn miếu tiêu biểu ở Bắc Bộ*, Hà Nội: NXB Thông tin và Truyền thông, 2014, 294 tr. // 杨文套：《越南北部的儒学遗址系统与典型文庙》，河内：通讯与媒体出版社，2014年，294页。

Ⅱ. Nhóm tài liệu phiên dịch tại Việt Nam（越南翻译著作）

46. Vi Chính Thông viết, Nguyễn Huy Quý, Nguyễn Kim Sơn, Trần Lê Sáng, Nguyễn Bằng Tường dịch, *Nho gia với Trung Quốc ngày nay*, Hà Nội: NXB Chính trị Quốc gia, 1996, 468 tr. // 韦政通著，阮辉贵、阮金山、陈黎创、阮鹏翔译：《儒家与现代中国》，河内：国家政治出版社，1996年，468页。

47. Hồ Văn Phi viết, Vũ Ngọc Quỳnh dịch, *Đàm đạo với Khổng tử*, Hà Nội: NXB Văn học, 2002, 400 tr. // 胡文飞著，武玉琼译：《与孔子对话》，河内：文学出版社，2002年，400页。

48. Hàn Tinh tuyển chọn, Nguyễn Đức Lân dịch, *Nho gia châm ngôn lục*, Hà Nội: NXB Văn hoá Thông tin, 2003, 376 tr. // 韩精选，阮德麟译：《儒家箴言录》，河内：文化通讯出版社，2003年，376页。

49. Lý Quốc Chương chủ biên, *Kho tàng văn minh Trung Hoa: Nho gia*

và Nho học, Hà Nội: NXB Văn hoá Thông tin, 2003, 390 tr. // 李国章主编:《中华文明仓库：儒家与儒学 》(越南语译本)，河内：文化通讯出版社，2003年，390页。

50. Tào Thượng Bân viết, Lê Thanh Thuỳ, Đào Tâm Khánh, Chu Thanh Nga, Phạm Sĩ Thành, Mai Thị Thơm dịch, *Tư tưởng nhân bản của Nho học Tiên Tần*, Hà Nội: NXB Đại học Quốc gia Hà Nội, 2005, 382 tr. // 曹尚斌著，黎青垂、陶心庆、朱青娥、范士成、梅士审译:《先秦儒学的人本思想津梁》，河内：河内国家大学出版社，2005年，382页。

51. Hoàng Tuấn Kiệt viết, Chu Thị Thanh Nga dịch, *Tầm nhìn mới về lịch sử Nho học Đông Á*, Hà Nội: NXB Đại học Quốc gia Hà Nội, 2010, 502 tr. // 黄俊杰著，朱氏青娥译:《东亚儒学史的新视野》，河内：越南河内国家大学出版社，2010年，502页。

52. Trần Chiêu Anh viết, Nguyễn Phúc Anh dịch, *Nho học Đài Loan: Khởi nguồn phát triển và chuyển hoá*, Hà Nội: NXB Đại học Quốc gia Hà Nội, 2011, 372 tr. // 陈昭瑛著，阮福英译:《台湾儒学：起源、发展与转化》，河内：越南河内国家大学出版社，2011年，372页。

53. Hoàng Tuấn Kiệt viết, Bùi Bá Quân dịch, *Nho học Đông Á: Biện chứng của kinh điển và luận giải*, Hà Nội: NXB Đại học Quốc gia Hà Nội, 2012, 266 tr. // 黄俊杰著，裴伯君译:《东亚儒学：经典与诠释的辩证》，河内：越南河内国家大学出版社，2012年，266页。

54. Cao Vọng Chi, *Đạo hiếu trong Nho gia*, Hà Nội: NXB Chính trị Quốc gia, 2014, 366 tr. // 高望之著:《儒家孝道》(越南语一本)，河内：国家政治出版社，2014年，366页。

55. Lý Minh Huy viết, Bùi Anh Chưởng dịch, *Tư tưởng chính trị dưới tầm nhìn Nho gia*, Hà Nội: NXB Đại học Quốc gia Hà Nội, 2014, 310 tr. // 李明辉著，裴英掌译:《儒家视野下的政治思想》，河内：越南河内国家大学出版社，2014年，310页。

56. Tần Tại Đông chủ biên, Lê Tịnh dịch, *Giá trị của đạo đức Nho giáo trong thời đại ngày nay*, Hà Nội: NXB Chính trị Quốc gia, 2014, 412 tr. // 秦在东主编，黎静译：《儒教道德的价值在当代社会》，河内：国家政治出版社，2014年，412页。

（编者单位：越南社会科学院所属汉喃研究院）

BAS数据库德语儒学相关研究论著目录（2010—2013年）

张雪洋

说明：由美国亚洲研究协会（Association for Asian Studies）主办的Bibliography of Asian Studies Online数据库，包括近850000条数据，涉及英文、荷兰语、法语、德语、意大利语、葡萄牙语、俄语、西班牙语等西方语言，主题是跟亚洲相关的研究，不但包括对东亚、东南亚和南亚文明的研究，还包括对在美洲、欧洲和其他地区的亚洲群体的研究。

数据库涉及的学科领域包括人文科学、社会科学、建筑学，和医学、公共健康、地质学、环境科学等与人文关系密切的自然科学。具体有人类学、社会学、艺术、传记、通讯媒体、经济、教育、地理学、历史学、语言学、图书馆与信息学、文学、哲学、宗教、政治、管理、心理学、自然科学等。

本目录基于BAS数据库，整理出了2010—2013年间共四年的德语论文和著作，其内容以儒学为核心，但不局限于儒学，广泛涉及中国及亚洲的历史文化相关研究。目录分为“文章”“书籍”和“书籍章节”三个部分，每个部分按照年份划分。其中“文章”部分收录四年间出版的130条书目；"书籍"部分只有两条，2010和2011年各一条；"书籍目录"部分包括三年的10条书目信息。

文章

2013年

1. Chen, Qi, Nonverbale Zeichen im interkulturellen Kontext: Zur Bild-Schrift-Interaktion in deutschen und chinesischen Todesanzeigen（《跨文化语境下的非语言图像：中德讣告中的图文互动》）, *Literaturstrasse: Chinesisch-deutsches Jahrbuch für Sprache, Literatur und Kultur Beijing*（《文学之路：中德语言文学文化研究》），13(2013), pp. 453—468.

2. Chen, Zhuangying, Ein Vergleich zwischen der deutschen Version und dem chinesischen Original des Märchens Bau Si（《童话褒姒德国译本与汉语原文的对比》）, *Literaturstrasse: Chinesisch-deutsches Jahrbuch für Sprache, Literatur und Kultur Beijing*（《文学之路：中德语言文学文化研究》），13(2013), pp. 305–313.

3. Hans Conon von der Gabelentz, tr., Ein Kapitel aus der ersten vollständigen Übersetzung des chinesischen Romans *Jin Ping Mei* ins Deutsche (1862–69); introduction by Martin Grimm [a chapter from the first complete translation of the Jin ping mei into German]［《中国小说〈金瓶梅〉第一本德语全译本的一章（1862—1869）：马丁·格林的介绍》］, *Studia Orientalia Slovaca* 12, no.1(2013), pp. 99–118 .

4. Hu, Kai, "Jesus mit Konfuzius" in Ernst Fabers *Civilization, China and Christian* [Ernst Faber, 1839–1899, German missionary in China]（《花之安〈自西徂东〉中的"耶稣与孔子"》）, *Literaturstrasse: Chinesisch-deutsches Jahrbuch für Sprache, Literatur und Kultur Beijing*（《文学之路：中德语言文学文化研究》），13(2013), pp. 125–136.

5. Hu, Wei, Imagination und Kreativität in der deutschen Literatur: Bericht zum Literaturstrassen-Symposium an der XISU, China (21.–25. September 2011 in Xi'an) [Xi'an International Studies University](《德国文学中的想象与创造：西安外国语大学文学之路研讨会报告》), *Literaturstrasse: Chinesisch-deutsches Jahrbuch für Sprache, Literatur und Kultur Beijing* (《文学之路：中德语言文学文化研究》), 13(2013), pp. 15–18 .

6. Huang, Liaoyu, Asien ist nicht Asien: Über den Begriff Asien im *Zauberberg* und Thomas Manns Chinabild (《亚洲不是亚洲：关于〈魔山〉中"亚洲"的概念与托马斯·曼的中国图景》), *Literaturstrasse: Chinesisch-deutsches Jahrbuch für Sprache, Literatur und Kultur Beijing*(《文学之路：中德语言文学文化研究》), 13(2013), pp. 205–222.

7. Jin, Xiuli, Phantasie und Wirklichkeit. Gustav Meyrinks Traummotiv im Roman *Golem* [includes some coverage of Chinese ghost stories and the works of Pu Song Ling][《想象与现实：古斯塔夫·麦林科小说〈魔像〉中梦的题材（包括部分中国神怪故事和蒲松龄的作品》)], *Literaturstrasse: Chinesisch-deutsches Jahrbuch für Sprache, Literatur und Kultur Beijing* (《文学之路：中德语言文学文化研究》), 13(2013), pp. 151–172.

8. Alfred Leder, Ein geistreicher Exorzismus im *Zhuangzi* 19,6 (《〈庄子〉第十九章第六节中聪明的驱邪术》), *Asiatische Studien* 67, no.1(2013), pp. 75–85.

9. Li, Xuetao, Einfluss der chinesischen Kunst auf das lyrische Frühwerk Bertolt Brechts am Beispiel seiner *Hauspostille* (《中国艺术对布莱希特早期诗歌作品的影响——以〈家庭祈祷书〉为例》), *Minima sinica: Zeitschrift zum chinesischen Geist* 25, no.1(2013), pp. 41–67.

10. Liu, Qisheng, Sekretärchinesisch: Eine politisch-grammatische Untersuchung der Selbstdarstellungstexte chinesischer Unternehmen (《文秘汉语：对中国企业自我介绍的政治语法研究》), *Literaturstrasse: Chinesisch-*

deutsches Jahrbuch für Sprache, Literatur und Kultur Beijing（《文学之路：中德语言文学文化研究》），13(2013), pp. 477–483.

11. Liu, Wei, Utopie als Alternative zum katastrophalen Zeitgeschehen: Imagination und Kreativität in der Darstellung Joseph Roths [includes the reception of Roth's works in China]（《以乌托邦作为灾难性时事的另一选择：约瑟夫·罗特叙事中的想象与创造》），*Literaturstrasse: Chinesisch-deutsches Jahrbuch für Sprache, Literatur und Kultur Beijing*（《文学之路：中德语言文学文化研究》），13(2013), pp. 279–289.

12. Ma, Jian, Hermann Hesses Rezeption der Tao Te King-Übersetzung von Richard Wilhelm（《赫尔曼·黑塞对道德经的理解——卫礼贤的译本》），*Literaturstrasse: Chinesisch-deutsches Jahrbuch für Sprache, Literatur und Kultur Beijing*（《文学之路：中德语言文学文化研究》），13(2013), pp. 223–233.

13. Tan, Yuan, Zu Goethes Beschäftigung mit chinesischen Dichterinnen（《关于歌德对中国女诗人的研究》），*Literaturstrasse: Chinesisch-deutsches Jahrbuch für Sprache, Literatur und Kultur Beijing*（《文学之路：中德语言文学文化研究》），13(2013), pp. 49–67.

14. Wang, Beibei, Vergleich und Übersetzung deutscher und chinesischer Metaphern aus kognitiv-linguistischer Perspektive（《从认知语言学的角度对比及翻译中德隐喻》），*Literaturstrasse: Chinesisch-deutsches Jahrbuch für Sprache, Literatur und Kultur Beijing*（《文学之路：中德语言文学文化研究》），13(2013), pp. 385–407.

15. Wang, Jing, Angewandte Übersetzungsstrategien bei Qian Zhongshus Roman Weicheng（《钱锺书小说〈围城〉中的实用翻译策略》），*Minima sinica: Zeitschrift zum chinesischen Geist* 25, no.1(2013), pp. 112–145.

16. Friederike Wappenschmidt, 'Die Waise von Zhao': Europäische Verwandlungen eines chinesischen Motivs auf Theater-und Tapetenbühnen der Chinamode（《〈赵氏孤儿〉：一个中国题材在中国戏剧舞台布景模式方面

的欧洲化变更》), *Minima sinica: Zeitschrift zum chinesischen Geist*25, no.1 (2013), pp. 21–40.

17. Yang, Chengyun; Zhang, Yan, tr., Zwei Tage in Berlin(《在柏林的两天》), *Literaturstrasse: Chinesisch-deutsches Jahrbuch für Sprache, Literatur und Kultur Beijing* (《文学之路：中德语言文学文化研究》), 13 (2013), pp. 365–375.

18. Zhang-Kubin, Suizi; Wolfgang Kubin, trs., Brevarium sinicum: Nach chinesischen Zeitschriften Juli-Dezember 2012: Hao Meijuan: "Wo das Herz Ruhe findet, da ist meine Heimat. Su Dongpo und die Suche nach der geistigen Heimat"; Zhang Peifeng: "Untersuchungen zum Glauben der altchinesischen Literati an Maitreja"; Zhang Peng: "Chinas akademischer Weg in den letzten einhundert Jahren. Gedanken zu Qian Mu und Feng Youlan"; Zhang Zhigang: "Was Religion ersetzt. Eine Reflexion zu vier Theorien"(中国摘要：2012年7—12月刊：郝美娟:《此心安处是吾乡—以"归"为中心论苏轼对精神家园的追求与建构》; 张培峰:《中国古代文人的弥勒信仰研究》; 张蓬:《近代以来中国学术发展路径的抉择及其反思—以钱穆与冯友兰为中心》; 张志刚:《四种取代宗教说》), *Minima sinica: Zeitschrift zum chinesischen Geist*25, no.1(2013), pp. 146–160.

19. Zhang, Ailing; Grosse-Ruyken, Xiaoli; Marc Hermann, trs., Jugend (《青春》), *Minima sinica: Zeitschrift zum chinesischen Geist* 25, no.1 (2013), pp. 91–111.

20. Zhang, Jianxin; Wang, Yi, Ist das chinesische Schriftsystem logographisch, phonographisch, oder...? Das deutsche und das chinesische Schriftsystem im Vergleich(《汉字系统是语素文字，音素文字，还是...？中德文字体系对比》), *Literaturstrasse: Chinesisch-deutsches Jahrbuch für Sprache, Literatur und Kultur Beijing* (《文学之路：中德语言文学文化研究》), 13 (2013), pp. 435–451.

21. Zhang, Yi, Vicki Baum wieder entdecken: Über die China-Darstellungen im Roman *Hotel Shanghai* von Vicki Baum（《重新发现薇姬·鲍姆：关于薇姬·鲍姆的小说〈上海酒店〉中的中国式表现》）, *Literaturstrasse: Chinesisch-deutsches Jahrbuch für Sprache, Literatur und Kultur Beijing*（《文学之路：中德语言文学文化研究》）, 13 (2013), pp. 267–277.

22. Zhao, Jin, Merkmalsbeschreibung des Wirtschaftsdeutschen und seine didaktischen Realisierungen in einem Lehrbuch für chinesische Germanistikstudenten（《中国德语系教材中经济德语的特点说明及教学法实践》）, *Literaturstrasse: Chinesisch-deutsches Jahrbuch für Sprache, Literatur und Kultur Beijing*（《文学之路：中德语言文学文化研究》）, 13 (2013), pp. 485–496.

23. Zhu, Jin, Rektionskomposita und Nichtrektionskomposita im Deutschen und im Chinesischen（《德语及汉语中的支配型复合词和非支配型复合词》）, *Literaturstrasse: Chinesisch-deutsches Jahrbuch für Sprache, Literatur und Kultur Beijing*（《文学之路：中德语言文学文化研究》）, 13 (2013), pp. 409–423.

2012年

1. Acheng; Hans Kühner, tr., Die Esel und die Pizza（《驴子与比萨饼》）, *Hefte für ostasiatische Literatur* no.53 (Nov. 2012), pp. 115–119.

2. Acheng; Torsten Schulze, tr., Drei Kurzgeschichten［Die Schlucht; Handgezogene Nudeln; Der Anzug］（《短篇小说三则〈峡谷〉〈拉面〉〈套装〉》, *Hefte für ostasiatische Literatur* no.52 (May 2012), pp. 85–92.

3. Ryūnosuke Akutagawa; Armin Stein, tr., Reisen in China: Die Reiseberichte des japanischen Schriftstellers Akutagawa Ryūnosuke（《旅行中国：日本作家芥川龙之介的游记》）, *OAG Notizen* (Dec. 2012), pp. 10–40.

4. Ban, Gu; Christian Schwermann, tr., Ein frühes Modell der Herrscherkritik: Die Biographie des Liú Xiàng (79–8 v.u.Z.) in der Dynastiegeschichte der Westlichen Hàn. Teil I（《统治者批评的早期模式：西汉断代史中的〈刘向传〉》）, *Minima sinica: Zeitschrift zum chinesischen Geist* 24, no.1 (2012), pp. 67–77.

5. Jorrit Britschgi, Helmut Brinker (1939—2012)［obituary of a German scholar of Chinese art history. Includes a bibliography of Brinker's writings compiled by Jorrit Britschgi］［《赫尔穆特·布林柯（1939—2012）》（一位德国的中国艺术史学者的讣闻。包括由乔里特·布雷斯基整理的布林柯的作品目录）］, *Asiatische Studien* 66, no.4 (2012), pp. 877–891.

6. Cao, Naiqian; Ilka Schneider; Vanessa Gross; Kristina Ilina, trs., Drei Kurzgeschichten［Der Alte; Morgenstern; Shanyaodan］［《短篇小说三则》（老人、启明星、山药蛋）］, *Hefte für ostasiatische Literatur* no.53 (Nov. 2012), pp. 30–47.

7. Chen, Cun; Rupprecht Mayer, tr., Fernsehen (Auszug aus dem Roman 'Blumen und')［电视（小说《鲜花和》摘录）］, *Hefte für ostasiatische Literatur* no.52 (May 2012), pp. 60–72.

8. Fan, Jin, Der Gottesdiskurs der chinesischen Literatur in den 1990er Jahren: Ein kulturelles Modephänomen（《二十世纪九十年代中国文学中的上帝讨论：一种流行现象》）, *Minima sinica: Zeitschrift zum chinesischen Geist* 24, no.2 (2012), pp. 74–95.

9. Judith Fröhlich, Die Mongoleneinfalle in Japan mit einer Übersetzung von Seno Seiichirō: Geschichten zu den"göttlichen Winden"（《濑野清一郎翻译的关于蒙古入侵日本："上帝之风"的历史》）, *Asiatische Studien* 66, no.1 (2012), pp. 57–78.

10. Anna Hagdorn, Das Tuscheset *Yu zhi ming yuan tu mo* des Museums für Angewandte Kunst Frankfurt: "Original" und "Kopie" im Kontext des

chinesischen Tuschekunsthandwerks (《法兰克福应用艺术博物馆馆藏集锦“御制铭园图墨”：在中国制墨艺术背景下的“原创”与“仿制”》), *Monumenta Serica* 60 (2012), pp. 71–149.

11. Barbara Hoster; Peter Ramers, Sinica der Sammlung Peter Rheden (1865—1942) im Besitz des Instituts Monumenta Serica (《〈华裔学志〉遗产中彼得·雷登的中国收藏》), *Monumenta Serica* 60 (2012), pp. 433–480.

12. Jessica Imbach, Dem Realismus ein Grab: Yan Liankes *Shouhuo* als “kleine Literatur” (《现实主义的坟墓：阎连科的“小文学”〈受活〉》), *Asiatische Studien* 66, no.1 (2012), pp. 79–102.

13. Jia, Pingwa; Felix Meyer zu Venne, tr., Müssiggänger (《闲人》), *Hefte für ostasiatische Literatur* no.53 (Nov. 2012), pp. 108–114.

14. Hans Kühner, Nachrichten zur Literatur aus China (《中国文学报道》), *Hefte für ostasiatische Literatur* no.52 (May 2012), pp. 148–149.

15. Hans Kühner, Viel Streit um einen Stummen: Zur Verleihung des Nobelpreises für Literatur 2012 an den chinesischen Erzähler Mo Yan (《围绕一个哑巴的许多争论：2012年诺贝尔文学奖授予中国写书人莫言》), *Hefte für ostasiatische Literatur* no.53 (Nov. 2012), pp. 120–127.

16. Liang, Shiqiu; Wolf Baus, tr., Drei Essays [Frauen, Männer; Über die Vorzuge des Frühaufstehens] [《散文三则》(女人、男人、早起)], *Hefte für ostasiatische Literatur* no.53 (Nov. 2012), pp. 96–107.

17. Liu, Ji; Thilo Diefenbach, tr., Zwischen engagement und Resignation: Auszüge aus dem *Yulizi* und dem *Fupouji* (《承诺与放弃之间：〈郁离子〉与〈覆瓿集〉摘要》), *Hefte für ostasiatische Literatur* no.53 (Nov 2012), pp. 76–95.

18. Bieg Lutz, Neue deutschsprachige Veröffentlichungen zur chinesischen Literatur (Teil 2) [《关于中国文学的新德语出版物(第二部分)》], *Hefte für ostasiatische Literatur* no.52 (May 2012), pp. 150–182.

19. Qu, Yi, Song nianzhu guicheng (Die Anweisung zur Rezitation des Rosenkranzes): Ein illustriertes christliches Buch aus China vom Anfang des 17. Jahrhunderts [illustrated Christian book from the early seventeenth century][《〈诵念珠规程〉(指导念珠的吟诵): 一本17世纪早期来自中国的图解基督教书籍》], *Monumenta Serica* 60 (2012), pp. 195–290.

20. Meline Sieber, Hier ist es anders: Der Shanghai-Kurtisanenroman *Haishang fanhua meng* (Träume von Shanghais Pracht und Blüte) und der heterotopische Raum Shanghai [vernacular novel Dreams of Shanghai Splendor by Sun Jiazhen (1863–1939)][《这里不同: 上海妓院小说〈海上繁华梦〉与上海异空间》(孙家振的方言小说上海繁华梦)], *Asiatische Studien* 66, no.4 (2012), pp. 1031–1080.

21. Rolf Trauzettel, Das verhinderte Staunen: Betrachtung über Grenzlinien des klassisch-konfuzianischen Weltbildes(《被阻止的惊讶: 关于传统儒家世界观界限的思考》), *Minima sinica: Zeitschrift zum chinesischen Geist* 24, no.2 (2012), pp. 1–19.

22. Elisabeth Waldrich, tr., Kritik an der Extravaganz (Ci she): Annotierte Übersetzung des sechsten Kapitels im Xin xu [《批判奢侈(刺奢):〈新序〉第六章译注》], *Minima sinica: Zeitschrift zum chinesischen Geist* 24, no.2 (2012), pp. 20–44.

23. Hartmut Walravens, "Anzeige einer von der Regierung neuerworbenen Sammlung Orientalischer Werke": Die Sammlung Schilling von Canstadt im Asiatischen Museum in st. Petersburg (1830)(《"政府新购置东方作品汇编的公示": 圣彼得堡亚洲博物馆中的席林·冯·康斯塔特收藏》), *Monumenta Serica* 60 (2012), pp. 407–431.

24. Wang, Bo; Volker Klöpsch, tr., Der Pavillon des Prinzen Teng(《滕王阁》), *Hefte für ostasiatische Literatur* no.53 (Nov. 2012), pp. 69–75.

25. Yi, Qu, Konfuzianische Convenevolezza in chinesischen christlichen

Illustrationen. Das *Tianzhu jiangsheng chuxiang jingjie* von 1637（中国基督教插图中的儒家适应。1637年《天主降生出像经解》）, *Asiatische Studien* 66, no.4 (2012), pp. 1001–1029.

26. Yuan, Hongdao; Phillip Grimberg, tr., Ruhe, Reise, Reflexionen: Ausgewählte Gedichte Yuan Hongdaos（《静、游、参：袁宏道诗歌选集》）, *Minima sinica: Zeitschrift zum chinesischen Geist* 24, no.1 (2012), pp. 135–144.

27. Yuan, Mei; Marc Hermann, tr., Lu Liangchai（《鲁亮侪》）, *Minima sinica: Zeitschrift zum chinesischen Geist* 24, no.1 (2012), pp. 126–134.

28. Zang, Kehe; Wolfgang Kubin, Untersuchungen zum Begriff des höchsten vergöttlichten Ahnen in Bambustexten des Reiches Chu（《研究楚国竹简中太上感应的概念》）, *Minima sinica: Zeitschrift zum chinesischen Geist* 24, no.2 (2012), pp. 45–60.

29. Zhang-Kubin, Suizi; Wolfgang Kubin, trs., Breviarium sinicum: Nach chinesischen Zeitschriften Januar-Juni 2012: Cui Yiming: "Untersuchungen zur Erkenntnis im Zhongyong"; Liu Guangsheng: "Noch einmal zur Frage, wann Die Grosse Lehre als Buch entstanden ist. Gleichzeitig zur Frage von Zhu Xis Zweifel an der Authentizität von den zehn Kapiteln des Zeng Zi"; Huang Fayou: "Die Literatur und das Alter. Von den Nach-60ern zu den Nach-90ern"（中国摘要：根据2012年上半年中国报刊：崔一鸣：《论中庸——一种知识论的考察》；刘光胜：《大学成书问题新探——兼谈朱熹怀疑曾子十篇真实性的内在思想根源》；黄发有：《文学与年龄：从"60后" 到"90后"》）, *Minima sinica: Zeitschrift zum chinesischen Geist* 24, no.2 (2012), pp. 145–160.

30. Zhang-Kubin, Suizi; Wolfgang Kubin, trs., Breviarium sinicum: Nach chinesischen Zeitschriften Juli-Dezember 2011: Deng Lianhe: "Ausgeflippte, Handwerksmeister und Überbegabte bei *Zhuang Zi*"; Ding Sixin: "Götter und Geister im Werk des Mo Zi und der Mohisten"; Fang

Weigui: “Übersetzen in China, eine Katastrophe”; Wang Tonglü:‘Der *Päonienpavillon* und Macau’(中国摘要：根据2012年下半年中国报刊：邓联合:《〈庄子〉中的畸人、巧匠及特异功能者》; 丁四新:《〈墨子〉与墨家著作中的神灵》; 方维规:《中国的翻译——一场灾难》; 王充闾:《〈牡丹亭〉中说澳门》), *Minima sinica: Zeitschrift zum chinesischen Geist* 24, no.1 (2012), pp. 145–160.

31. Zhang, Xiguo; Wolf Baus, tr., Zwei Kurzgeschichten [Angeln; Die Selbstverbrennung][《短篇小说二则〈钓鱼; 自燃〉》], *Hefte für ostasiatische Literatur,* no.52 (May 2012), pp. 73–81.

2011年

1. Bi, Feiyu; Marc Hermann, tr., Massage(《按摩》), *Minima sinica: Zeitschrift zum chinesischen Geist* 23, no.2 (2011), pp. 136–140.

2. Lutz Bieg, Neue deutschsprachige Veröffentlichungen zur chinesischen Literatur (Teil 1)[《关于中国文学的新德语出版物(第一部分)》], *Hefte für ostasiatische Literatur,* no.51 (Nov. 2011), pp. 192–215.

3. Chen, Xugu; Volker Klöpsch, tr., Gelegenheitsgedicht(《即兴诗》), *Hefte für ostasiatische Literatur,* no.51 (Nov. 2011), pp. 94–96.

4. Hans van Ess, Einige Anmerkungen zur Biographie des Konfuzius im *Shih-chi* und vergleichbaren Stellen im *K'ung-tzu chia-yü* (《〈史记〉中孔子传记与〈孔子家语〉的对比说明》), *Oriens Extremus* 50 (2011), pp. 157–180.

5. Gan, Bao [author]; Hans Kühner, et al., trs., Acht Geschichten aus dem *Soushen ji*(《〈搜神记〉中的故事八则》), *Hefte für ostasiatische Literatur* no.51 (Nov. 2011), pp. 153–162.

6. Martin Gimm, Liste der manjurischen und manjurisch-chinesischen Bücher aus der Sammlung Wilhelm Grube (1855—1908) und Hans Conon v. d. Gabelentz (1807—1874) in der Universitätsbibliothek zu Leipzig (in

alphabetischer Ordnung nach dem chinesischen Titel)[《威廉·葛禄博（1855—1908）与汉斯·加农·冯·德·甲柏连孜（1807—1874）在莱比锡大学图书馆收藏的满文与满汉文书籍目录（按照中文字母顺序）》], *Central Asiatic Journal* 55, no.1 (2011), pp. 42–46.

7. Rolf Hecker, Hermann Maron: land- und Betriebswirt, Agrarexperte in der preussischen Ostasien-Expedition und Journalist (《赫尔曼·马伦：农场主与企业家，普鲁士东亚考察中的农业学家与记者》), *OAG Notizen* (Mar. 2011), pp. 10–28.

8. Justyna Jaguscik, Zhai Yongmings lyrische Topographien: Frauen, "Kaffeehauslieder"und "New York 2006"[discusses how images and representations of femininity, imaginary womenscapes and real places have been constructed in Zhai Yongming's lyrical and essayistic writing][《翟永明的诗意地方志：女人、"咖啡馆之歌" 和 "纽约2006"》(讨论如何想象与描绘女性，想象中的女性图景和真实场所已经在翟永明的诗歌与小品文写作中被建构)], *Asiatische Studien* 65, no.1 (2011), pp. 93–112.

9. Ji, Yun; Rupprecht Mayer, tr., *Notizen aus der Grashütte der Betrachtung des Unscheinbaren* (Auszug)(《阅微草堂笔记》(节选)), *Hefte für ostasiatische Literatur* no.50(May 2011), pp. 66–77.

10. Kraushaar, Frank, Die Felder und Gärten des Fan vom Steinsee(《石湖居士范成大的田园》), *Oriens Extremus* 50 (2011), pp. 209–248.

11. Wolfgang Kubin, Endlich am Rande: Zur Situation der Lyrik in China(《终至悬崖：关于中国诗歌的情况》), *Minima sinica: Zeitschrift zum chinesischen Geist* 23, no.2 (2011), pp. 114–122.

12. Lang-Tan, Goat Koei, Über die Empfindungen des Fremd und Alleinseins und der Einsamkeit in Gedichten von He Zhizhang und Wang Wei, Li Bai and Du Fu. Teil I[《关于在贺知章、王维、李白和杜甫的诗中对异乡、孤独和寂寞的感受》(第一部分)], *Minima sinica: Zeitschrift zum*

chinesischen Geist 23, no.1 (2011), pp. 110–127.

13. Lang-Tan, Goat Koei, Über die Empfindungen des Fremdund Alleinseins und der Einsamkeit in Gedichten von He Zhizhang und Wang Wei, Li Bai and Du Fu. Teil II [《关于在贺知章、王维、李白和杜甫的诗中对异乡、孤独和寂寞的感受》(第二部分)], *Minima sinica: Zeitschrift zum chinesischen Geist* 23, no.2 (2011), pp. 84–113.

14. Li, Xuetao; Olaf Bogendörfer; Heubel, Fabian, trs., China und der Begriff der Achsenzeit (《中国和"轴心时代"的概念》), *Minima sinica: Zeitschrift zum chinesischen Geist* 23, no.2 (2011), pp. 1–27.

15. Dennis Schilling, Embleme der Herrschaft: Die Zeichen des *Yi jing* und ihre politische Deutung (《政权的象征:〈易经〉符号与它的政治意义》), *Oriens Extremus* 50 (2011), pp. 47–74.

16. Helwig Schmidt-Glintzer, Herbert Franke (27.9.1914–10.6.2011) in memoriam [obituary][《傅海博(1914.9.29–2011.6.10)讣告》], *Monumenta Serica* 59 (2011), pp. 533–535.

17. Rainer Schwarz, Erneutes Nachdenken *über den Traum der roten Kammer*: Offener Brief an Wolfgang Kubin (《关于〈红楼梦〉的再思考:致顾彬的公开信》), *Minima sinica: Zeitschrift zum chinesischen Geist* 23, no.1 (2011), pp. 148–158.

18. Rainer Schwarz, Fortwährende Irrtümer: Martin Woesler über Cao Xueqin (《持续的错误:吴漠汀关于曹雪芹》), *Minima sinica: Zeitschrift zum chinesischen Geist* 23, no.1 (2011),pp. 159–162.

19. Shen, Congwen; Wolf Baus, tr., Nach dem Regen (《雨后》), *Hefte für ostasiatische Literatur* no.51 (Nov. 2011), pp. 97–105.

20. Shen, Yue; Volker Klöpsch, tr., Zwölf Gedichte (《诗十二首》), *Hefte für ostasiatische Literatur* no.50 (May. 2011), pp. 56–65.

21. Volker Stanzel, Die Weltmacht nebenan (《超级大国在隔壁》),

OAG Notizen (Jun. 2011), pp. 24–33.

22. Hans Stumpfeldt, Zur Poesie von Überschriften: Über eine weitere Form altchinesischer Spruchdichtung (《以题为诗：关于中国古文格言诗的另一种形式》), *Oriens Extremus* 50 (2011), pp. 5–28.

23. Teng, Gang; Wolf Baus, tr., Der Fremde (《陌生人》), *Hefte für ostasiatische Literatur* no.50 (May 2011), pp. 35–55.

24. Hartmut Walravens, Vasil'ev und die ostasiatische Büchersammlung der Petersburger Universität (《王西里与彼得堡东亚藏书》), *Monumenta Serica* 59 (2011), pp. 99–141.

25. Friederike Wappenschmidt, Ein Kunstschrank aus Augsburg für den Wanli-Kaiser: Chinesische und europäische Kunstsammlungen im frühen 17. Jahrhundert (《进贡给万历皇帝的一只来自奥格斯堡的艺术柜：十七世纪早期中国与欧洲的艺术收藏》), *Minima sinica: Zeitschrift zum chinesischen Geist* 23, no.1 (2011), pp. 1–25.

26. Dieter Weiss, Entwicklungswelten 2030—Versuche einer Annäherung (《发展中世界2030——接近的尝试》), *Internationales Asienforum = International Quarterly for Asian Studies 42*, nos.1–2 (May 2011), pp. 7–20.

27. Yan, Jun; Marc Hermann, tr., Wenn ich ein Delphin wär: Drei Gedichte von Yan Jun (《如果我是一只海豚》), *Minima sinica: Zeitschrift zum chinesischen Geist* 23, no.2 (2011), pp. 141–143.

28. Zhang-Kubin, Suizi; Wolfgang Kubin, trs., Breviarium sinicum: Nach chinesischen Zeitschriften Januar-Juni 2011: Li Xiantang: "Vom vollendeten Leib zum vollendeten Menschen. Zum religiösen Aspekt des Leibes im Konfuzianismus"; Wang Anyi: "Die Andersartigkeit der Erzählkunst"; Wu Xueguo: "Zeit und Sein in der antiken chinesischen Philosophie"; Yan Lianke: "Magische'Schreibe in der chinesischen Gegenwartsliteratur" (中国摘要：根据中国2011年上半年报刊：李宪

堂:《由成身到成人：论儒家身体观的宗教性》；王安忆:《叙述艺术的差异》；吴学国:《中国古代哲学中的时间与存在》；阎连科:《神实主义小说的当代创作》）, *Minima sinica: Zeitschrift zum chinesischen Geist* 23, no.2 (2011), pp. 144–160.

29. Zhang-Kubin, Suizi; Wolfgang Kubin, trs., Nach chinesischen Zeitschriften Juli-Dezember 2010: Bai Xianpeng: "Die Regionen des Nordens und des Südens in ihrem Einfluss auf die Entwicklung der alten chinesischen Literatur"; Kang Bao: "Die Gefangenschaft der Seele, der Fehltritt des einzelnen. Erstes Nachdenken über den Taoismus und die Struktur der Gesetzeskultur in China"; Lai Gongou: "Das moralische Individuum und das vertraglich gebundene Individuum: Konfuzianismus und Liberalismus aus komparatistischer Sicht"; Yang Yang: "Gerechtigkeit' in der Literatur und die Entwicklung der Literatur im neuen Jahrhundert"（中国摘要：根据中国2010年下半年报刊：白显鹏:《南北地域对中国古代文学发展的影响》；Kang Bao:《灵魂的禁锢，个体的失足——道家与中华法文化结构刍议》；赖功欧:《道德个体与契约个体——中西思想比较视阈中的儒家与自由主义》；杨杨:《文学"正义"与新世纪文学的流变》）, *Minima sinica: Zeitschrift zum chinesischen Geist* 23, no.1 (2011), pp. 128–147.

30. Zhu, Haibin; Wang, Qiong; Eveline Warode, trs., Chinas wichtigste religiöse Tradition: der Volksglaube（《民间信仰——中国最重要的宗教传统》）, *Minima sinica: Zeitschrift zum chinesischen Geist* 23, no.1 (2011), pp. 25–51.

2010年

1. Anne Baby; Anne Drope, tr., Padma-Lotos: Der Traumgarten（《圣莲：梦中的花园》）, *Hefte für ostasiatische Literatur* no.48 (May 2010), pp. 18–46.

2. Bian, Xiaojun, Bericht über das Symposium der Literaturstrasse 2009

in Shanghai [conference report][《上海2009年文学之路研讨会的报告》(会议报告)], (《文学之路：中德语言文学文化研究》) 11(2010) pp. 33–34.

3. Lutz Bieg, Neue deutschsprachige Veröffentlichungen zur chinesischen Literatur (《中国文学的新近德语出版物》), *Hefte für ostasiatische Literatur*, no.49 (Nov. 2010), pp. 107–141.

4. Bing, xin; Jiang, Aihong, tr., Gedichte (《诗歌》), *Literaturstrasse: Chinesisch-deutsches Jahrbuch für Sprache, Literatur und Kultur Beijing*(《文学之路：中德语言文学文化研究》), 11 (2010), pp. 377–379.

5. Rüdiger Breuer, Berufsmassiges Geschichtenerzählen in Zeiten des Umbruchs: Liu Jingting (1592–1674/75) als Symbol und Erinnerungsträger [introduces two representative shi poems by Chen Weisong (1626–1682) as well as three ci poems by Wu Weiye (1609–1672), Cao Zhenji (1634–1698) and Gong Dingzi (1615–1673) that set the oral-performative storyteller Liu Jingting (1592–1674/75) in a direct personal relationship with the authors] [《变革时期的职业说书：柳敬亭(1592—1674/1675年)作为记忆传承者的代表》(陈维崧诗作两首及吴伟业、曹贞吉、龚鼎孳词作三首的介绍，作品作者均与说书人柳敬亭有直接的私人关系)], Asiatische Studien 64, no.4 (2010), pp. 749–789.

6. Chen, Wei, Faust-Übersetzungen in China (《浮士德的中译本》), *Literaturstrasse: Chinesisch-deutsches Jahrbuch für Sprache, Literatur und Kultur Beijing* (《文学之路：中德语言文学文化研究》), 11 (2010), pp. 135–152.

7. Ding, Xilin; Marc Hermann, tr., Auf einem Auge blind: Eine Komödie in einem Akt《独眼：一出独幕喜剧》, *Minima sinica: Zeitschrift zum chinesischen Geist* 22, no.1 (2010), pp. 126–139.

8. Ding, Xilin; Marc Hermann, tr., Pekinger Luft: Eine Komödie in einem Akt (《北京的空气：一出独幕喜剧》), *Minima sinica: Zeitschrift*

zum chinesischen Geist 22, no.2 (2010), pp. 99–110.

9. Anett Dippner, Vom'eisernen Mädchen'zum Superweib: Zur Rekonstruktion des weiblichen Körpers und neuen Konzepten von Sexualität im modernen China(《从“钢铁少女”到女超人：论现代中国的女体重组和性别新观念》), *Bochumer Jahrbuch zur Ostasienforschung* 34 (2010), pp. 123–143.

10. Feng, Yalin, Sich-Bilden und Selbstbeschränkung: Goethes Bildungsgedanke in Reflexion mit der chinesischen Bildungstradition(《自我修养和自我限制：歌德在中国教育传统影响下对教育的思考》), *Literaturstrasse: Chinesisch-deutsches Jahrbuch für Sprache, Literatur und Kultur Beijing* (《文学之路：中德语言文学文化研究》), 11 (2010), pp. 125–133.

11. Martin Gimm, Anfangsgründe der Mandschu-Grammatik von Georg v. d. Gabelentz (1840-1893)(《乔治·冯·德·甲伯连孜——满语语法的原理》), *Central Asiatic Journal* 54, no.2 (2010), pp. 207–236.

12. Martin Gimm, Einige Ergänzungen zu H. Conon v. d. Gabelentz' Übersetzung der manjurischen Version des chinesischen Romans *Jin Ping Mei*(《对汉斯·加农·冯·德·甲伯连孜〈金瓶梅〉满语翻译的一些补充》), *Central Asiatic Journal* 54, no.1 (2010), pp. 53–59.

13. Michael Höckelmann, Antiklerikalismus und Exklusionsrhetorik in der Tang-Zeit: Religionspolitik im Denken Li Deyus(《唐朝的反教权主义与去修辞化：对李德裕宗教政策的思考》), *Bochumer Jahrbuch zur Ostasienforschung* 34 (2010), pp. 181–213.

14. Michael Höckelmann, Gerechte Waffen und die Kunst des Strafens (《义兵与刑法》), *Monumenta Serica* 58 (2010), pp. 31–64.

15. Hans Peter Hoffmann, Zum Gedenken an einen Freund: Nachruf auf Zhang Zao [obituary](《缅怀友人：张枣的讣告》), *Hefte für ostasiatische Literatur,* no.48 (May 2010), pp. 9–10.

16. Hu, Kai, Die deutschen neuhumanistischen Erziehungsideen und die konfuzianistischen Bildungsgedanken Chinas: Eine vergleichende Studie über deren Verknüpfung mit Cai Yuanpei als Beispiel（《德国新人文主义教育理念和中国儒家教育思想：以蔡元培为例对比研究两者的关系》）, *Literaturstrasse: Chinesisch-deutsches Jahrbuch für Sprache, Literatur und Kultur Beijing*（《文学之路：中德语言文学文化研究》）, 11 (2010), pp. 343–362.

17. Jia, Pingwa; Monika Gänssbauer, tr., Drei Essays: Kein Benimm notwendig; Die Erscheinungsformen von Erde; Die Absage einer Essenseinladung［散文三篇：《没有行为是必要的》《土地的形式》《辞宴书》］, *Hefte für ostasiatische Literatur,* no.49 (Nov. 2010), pp. 86–92.

18. Maya Kelterborn, Zum Verhältnis von Gehalt und Gestalt in klassischen chinesischen Gedichten（《论中国古诗内容与形式的关系》）, *Asiatische Studien* 64, no.1 (2010), pp. 55–88.

19. Wolfgang Kubin, Der Dichter in der Revolte: Bei Dao zur Lesung im deutschen Spätherbst des Jahres 2009（《叛逆的诗人：北岛2009年深秋在德国的朗诵会》）, *Minima sinica: Zeitschrift zum chinesischen Geist* 22, no.1 (2010), pp. 103–112.

20. Wolfgang Kubin, Deutschland als neue Heimat chinesischer Gegenwartsdichter（《德国作为中国当代诗人新的故乡》）, *Minima sinica: Zeitschrift zum chinesischen Geist* 22, no.1 (2010), pp. 113–116.

21. Wolfgang Kubin,'Schanghai war in jedem Fall besser als Dachau.' Zum Chinadbild deutschsprachiger Juden in Schanghai（《"无论如何上海比达豪好多了"论上海说德语犹太人的中国图景》）, *Minima sinica: Zeitschrift zum chinesischen Geist* 22, no.2 (2010), pp. 53–74.

22. Li, Zhi; Phillip Grimberg, tr., Die Freuden des Lesens: Vorwort（《阅读之友：前言》）, *Hefte für ostasiatische Literatur,* no.49 (Nov. 2010）, pp. 9–12.

23. Astrid Lipinsky, Deutsche Sinologie und chinesischer Rechtsstaatsaufbau: Überlegungen zum Rechtsstudium in den Chinawissenschaften [examines the position and importance of law and legal studies within German Sinology](《德国汉学与中国法治国家的建立：对汉学中法律研究的思考》), *Bochumer Jahrbuch zur Ostasienforschung,* 34 (2010), pp. 215–238.

24. Roman Malek, Tiaojinjiao: 'Die Religion, welche die Sehnen entfernt': Judentum als 'Fallbeispiel' einer marginalen Fremdreligion im traditionellen China (《挑筋教"禁欲的宗教"以犹太教作为"案例"分析中国传统社会中边缘化的外国宗教》), *Minima sinica: Zeitschrift zum chinesischen Geist* 22, no.2 (2010), pp. 16–52.

25. Margit Miosga; Patricia Schepe, Nachrichten zur Literatur aus China (《关于中国文学的报道》), *Hefte für ostasiatische Literatur,* no.48 (May 2010), pp. 153–155.

26. Qian, Yong; Rainer Schwarz, tr., Zhou, der pietätvolle Sohn (《书周孝子事》), *Hefte für ostasiatische Literatur,* no.49 (Nov. 2010), pp. 13–26.

27. Andrea Riemenschnitter, Ein Fall für die Bühne: Guo Shixings Drama Die Vogelliebhaber zwischen Traditionsanschluss und Globalisierung [the play Niaoren (Bird Men, 1992)][《舞台上的实例：过士行话剧〈鸟人〉在传统与全球化之间的过渡》(戏剧《鸟人》1992年)], *Asiatische Studien* 64, no.4 (2010), pp. 791–815.

28. Nastaran Sazvar, Zheng Chenggong (1624—1662): Ein Held im Wandel der Zeit: Die Verzerrung einer historischen Figur durch mythische Verklärung und politische Instrumentalisierung [《郑成功（1624—1662年）：时间推移中的英雄：一位历史人物在神话与政治利用中的扭曲》], *Monumenta Serica,* 58 (2010), pp. 153-247.

29. Jan Schmidt, 1917—1919 als globaler Moment: Ostasien und der Beginn des Zeitalters der Extreme. Eine Einordnung des Schwerpunkts

(《1917—1919年作为全球时刻：东亚和激进时代的开端. 1917—1919年大事记》), *Bochumer Jahrbuch zur Ostasienforschung,* 34 (2010), pp. 5–19.

30. Rainer Schwarz, Der Traum ist aus im Sonnenhaus: Martin Woeslers Übersetzung der Kapitel 81 bis 120 des *Hongloumeng* [review article of *Der Traum der Roten Kammer* oder *Die Geschichte vom Stein*, tr. by Rainer Schwarz and Martin Woesler, Bochum, 2010.][《温室中的梦：吴漠汀〈红楼梦〉81—120章的翻译》(莱纳·施瓦兹和吴漠汀2010年在波鸿发表的对《红楼梦》或称《石头记》的综述文章)], *Monumenta Serica*, 58 (2010), pp. 357–394 .

31. Marc Schwizgebel, "Han Peng fu": Quellenstudie, Edition und Übersetzung [presents an amended edition and a German translation of the five manuscripts of Han Peng fu, a vernacular text recovered at Dunhuang, and compares them with other existing versions of the legend of Han Peng] [《〈韩朋赋〉：溯源、校订与翻译》(本文呈现一份《韩朋赋》的校注和五份手稿的德语翻译，一份在敦煌发现的白话文文本，并将其与现存关于韩朋传说的版本做比较)], *Asiatische Studien* 64, no.4 (2010), pp. 817–855.

32. Tiening; Huang, Liaoyu, tr., Eine liebenswürdige Frau [essay][《一位可亲的女士》(散文)], *Literaturstrasse: Chinesisch-deutsches Jahrbuch für Sprache, Literatur und Kultur Beijing* (《文学之路：中德语言文学文化研究》) 11 (2010), pp. 383–390.

33. Rolf Trauzettel, Zwei mythische Paradigmen bei der Konstituierung der Person: Im Hinblick auf Heiner Müllers Stück "Der Horatier" (《两个关于神秘人物构建的范例：关于海纳·穆勒的作品〈荷拉提〉》), *Minima sinica: Zeitschrift zum chinesischen Geist* 22, no.1 (2010), pp. 1–28.

34. Hartmut Walravens, Briefe von Paul Rohrbach an Richard und Salome Wilhelm (1869—1956)[《保尔·罗尔巴赫给卫礼贤伉俪的信(1869–1956年)》], *Monumenta Serica,* 58 (2010), pp. 295–333.

35. Hartmut Walravens, Ilse Martin Fang (1914–2008) in memoriam [obituary of a Sinologist and the wife of Achilles Fang][《纪念方马丁（1914—2008年）》（一个汉学家——方志彤之妻的讣告）], *Monumenta Serica,* 58 (2010), pp. 395–398.

36. Wang, Luyang, Intertextualität in deutschen und chinesischen Werbetexten（《中德广告中的互文性》）, *Literaturstrasse: Chinesisch-deutsches Jahrbuch für Sprache, Literatur und Kultur Beijing* (《文学之路：中德语言文学文化研究》), 11 (2010), pp. 391–403.

37. Yan, Lianke; Oliver Meissner, tr., "*Dem Volke dienen*": Sexualität als Ausdruck von Widerstand gegen Autorität: Ein Interview mit dem Autor Yan Lianke; interview conducted by Oliver Meissner（《〈为人民服务〉：以性反对专制》采访作者阎连科，采访者奥利弗·迈斯纳）, *Hefte für ostasiatische Literatur,* no.49 (Nov. 2010), pp. 93–99.

38. Yin, Zhihong, Wissenschaftskommunikation für chinesische Germanisten oder womit germanistische Ausbildende sich in China konfrontieren müssen: Eine Reflexion über uns selbst（《中国日耳曼学学者的学术交流或日耳曼学者在中国所必须面对的：一份自我反省》）, *Literaturstrasse: Chinesisch-deutsches Jahrbuch für Sprache, Literatur und Kultur Beijing* (《文学之路：中德语言文学文化研究》), 11 (2010), pp. 25–32.

39. Yu, Hua; Volker Klöpsch; Jan Bayer, trs., Blutrote Blüten（《鲜血梅花》）, *Hefte für ostasiatische Literatur,* no.48 (May 2010), pp. 70–86.

40. Yuan, Zhiying, Goethe-und Schiller-Rezeption im antijapanischen Krieg Chinas（《中国抗日战争中对歌德与席勒的接受》）, *Literaturstrasse: Chinesisch-deutsches Jahrbuch für Sprache, Literatur und Kultur Beijing*(《文学之路：中德语言文学文化研究》）, 11 (2010), pp. 305–315.

41. Zhang-Kubin, Suizi; Wolfgang Kubin, trs, Breviarium sinicum: Nach chinesischen Zeitschriften Januar-Juni 2010: Chen Lai, "Der

neuzeitliche Diskurswechsel in der chinesischen Philosophie"; Yuan Ru: "Das Gedicht'*Gedenken in stiller Nacht* von Li Bai. Seine Ausgaben und seine Poetik"; Zhen Quan: "Von Meng Zi und Zhuang Zi her die grundlegenden Unterschiede von Konfuzianismus und Taoismus betrachten"（中国摘要：根据2010年上半年中国报刊：陈来:《中国哲学话语的近代转变》；袁茹:《李白〈静夜思〉版本嬗变及其诗学思想阐释》；郑全:《从孟、庄之差异看儒道分歧之根本》）, *Minima sinica: Zeitschrift zum chinesischen Geist* 22, no.2 (2010), pp. 149–160.

42. Zhang-Kubin, Suizi; Wolfgang Kubin, trs., Breviarium sinicum: Nach chinesischen Zeitschriften Juli-Dezember 2009: Hong Qingtian, "HongKongs Rolle als Kulturvermittler"; Tao Dong-feng, "Fad, blöd, gewöhnlich. Zum Verständnis von Schlüsselwörtern der gegenwärtigen Geisteskultur"; Li Zehou und Liu Zaifu, "Gemeinsam die neue Kultur des 4.Mai betrachten"（中国摘要：根据2009年下半年中国报刊：洪清田:《香港作为文化传播者的角色》；陶东风:《无聊、傻乐、山寨——理解当下精神文化的关键词》；李泽厚、刘再复:《共鉴"五四"》）, *Minima sinica: Zeitschrift zum chinesischen Geist* 22, no.1 (2010), pp. 140–160.

43. Zhang, Zao; Hans Peter Hoffmann, tr., Gespräch mit Swetajewa（《对话茨维塔耶娃》）, *Hefte für ostasiatische Literatur,* no.48 (May 2010), pp. 11–17.

44. Zhao, Chuan; Eva Lüdi Kong, tr., Shanghai, Linie Nr. 49［Teil 1］［《上海,49路车》（第一部分）］, *Hefte für ostasiatische Literatur,* no.48 (May 2010), pp. 115–133.

45. Zhao, Chuan; Eva Lüdi Kong, tr., Shanghai, Linie Nr. 49 (Teil II)［《上海，49路车》（第二部分）］, *Hefte für ostasiatische Literatur,* no.49 (Nov. 2010), pp. 67–85.

46. Zheng, Min; Marc Hermann, tr., Verabredung am Abend: Gedichte（《人约黄昏后：诗歌》）, *Minima sinica: Zeitschrift zum chinesischen Geist*

22, no.2 (2010), pp. 111–114.

书籍

2011年

1. Walter Fuchs; Hartmut Walravens; Martin Gimm, eds., *Ume heoledere 'Vernachlässige (deine Pflicht) nicht!': Der Ostasienwissenschaftler Walter Fuchs (1902-1979). Band II: Kleine Arbeiten, Briefwechsel mit dem Mongolisten F.W. Cleaves, und dem Sinologen Wolfgang Franke* [《"不要忽视（你的责任）！"：东亚学家瓦尔特·福克斯（1902—1979）》第二卷：小作品、与蒙古学家柯立夫以及汉学家傅吾康的通信], Wiesbaden: Harrassowitz Verlag, 2011.

2010年

1. Hartmut Walravens, comp. and ed.; Martin Gimm, comp. and ed., Wei jiao zi ai: "Schone dich für die Wissenschaft": Leben und Werk des Kölner Sinologen Walter Fuchs (1902—1979) in Dokumenten und Briefen [《为教自爱："为科学献身"：档案及书信记录中科隆汉学家瓦尔特·福克斯（1902—1979年）的生平及作品》], Wiesbaden: Harrassowitz Verlag.

书籍章节

2012年

1. Kien Nghi Ha, Chinesische Präsenzen in Berlin und Hamburg bis 1945 [Beyond nations-Denken jenseits von Grenzziehungen: original

version in Re-Visionen: postkoloniale Perspektiven von People of Color auf Rassismus, Kulturpolitik und Widerstand in Deutschland, Kien Nghi Ha et al., eds. (Münster: Unrast, 2007)][《1945以前柏林和汉堡中的中国在场》,(《超越国界——不考虑边界划分：人本身的视角：用后殖民视角看德国对有色人种的种族主义、文化政策和抵制》)], Ha, Kien Nghi, ed., *Asiatische Deutsche: vietnamesische Diaspora and beyond*（《亚洲的德国：越南的流散与超越》）. Berlin: Assoziation A, 2012. 344p. , pp. 280–287.

2. Feng-Mei Heberer, Mein Körper, mein Selbst-Zur filmischen Verhandlung asiatisch-amerikanischer weiblicher Subjekt-erfahrung [Verbindungen und Ausblicke](《我的身体，我自己——电影谈判中的亚裔美国女性主题体验》), Ha, Kien Nghi, ed., *Asiatische Deutsche: vietnamesische Diaspora and beyond*(《亚洲的德国：越南的流散与超越》). Berlin: Assoziation A, 2012. 344p. , pp. 229–243.

3. Ruth Mayer, Asiatische Diaspora: Begriffe, Geschichte, Debatten（《亚洲大流散：定义、历史、争论》）, Ha, Kien Nghi, ed., *Asiatische Deutsche: vietnamesische Diaspora and beyond*（《亚洲的德国：越南的流散与超越》）. Berlin: Assoziation A, 2012. 344p., pp. 43–56.

2011年

1. Walter Fuchs; Hartmut Walravens; Martin Gimm, eds., *Ume heoledere "Vernachlässige (deine Pflicht) nicht!"* [Neue Beiträge zur mandjurischen Bibliographie und Literatur II; Habent sua fata; Im Gebiet der Tausend Gipfel; Über den mandjurischen Kanjur; Briefwechsel mit Francis W. Cleaves; Einige Briefe an Walter Fuchs; Briefwechsel mit Wolfgang Franke, 1949—1958] [《"不要忽视（你的责任）！"》（新增满语书目与文献二；各有自己的命运；千峰之域；关于满语大藏经；与柯立夫的来往书信；写给瓦尔特·福克斯的几封信；与傅吾康的来往书信，1949—1958）], Walter

Fuchs［author］; Hartmut Walravens; Martin Gimm, eds. *Ume heoledere "Vernachlässige (deine Pflicht) nicht!"*: Der Ostasienwissenschaftler Walter Fuchs (1902—1979). Band II: Kleine Arbeiten, Briefwechsel mit dem Mongolisten F.W. Cleaves, und dem Sinologen Wolfgang Franke［《"不要忽视（你的责任）！"：东亚学家瓦尔特·福克斯（1902—1979）》第二卷：小作品，与蒙古学家柯立夫以及汉学家傅吾康的通信］. Wiesbaden: Harrassowitz Verlag, 2011. 195p. (Sinologica coloniensia, 30) , pp. 11–188.

2010年

1. Martin Gimm, ed., Walter Fuchs Erinnerungen aus China: Gespräch mit Walter Fuchs am 8. February 1977 in Köln（《瓦尔特·福克斯对中国的回忆：1977年2月8日在科隆与瓦尔特·福克斯的对话》），Hartmut Walravens; Martin Gimm, comps. and eds., *Wei jiao zi ai: "Schone dich für die Wissenschaft": Leben und Werk des Kölner Sinologen Walter Fuchs (1902—1979) in Dokumenten und Briefen*［《为教自爱："为科学献身"：档案及书信记录中科隆汉学家瓦尔特·福克斯（1902—1979年）的生平及作品》］, Wiesbaden: Harrassowitz Verlag, 2010. 220p. (Sinologica coloniensia, 28) , pp. 21–39.

2. Martin Gimm, Walter Fuchs: Lebenslauf in chronologischem Überblick［professor of Sinology in Germany］(《瓦尔特·福克斯：编年体生平简述》) , Hartmut Walravens; Martin Gimm, comps. and eds. *Wei jiao zi ai: "Schone dich für die Wissenschaft": Leben und Werk des Kölner Sinologen Walter Fuchs* (1902—1979) in Dokumenten und Briefen［《为教自爱："为科学献身"：档案及书信记录中科隆汉学家瓦尔特·福克斯（1902—1979年）的生平及作品》］, Wiesbaden: Harrassowitz Verlag, 2010. 220p. (Sinologica coloniensia, 28) , pp. 15–19.

3. Nathalie vanz Looy, Faszinosum China: Chinawahrnehmung in

historischer und aktueller Perspektive, Konfuzius-Institut an der Freien Universität Berlin(《魅力中国：从历史及现实的角度看中国的代表柏林自由大学孔子学院》), 29. November 2008 [conference report], Chuang, Yih-chyi; Simona Thomas, eds. *China and the world economy: China's economic rise after three decades of reform* (《中国与世界经济：中国改革三十年后的经济腾飞》), Berlin: Lit, 2010. 156p. (Berliner China-Hefte: Chinese history and society, vol.37) , pp. 142–144.

4. Hartmut Walravens, comp., Briefwechsel von Walter Fuchs und Denis Sinor [correspondence, 1951—1979][《瓦尔特·福克斯与丹尼斯·辛诺的通信》(通信时间：1951—1979年)] , Hartmut Walravens; Martin Gimm, comps. and eds. *Wei jiao zi ai: "Schone dich für die Wissenschaft": Leben und Werk des Kölner Sinologen Walter Fuchs (1902—1979) in Dokumenten und Briefen* [《为教自爱："为科学献身"：档案及书信记录中科隆汉学家瓦尔特·福克斯（1902—1979年）的生平及作品》], Wiesbaden: Harrassowitz Verlag, 2010. 220p. (Sinologica coloniensia, 28) , pp. 41–74.

5. Hartmut Walravens, comp., Briefwechsel von Walter Fuchs und Wolfgang Seuberlich [correspondence, 1944—1978][《瓦尔特·福克斯与沃尔夫冈·赛博李希的通信》(通信时间：1944—1978年)] , Hartmut Walravens; Martin Gimm, comps. and eds. *Wei jiao zi ai: "Schone dich für die Wissenschaft": Leben und Werk des Kölner Sinologen Walter Fuchs (1902—1979) in Dokumenten und Briefen* [《为教自爱："为科学献身"：档案及书信记录中科隆汉学家瓦尔特·福克斯（1902—1979年）的生平及作品》], Wiesbaden: Harrassowitz Verlag, 2010. 220p. (Sinologica coloniensia, 28) , pp. 75–213.

6. Hartmut Walravens, Einleitung (序言) , Hartmut Walravens; Martin Gimm, comps. and eds. *Wei jiao zi ai: "Schone dich für die Wissenschaft": Leben und Werk des Kölner Sinologen Walter Fuchs (1902—1979) in*

Dokumenten und Briefen [《为教自爱："为科学献身"：档案及书信记录中科隆汉学家瓦尔特·福克斯（1902—1979年）的生平及作品》]，Wiesbaden: Harrassowitz Verlag, 2010. 220p. (Sinologica coloniensia, 28), pp. 9–14.

（作者单位：北京外国语大学国际中国文化研究院）

意大利儒学研究相关论著目录（2000年至今）

王弥顺心

本论著目录主要来源于网络，包括了意大利国家图书馆网络版、部分意大利高校官方网站及其他图书网站，收集了自2000年以来与中国传统历史文化（以儒学为主）有关，并在意大利国内出版的书籍以及发表在意大利汉学研究期刊上的论文。这些论著涉及内容较广，除儒学以外，还涵盖了国外学者对中国道教、佛教、艺术、建筑、语言、文学、历史等方面的研究成果。本目录分为图书、论文两大部分，各自以论著出版年份进行倒序排列，每一年内又按作者姓氏首字母排序。

本目录旨在展现出意大利对中国传统历史文化研究工作的近况，为各位学者专家、教师学生查阅相关资料提供便利。因个人能力有限，这份目录尚有许多不足之处，望各位读者多多包涵并予以指正。

图书

2010

1. Castiello, Floriana. *Dall'invenzione della tradizione alla scomparsa*

del luogo natio: Nativismo e Confucianesimo nel mondo letterario di Jia Pingwa(《从创造传统到故里的消失：贾平凹文学世界中的本土主义与儒教》). Napoli: L'Università degli studi di Napoli L'Orientale, 2010.

2. Scarpari, Maurizio. *Il confucianesimo: i fondamenti e i testi*(《儒教：基础与文本》). Torino: Einaudi, 2010.

3. Sportelli, Margherita. *Il confucianesimo*(《 儒 教 》). Como: Xenia, 2010.

2009

1. Lippiello, Tiziana. *Il confucianesimo*(《儒教》). Bologna: Il mulino, 2009.

2008

1. Bonfiglioli, Lucia. *Le religioni raccontate ai bambini : islam, ebraismo, buddhismo, cristianesimo, confucianesimo e taoismo, induismo, shintoismo*(《讲给孩子们听的伊斯兰教、犹太教、佛教、基督教、儒教和道教、印度教及神道教》). Milano: EDB Junior, 2008.

2. Bonfiglioli, Lucia. *Armonie del Tao: il confucianesimo e il taoismo raccontati ai bambini*(《道之和谐：讲给孩子们听的儒教和道教》). Milano: EDB Junior, 2008.

3. De Bruyn, P.-H.. *Cina : grandi religioni e culture nell'Estremo Oriente*(《中国：远东的伟大宗教与文化》). Milano: Jaca book: Massimo, 2008.

2007

1. Bonfiglioli, Lucia. *Armonie del Tao: il confucianesimo e il taoismo raccontati ai bambi*(《道之和谐：讲给孩子们听的儒教和道教》). Milano: EDB Junior, 2007.

2. Follmi, Danielle and Olivier Follmi. *Risvegli: 365 pensieri di maestri dell'Asia: daoismo, confucianesimo, buddhismo*（《觉醒：亚洲道教、儒教和佛教名家的365条格言》）. Milano: L'Ippocampo, 2007.

2006

1. Laurenti, Carlo. *I detti di Confucio*（《孔子的名言》）. Milano: Adelphi, 2006.

2. Laurenti, Carlo. *I detti di Confucio*（《孔子的名言》）. Brescia: Mondolibri, 2006.

2004

1. Caterina, Lucia. *Manuale di storia dell'arte cinese dal neolitico alla dinastia Tang*（《中国艺术史手册：从新石器时代到唐代》）. Napoli: L'Università degli studi di Napoli L'Orientale, 2004.

2003

1. Lippiello, Tiziana. *Dialoghi*（《论语》）. Torino: Einaudi, 2003.

2002

1. Scarpari, Maurizio. *Breve introduzione alla lingua cinese classica*（《文言文简介》）. Venezia: Cafoscarina, 2002.

2. Scarpari, Maurizio. *Studi sul Mengzi*（《孟子研究》）. Venezia: Cafoscarina, 2002.

3. Weber, Max. *L'etica economica delle religioni universali. Parte prima, Confucianesimo e taoismo*（《世界宗教的经济伦理：儒教与道教》）. Roma: Edizioni di Comunità, 2002.

2001

1. Cadonna, Alfredo. *"Quali parole vi aspettate che aggiunga?". Il Commentario al Daodejing di Bai Yuchan, maestro taoista del XIII secolo* (《十三世纪道教大师白玉蟾注版〈道德经〉:"何言待添?"》). Firenze: Leo S. Olschki Editore, 2001.

论文

2012

1. Alabiso, Alida. "Architettura e autorità nella Cina della dinastia Zhou (1122–221 a.c.)." [《中国周代(前1122年—前221年)的建筑与权力》] *Rivista degli studi orientali*, Vol. 85, No. 1–4 (2012), pp.19–40.

2011

1. Moccia, Luigi. "Tradizione confuciana e modernizzazione." (《儒家传统与现代化》) *Mondo Cinese*, Vol. 145 (Apr. 2001), pp. 14–63.

2007

1. Ciarla, Roberto. "Rethinking Yuanlongpo: The Case for Technological Links between the Lingnan (PRC) and Central Thailand in the Bronze Age." (《对元龙坡的反思:以青铜时代中国岭南与泰国中部之间的技术联系为例》) *East and west*, Vol. 57, No. 1/4 (2007), pp. 305–328.

2. Koh, Khee H. "Jinhua's Leading Neo-Confucian in a Period of Transition–Understanding Zhang Mao." (《过渡时期金华对新儒家的领导——理解章懋》) *Ming Qing Yanjiu*, Vol. 15 (2007), pp. 1–29.

3. Lee, Cheuk Y. "Confucianism in Action: Qiu Jun's Views on Good Government as Reflected in his Daxue Yanyi Bu." (《儒家在行动:〈大学衍

义补〉中丘浚关于优秀政府的观点》)*Ming Qing Yanjiu*, Vol. 15(2007), pp. 31–64.

2006

1. Alabiso, Alida. "I palazzi imperiali Chang'An in Epoca Han."(《汉代长安的皇宫》)*Rivista degli Studi Orientali*, Vol. 79,(2006), pp. 131–159.

2. Kádár, Dániel Z. "On historical Chinese vocative shifts. A discourse analytic study."(《中国历史上呼语的变化：话语分析研究》)*Ming Qing Yanjiu*, Vol. 14(2006), pp. 96–132.

3. Testa, Aurora and Camilla Sacchi. "Simbologia e magia dello specchio in Cina e Giappone."(《中国与日本:镜子的象征和魔力》)*DecArt*, No. 6(2006), pp. 61–68.

4. Hsu, Pi-ching. "Emotions and dreams in Feng Menglong's Three Words: an intellectual historical inquiry."(《冯梦龙〈三言〉中的情与梦：一次理智的历史探究》)*Ming Qing Yanjiu*, Vol. 14(2006), pp.67–95.

2005

1. Alabiso, Alida. "L'importanza dell'architettura nella cultura cinese: alcune riflessioni."(《有关中国文化中建筑重要性的一些想法》)*Rivista degli Studi Orientali*, Vol. 78, No. 2(2005), pp. 23–49.

2. Lanciotti, Lionello. "Alcune forme di autobiografismo nella letteratura cinese classica."(《中国古典文学中自传的一些形式》)*Rivista degli Studi Orientali*, Vol. 78, No. 2(2005), pp. 305–310.

3. Scarpari, Maurizio. "Dalla preistoria alla storia: alle origini della civiltà cinese."(《从史前到历史：中华文明的起源》)*Rivista degli Studi Orientali*, Vol. 78, No. 2(2005), pp. 481–493.

4. Tanaka, Tomoyuki. "An Examination of the Emotions in Jin Ping

Mei: Perceptions of the 'Moods' and their Expression."(《审视金瓶梅中的情感："情绪"的感知与表达》)*Ming Qing Yanjiu*, Vol. 13(2005), pp. 93–110.

5. Cigliano, Maria. "Immagini femminili in alcuni sanqu di Huang E (1498-1569)."[《黄峨（1498—1569）部分散曲作品中的女性形象》] *Rivista degli Studi Orientali*, Vol. 78, No. 2(2005), pp. 131–142.

2004

1. Carrante, Massimo. "Fondamenti di calligrafia di Liu Xizai. Un saggio di arte calligrafica cinese."(《刘熙载的〈书法基础〉——有关中国书法的一篇文章》)*Rivista degli Studi Orientali*, Vol. 78(2004), pp. 139–223.

2. Paolillo, Maurizio. "La lingua delle montagne e delle acque. Glossario dei termini tecnici tradizionali del *fengshui*(Parte II)."[《山和水的语言——传统风水术语词汇表（表二）》] *Asiatica Venetiana,* Vol. 8/9 (2003—2004). pp. 67–93.

2003

1. Marsili, Filippo. "The Myth of Huangdi, the ding vases and the Quest for Immortality in the Shiji: some Aspects of Sima Qian's 'Laicism'"(《史记中的皇帝之谜、鼎以及长生不老：司马迁世俗性的某些方面》)*Rivista degli Studi Orientali*, Vol. 77(2003), pp. 135–168.

2002

1. Paolillo, Maurizio. "La lingua delle montagne e delle acque. Glossario dei termini tecnici tradizionali del *fengshui*(Parte I)."[《山和水的语言——传统风水术语词汇表（表一）》] *Asiatica Venetiana,* Vol. 6/7(2001–2002). pp. 149–174.

2. Scarpari, Maurizio. "Sulle origini della scrittura cinese: teorie e

metodi."(《中国文字的起源：理论与方法》) *Asiatica Venetiana,* Vol. 6/7 (2001–2002) , pp. 201–222.

3. Zhou, Janyu. "Yanzi Jian: A Comparative Study of its Drama Version and its Novel Version."(《对〈燕子笺〉戏曲剧本和小说版本的比较研究》) , *Ming Qing Yanjiu*, Vol. 11 (2002) , pp. 153–170.

2001

1. Agliani, Tatiana. "La natura e la funzione della genealogia spirituale nel Buddhismo Chan: Trasmissione del Dharma e morte del maestro nel Jingde Chuandeng Lu."(《禅宗中精神谱系的性质与作用:〈景德传灯录〉中法的传承与大师之死》) *Annali di Ca' Foscari: Rivista della Facoltà di Lingue e Letterature straniere dell'Università Ca' Foscari di Venezia*, Vol. 40, No. 3 (2001) , pp. 235–270.

2. Middendorf, Ulrike. "The Making of Emotive Language: Expressions of Anxiety in the Classic of Poetry."(《情感语言的形成：古典诗歌中焦虑的表达》) *Ming Qing Yanjiu*, Vol.10 (2001) , pp. 177–222.

3. Santangelo, Paolo. "The Body and its Expressions of Emotions: Stereotypes and their Presentations in Late Imperial China Literary Sources."(《肢体与情感表达：中华帝国晚期文学源头中的固定形象和呈现方式》) *Annali dell'Università degli Studi di Napoli "L'Orientale"*, Vol. 60/61 (2000–2001) , pp. 375–446.

4. Wang, Lijian. "Da Er Hou Gong: A Literary Concept as a Result of the Flourishing Times in the Reign of Emperor Kangxi (1662–1722) ." [《达而后工：因康熙 (1662—1722) 统治繁盛时期而兴起的文学观念》] *Ming Qing Yanjiu*, Vol.10 (2001) , pp 115–142.

2000

1. Bisetto, Barbara. “La retorica del suicidio femminile nella letteratura cinese.”(《中国文学中女性自杀的修辞》)*Asiatica Venetiana*, Vol. 5（2000）, pp. 21–34.

（作者单位：北京外国语大学中国海外汉学研究中心）

《国际儒学研究通讯》征稿启事

为及时反映和沟通世界各国以儒学为核心的中国传统文化研究的基本状况、最新进展和动向，联络和介绍世界各国儒学研究机构、研究者的情况及活动，更好地为儒学在世界的研究与传播提供服务，国际儒学联合会与北京外国语大学联合创办了《国际儒学研究通讯》（以下简称《通讯》）。《通讯》由北外中国海外汉学研究中心承办，以辑刊的形式出版，每年四期，涉及的领域包括儒学及与儒学相关的历史、哲学、文学等。

《通讯》目前设置的栏目有：

一、学术研究

以儒学为核心的中国传统文化研究的学术性论文或综述，包括对于整体研究状况和趋势的评论，对于最新理论和研究方法的讨论，对于重大问题及热点、难点问题的分析。

二、以儒学为核心的中国传统文化经典翻译

以儒家典籍为主体的中国传统文化经典翻译的介绍和述评。

三、以儒学为核心的中国传统文化研究学者及研究机构、儒学教育情况介绍对各国以儒学为核心的中国传统文化研究者、研究机构的成就及特点进行推介，对各国儒学教育进行报道。

四、学术动态

对世界范围内召开的儒学相关学术会议进行介绍；对各国学者主持的儒学研究项目进行追踪；对与儒学相关的最新研究成果进行评述；对知名学者、儒联成员、儒联各国分支机构重要活动进行报道。

五、儒学研究年度进展目录

按国家和地区编辑年度儒学研究著作、论文目录索引。

本刊反对一稿多投，来稿一律不退，请作者自留底稿，两个月内未接到采用通知，稿件请自行处理。来稿请附作者简介、工作单位、通讯地址及联系方式。本刊对来稿有删改权。如不愿删改，请于来稿中注明。本刊不收取版面费，来稿一经采用，即致酬。

来稿请寄：北京外国语大学47号信箱《国际儒学研究通讯》编辑部收

邮编：100089

电话：010-88816235

投稿邮箱：gjrxyjtx@163.com

《国际儒学研究通讯》撰稿体例

本刊鼓励撰稿人撰写中文稿件。中文研究性论文稿件的撰文体例如下：

一、论文或报告结构

论文基本内容应包括：题名、作者、摘要（中、英文）、关键词（中、英文）、正文、注释。

标题一般不超过3行。题注用星号（*）表示。

作者按署名顺序排列，姓前名后。作者非中国籍时，其中文名（或译名）后用括号附上其外文名（非西文的外文名要罗马化），名和姓的首字母大写。

中、英文摘要一般均不超过200字，应能概述全文内容（研究目的、过程、方法、结论）；不能含有参考文献；如用缩略语，应用括号加以说明。

中、英文关键词以3—8个为宜。英文关键词除专有名词大写外，全部小写；英文关键词之间用“；”分隔。

正文后附作（译）者单位，放在括号内。

插图、表格等均需按其在正文中被引用的先后顺序，用阿拉伯数字统一编号。

二、正文体例

1. 正文中的各级标题采用三级标题，第一级用“一、”、“二、”的格式；第二级用“(一)”、“(二)”的格式；第三级用“1”、“2”的格式。第一级标题用宋体小四号字，加粗；第二级标题用宋体五号字，加粗；第三级标题用宋体五号字。

2. 正文使用五号宋体字，单倍行距。

3. 首次出现的非中国籍人名、非中文书名需在括号内标明原文，非中国籍人有通用的中文名者应以其中文名称谓。如：美国汉学家费正清的英文名是John King Fairbank；美国传教士丁韪良的英文名是W.A.P. Martin。非英文人名的翻译，应采用其固定的英文拼写方式，如日本作家大桥健三郎英文名为Ohhashi Kenzaburou；俄罗斯汉学家比丘林英文名为Iakinf Bichurin。非中文书名，如黄仁宇的《万历十五年》，英文版书名是*1587, A Year of No Significance*。对于英文原著的作者，包括华裔作者，要使用原署名，不必加拼音。如黄仁宇的英文署名是Ray Huang。

4. 非英语国家的地名，在提供原文名称的同时，应尽量查找相关的工具书进行翻译。

5. 英文之外的外文文献，用该文献通行的拼写方式。如日文《东洋史研究》的表示法是*Tōyōshi kenkyū*。非英文文献的出版机构，也要查找其拉丁化的拼写名称。如日本东洋文库的拼写规范是Toyobunko。

6. 正文中的引文，若独立成段，请用五号楷体字，并且左侧缩进2字符。

7. 正文中如有英、法、拉丁文等外文词句，保留外文词、句段，并在其后加括号附上中文译文。外文句段较长的，正文中使用中文译文，页下脚注附上外文原文。

三、注释体例

1. 请用页下脚注[1]、[2]、[3]……编号方式采取每页重新编号。

2. 所涉参考书第一次出现时注明作者、出版地、出版社、出版时间和页码。

3. 引用中国古典文献材料一般只需注明书名和篇名。注释方法如下:《论语·学而》。

4. 引用现代汉语著作及文章或现代翻译的著作及文章，注释方法如下:

王瑶:《中古文学史论》，北京：北京大学出版社，1985年，第87页；

[美]格里德著，鲁奇译:《胡适与中国的文艺复兴》，南京：江苏人民出版社，1996年，第67页；

[德]海德格尔:《走向语言之途》，载《文化与艺术论坛》，香港：艺术潮流杂志社，1992年，第166页。

5. 同一著作及文章的第二次出注，请省略出版社、出版年代、版本，只标注作者、书名或文章名以及页码，如：王瑶:《中古文学史论》，第88页。

6. 引用外文著作与文章应保留原文书名、作者等内容。

如[美]爱德华·W. 赛义德《东方学》应注：Edward W. Said, *Orientalism*. Random House, 1979, p.2。

[美]温迪·马丁:《安娜·布莱特斯惴特》(Wendy Martin, “Anne Bradstreet”)，载艾默利·艾利特《文学传记词典·第24卷·北美殖民地作家1606—1734》(Emory Elliott, *Dictionary of Literary Biography*, Volume 24, *American Colonial Writers, 1606-1734*. Gale Research Company, 1984, pp. 29-30)。

注意：英语原文书名请用斜体，如*Orientalism*；文章名请用双引号，如“Anne Bradstreet”。引文跨两页以上者用双“p”，如pp.29-30。

7. 所有的汉译著作和汉译文章第一次出现，其后需跟原文书名或文章名，如《东方学》(*Orientalism*)，又如《想象的地理学及其表述：东方的东方化》(“Imaginative Geography and Its Representations: Orientalizing the Oriental”)。所有拼音语言国家与地区之作者名第一次出现，其后需跟原名，如爱德华 · W. 赛义德（Edward W. Said）。

四、参考文献

本刊不设“参考文献”，请把相关信息融入注解中。

《国际儒学研究通讯》编辑部

2015年9月